Kurbel · Programmentwicklung

Karl Kurbel

Programmentwicklung

5., vollständig überarbeitete
und erweiterte Auflage

Prof. Dr. Karl Kurbel ist Direktor des Instituts für Wirtschaftsinformatik an der Westfälischen Wilhelms-Universität Münster.

CIP-Titelaufnahme der Deutschen Bibliothek

Kurbel, Karl:
Programmentwicklung/Karl Kurbel. – 5., vollst. überarb. u. erw.
Aufl. – Wiesbaden : Gabler, 1990
  ISBN-13: 978-3-409-31925-6   e-ISBN-13: 978-3-322-86157-3
  DOI: 10.1007/978-3-322-86157-3

1. Auflage 1979
2. Auflage 1983
3. Auflage 1985
4. Auflage 1987
5. Auflage 1990

Der Gabler Verlag ist ein Unternehmen der Verlagsgruppe Bertelsmann International.

ISBN-13: 978-3-409-31925-6

Vorwort zur fünften Auflage

Für viele Berufsbilder in Wirtschaft und Wissenschaft sind Informatikkenntnisse heute unabdingbar. Dies schlägt sich in zunehmendem Maße in den Lehrinhalten der Hochschulen und anderer Ausbildungsstätten nieder. Die Nachfrage nach einführender Literatur wuchs in den letzten Jahren ständig, mit der Folge, daß auch die vierte Auflage dieses Buchs bereits nach eineinhalb Jahren vergriffen war. Durch einen kurzfristigen Nachdruck konnte eine Atempause gewonnen werden, die ich zu einer gründlichen Überarbeitung nutzte.

In der nun vorliegenden fünften Auflage wurde zwar die bewährte Grundstruktur beibehalten; auch die Zielsetzung des Buchs – Problemlösung mit Hilfe prozeduraler Programmiersprachen – ist die gleiche geblieben. An zahlreichen Stellen sind jedoch Erweiterungen, Änderungen oder Korrekturen durchgeführt. So wurden etwa zusätzliche Beispiele für Algorithmen aufgenommen, die aktuellen DIN-Normen für Struktogramme und Programmablaufpläne berücksichtigt und die Notation weiter formalisiert. Ein neuer Abschnitt über den Aufbau eines Computers im ersten Kapitel dient zur Veranschaulichung der weiteren Ausführungen über Daten und Befehle. Das Literaturverzeichnis wurde aktualisiert und ergänzt.

Einen Schwerpunkt bei der Überarbeitung machte die Konstruktion von Algorithmen zur Dateiverarbeitung aus. Aufgrund der erheblichen Bedeutung der Ein-/Ausgabevorgänge in der betrieblichen Datenverarbeitung werden unterschiedliche Strukturen der Eingabealgorithmen ausführlich erläutert. Diese hängen letztlich von der Art und Weise ab, wie die Dateibehandlung in der verwendeten Programmiersprache realisiert ist. Wenn man beispielsweise Cobol als Programmiersprache benutzt, müssen bereits die Einlesealgorithmen anders konstruiert werden, als wenn man mit Pascal arbeitet. Die unterschiedlichen Vorgehensweisen werden an mehreren Fallbeispielen aufgezeigt und gegenübergestellt.

Eine Erweiterung erfuhr schließlich das siebte Kapitel über Programmiersprachen und Programmierung. Einerseits sind nun verschiedene Elemente der Sprache *Pascal,* die in diesem Buch zur Umsetzung der Algorithmen und Datenvereinbarungen dient, ausführlicher behandelt, so z. B. die Eingabe- und Ausgabeanweisungen, das Prozedurkonzept und die Blockstruktur von Pascal-Programmen. Der Abschnitt über andere Programmiersprachen wurde ebenfalls aktualisiert und teilweise erweitert.

Besonderer Dank gebührt Herrn Dipl.-Inform. Michael Nietsch, Universität Münster, der bei der Vorbereitung der fünften Auflage an verschiedenen Stellen behilflich war. Neben vielen Detailarbeiten erstellte und überprüfte er unter anderem die Algorithmen, die in diese Auflage neu aufgenommen wurden.

Münster, April 1990   KARL KURBEL

Vorwort zur vierten Auflage

Die Verbreitung des Computers und der damit verbundene Aufschwung der Informatik haben dem Einsatz von Computerprogrammen ein weites Anwendungsgebiet eröffnet. Immer mehr und immer komplexere Aufgaben werden mit Hilfe des Computers gelöst. Die Komplexität der Probleme macht die Programmentwicklung zunehmend schwieriger. Dennoch ist der Entwicklungsprozeß häufig weniger durch eine systematische Vorgehensweise als vielmehr durch Intuition, spontane Einfälle und zahlreiche nachträgliche Programmänderungen gekennzeichnet.

Gerade für den Programmieranfänger ist es besonders wichtig, allgemeingültige Grundsätze der Programmentwicklung unabhängig von einer bestimmten Programmiersprache zu erlernen. Diese Erkenntnis setzt sich in der Praxis und im Lehrbereich zunehmend durch. Sehr viele Lehrbücher konfrontieren den Anfänger jedoch sofort mit Programmiersprachendetails, die eher geeignet sind, den Blick für grundlegende Programmstrukturen zu verschleiern, und die den Leser verleiten, Programme aus der eingeengten Perspektive einer bestimmten Sprache zu betrachten.

Der Ansatz in diesem Buch ist genau entgegengesetzt: Zunächst werden allgemeine Prinzipien und Methoden der Programmentwicklung behandelt und anschließend erst die speziellen, formalen Ausdrucksmittel einer Programmiersprache eingeführt. Damit erlernt der Leser wichtige Grundlagen, die programmiersprachen*unabhängig* sind und die ihm das Erlernen einer *beliebigen* Sprache erleichtern.

In Kapitel 1 werden einführende Konzepte der Datenverarbeitung und Programmentwicklung dargestellt. Kapitel 2 gibt einen kurzen Überblick über die graphischen Hilfsmittel (Struktogramme und Programmablaufpläne), derer man sich bei dem Entwurf und der Dokumentation von Programmen bedient und die in den späteren Kapiteln verwendet werden. Gegenstand des 3. Kapitels sind Ziele, Prinzipien und Methoden einer sinnvollen Programmgestaltung, die sich aus der Disziplin des Software Engineering ableiten und die zum Teil mit dem Begriff „Strukturierte Programmierung" belegt werden.

Einen Schwerpunkt des Buches und ein Hauptanliegen der Strukturierten Programmierung bilden die elementaren Konstruktionen zur Steuerung des Programmablaufs, die im 4. Kapitel behandelt werden. Kapitel 5 demonstriert ihre Anwendung bei der Lösung ausgewählter Probleme der betrieblichen Datenverarbeitung. Kapitel 6 ordnet schließlich das einzelne Programm in einen größeren Gesamtzusammenhang ein und zeigt die Verbindungen auf, die sich aus dem Zusammenwirken mehrerer Programme ergeben können.

Der Gesamtrahmen der Programmentwicklung findet seine Abrundung im 7. Kapitel. Hier wird aufgezeigt, wie sich die zuvor behandelten Konzepte in einer Programmiersprache konkret umsetzen lassen. Als eine zur Einführung besonders gut geeignete Sprache wird *Pascal* herangezogen. Der Leser kann erkennen, daß das Erlernen einer

Programmiersprache äußerst einfach ist, wenn er über die algorithmischen Grundlagen aus den vorigen Kapiteln verfügt. Merkmale der wichtigsten Programmiersprachen werden abschließend skizziert.

Das Buch richtet sich in erster Linie an den Programmieranfänger. Spezielle Kenntnisse werden zwar nicht vorausgesetzt; es ist jedoch hilfreich, wenn einige Grundbegriffe der Datenverarbeitung, wie sie etwa die Lektüre eines Einführungswerks oder der Besuch einer Einführungsveranstaltung in die EDV vermitteln, bereits bekannt sind. Zahlreiche Aufgaben und Fragen am Ende der Kapitel sollen den Leser zur Vertiefung des Stoffes anhalten. Die Beispiele stammen meist aus dem betriebswirtschaftlichen oder mathematischen Bereich, sind aber so einfach gehalten, daß sie auch der hiermit nicht Vertraute ohne weiteres nachvollziehen kann. Im Anhang sind Hinweise zu ausgewählten Aufgaben und Fragen gegeben, soweit die Beantwortung nicht aus dem Text des entsprechenden Kapitels hervorgeht.

Das Buch hat seit Erscheinen der ersten Auflage mehrere Überarbeitungen erfahren. Während die erste Auflage sich weitgehend auf die Behandlung algorithmischer Grundlagen beschränkte, rückte mit der zweiten und dritten Auflage der Datenaspekt stärker in den Vordergrund. Datentypen, Datenstrukturen und die Datenvereinbarungen fanden angemessenere Berücksichtigung.

Die vierte Auflage wurde wieder völlig überarbeitet und insbesondere um das 7. Kapitel über „Programmiersprachen und Programmierung" ergänzt. Damit ist nun der Komplex der Programmentwicklung vollständig abgedeckt. Mit dem 7. Kapitel erhält der Leser gleichzeitig eine erste Einführung in die Programmiersprache *Pascal*.

In der Neuauflage wurden darüber hinaus zahlreiche Verbesserungen vorgenommen. Für die Befehlsarten wird im 1. Kapitel eine exakte Ausdrucksweise eingeführt, die bei allen Beispielen konsequent angewendet wird. Neue Entwicklungen, z. B. neue DIN-Normen, wurden mit berücksichtigt und aktuelle Veröffentlichungen in das Literaturverzeichnis aufgenommen.

Für die Neuauflage hat Herr Dipl.-Inform. Stefan Eicker, Universität Dortmund, wichtige Vorarbeiten geleistet und wertvolle Anregungen eingebracht. Dafür sei ihm herzlich gedankt.

Dortmund, September 1987   KARL KURBEL

Inhalt

Abbildungsverzeichnis

XIV

1. Algorithmen, Daten und Programme

1.1 Grundlegende Begriffe der Programmentwicklung

Die mit der Herstellung von Computerprogrammen verbundenen Fragen sind in einem bestimmten Kontext zu sehen: Ausgangspunkt der Betrachtungen ist stets ein *Problem*, das mit Hilfe des Computers gelöst werden soll.

Wie geht man allgemein die Lösung eines Problems an?

Voraussetzung für eine systematische Vorgehensweise ist zunächst sicherlich eine möglichst exakte Problemdefinition. Wenn die Problemstellung genau bekannt und abgegrenzt ist, kann das Problem strukturiert und ein Lösungsverfahren entworfen werden; dieses besteht aus einer logischen Folge von Einzelschritten, deren Ausführung mit der Lösung des Problems endet – sofern eine solche existiert –, d. h., man entwickelt einen Algorithmus.

Der Begriff *Algorithmus* bezeichnet eine eindeutig determinierte, endliche Folge von Operationen, die entweder von vornherein festgelegt ist oder von Ergebnissen vorangegangener Operationen abhängt und für eine bestimmte Klasse von Aufgaben eine Lösung ermittelt.

Die Objekte, die in einem Algorithmus behandelt werden, heißen *Daten*. Dies kommt z. B. in der Bezeichnung ,,Datenverarbeitung'' zum Ausdruck. Der Typ und die Struktur der Daten können sehr unterschiedlich sein. Daten stellen den Input eines Verarbeitungsprozesses dar, Daten werden in dem Prozeß verwendet, manipuliert, verändert etc., und Daten stellen den Output eines Prozesses dar.

Wird zur Problemlösung ein Computer eingesetzt, so gelangt man zum Begriff des Programms. Ein *Programm* ist eine Handlungsvorschrift für den Computer, die ihm zu einem gegebenen Problem mitteilt, welche Daten als Input verwendet werden sollen, welche Operationen in welcher Reihenfolge auszuführen sind, welche Daten dabei manipuliert werden und wie die Lösung des Problems aussehen soll, d. h., welche Daten als Output des Prozesses erwartet werden.

Die Analogie zwischen den Begriffen Programm und Algorithmus ist unschwer zu erkennen. Sieht man von den Datendefinitionen ab, so kann man ein Programm vereinfacht als Algorithmus bezeichnen, der mit Hilfe eines Computers realisiert wird. Während jedoch ein Algorithmus in beliebiger Form notiert werden kann, beispielsweise verbal in der deutschen Umgangssprache, muß das Programm gewissen Restriktionen des Computers genügen.

Da heutige Rechenanlagen noch nicht bzw. nur in sehr beschränkter Form in der Lage sind, umgangssprachliche Ausdrücke zu verstehen, muß das Programm als Handlungsvorschrift für den Computer in eine formalisierte Schreibweise, in eine sog. Programmiersprache, überführt werden, die der Computer interpretieren kann. Eine *Programmiersprache* besteht aus einer Menge zulässiger Sprachelemente mit festgelegter Bedeutung und formalen Regeln, die bei der Formulierung eines Programms eingehalten werden müssen.

In diesem Zusammenhang bedarf der Begriff *Programmierung* einer Erläuterung.

In einem weiteren Sinne umfaßt Programmierung sowohl die logische Problemlösung (Algorithmenentwicklung und Beschreibung der Daten) als auch die Überführung in die Notation einer Programmiersprache; für letzteren Schritt wird auch der Begriff *Codierung* verwendet. Im engeren Sinne bezeichnet man nur den Codierungsvorgang als Programmierung.

Wir wollen im folgenden die engere Auslegung wählen und von *Programmentwicklung* sprechen, wenn Tätigkeiten gemeint sind, die über das reine Darstellen von Algorithmen und Daten in einer Programmiersprache hinausgehen.

2

1.2 Aufgaben von Programmen

Das Vordringen der Informatik in Wissenschaft und Technik, in der öffentlichen Verwaltung und in der Wirtschaft ist bekannt und braucht hier nicht erläutert zu werden.

Welche Gemeinsamkeiten weisen nun Programme in den verschiedenen Anwendungsgebieten der Informatik auf?

Die Entwicklung eines Programms setzt voraus, daß für das Problem ein Algorithmus entworfen und das Grundschema des Datenverarbeitungsprozesses angewendet werden kann:

Nicht lösbar sind somit Probleme, bei denen benötigte Inputdaten nicht verfügbar sind. Will man in einem Lagerhaltungssystem beispielsweise Sicherheitsbestände oder optimale Bestellmengen zur Lageraufüllung berechnen, so ist dies unmöglich, wenn keine Informationen über den Verbrauch bzw. die Nachfrage nach den gelagerten Artikeln vorhanden sind.

Nicht lösbar und damit nicht programmierbar sind ferner Probleme qualitativer Art, bei denen der Output nicht exakt beschrieben ist[1]. So kann etwa für das Problem „Entwirf eine Betriebsorganisation, bei der die Zufriedenheit aller Mitarbeiter möglichst maximal ist" keine operationale Handlungsvorschrift angegeben werden. Derartige Aufgaben, bei denen menschlicher Sachverstand, Erfahrung und Wissen um Zusammenhänge erforderlich sind, blieben bislang dem Menschen vorbehalten. Mit Hilfe sogenannter *Expertensysteme* werden jedoch auch sie zunehmend der Computerunterstützung zugänglich gemacht[2]. Als dritte Gruppe sind schließlich Unendlichkeitsprobleme zu erwähnen. Da ein Algorithmus nur aus endlich vielen Schritten bestehen darf, können Aufgaben wie die Berechnung einer unendlichen divergierenden Reihe natürlich nicht gelöst werden.

---

1   Vgl. zur Automatisierbarkeit von Aufgaben auch Ferstl/Sinz [Software-Konzepte], S. 21 ff.
2   Vgl. dazu Kurbel [Expertensysteme].

Beispiel 1:

Berechnung einer komplexen mathematischen Formel (Korrelationskoeffizient):

$$r = \frac{\displaystyle\sum_{i=1}^{10} (x_i - \bar{x})(y_i - \bar{y})}{\sqrt{\displaystyle\sum_{i=1}^{10} (x_i - \bar{x})^2 \quad \sum_{i=1}^{10} (y_i - \bar{y})^2}}$$

Der Algorithmus (in Grobform könnte folgendermaßen aussehen:

Schritt 1: Berechne die arithmetischen Mittel $\bar{x}$ und $\bar{y}$.
Schritt 2: Berechne die Summe im Zähler.
Schritt 3: Berechne die erste Summe im Nenner.
Schritt 4: Berechne die zweite Summe in Nenner.
Schritt 5: Multipliziere die Summen im Nenner.
Schritt 6: Ziehe die Wurzel aus dem Produkt im Nenner.
Schritt 7: Dividiere Zähler durch Nenner. Das Ergebnis ist r.

Für die in den einzelnen Schritten genannten Teilprobleme werden selbst wieder Algorithmen entwickelt. (Auf das Prinzip der stufenweisen Verfeinerung wird in Abschnitt 3.2.2.1 eingegangen.)

Weitere Beispiele aus dem mathematischen Bereich sind der Gaußsche Algorithmus zur Lösung linealer Gleichungssysteme oder das Erstellen einer Logarithmentafel. Letzteres Beispiel wird gerne zur Untermalung der Rechengeschwindigkeit moderner Datenverarbeitungsanlagen zitiert; während John Napier 20 Jahre zur Herstellung seiner berühmten Logarithmentafel brauchte, erledigt ein Computer das Problem in wenigen Sekunden!

Beispiel 2:

Die Personalabteilung eines Betriebes hat nach Namen alphabetisch sortierte Mitarbeiterdaten zur Verfügung und möchte diese nach Gehaltsgruppen ordnen.

Der Grobalgorithmus könnte wie folgt aussehen:

Schritt 1: Stelle die Daten des 1. (bzw. nächsten) Mitarbeiters bereit.
Schritt 2: Ordne die Daten in die entsprechende Gehaltsgruppe ein.
Schritt 3: *Wenn* noch nicht alle Mitarbeiter eingeordnet sind, *dann* fahre mit Schritt 1 fort; *sonst* beende die Ausführung.

1.3 Ein einfaches Rechnermodell

Die Ausführungen über Daten, Befehlsarten und Programme gehen von dem Grundmodell eines Computers aus, das John von Neumann bereits um 1945 vorgeschlagen hatte. Die damals formulierten Prinzipien über den funktionalen Aufbau eines Computers liegen auch heute noch den meisten gängigen Rechnertypen zugrunde, wenngleich in jüngster Zeit auch andere Rechnerarchitekturen entwickelt wurden[3].

Bei dem sogenannten *von-Neumann-Rechnermodell* lassen sich grundsätzlich fünf Funktionseinheiten eines Computers unterscheiden:

- Der *Arbeitsspeicher* nimmt sowohl die Befehle eines Programms als auch die Daten auf, die von den Befehlen bearbeitet werden.

- Das *Steuerwerk* (Leitwerk) hat die Aufgabe, jeweils einen Befehl nach dem anderen aus dem Arbeitsspeicher zu holen und seine Ausführung zu veranlassen.

- Im *Rechenwerk* findet die eigentliche Verarbeitung statt. Insbesondere werden hier die Rechenoperationen ausgeführt.

- Über die *Eingabeeinheit* gelangen die zu verarbeitenden Input-Daten sowie das auszuführende Programm in den Arbeitsspeicher.

- Über die *Ausgabeeinheit* werden die Output-Daten dem Benutzer zur Verfügung gestellt.

Dieses Grundmodell muß noch um drei Aspekte erweitert werden, um die heute gebräuchlichen Rechnertypen einzuschließen:

- Daten werden nicht nur eingegeben, verarbeitet und ausgegeben, sondern auch dauerhaft aufbewahrt. Zu diesem Zweck kommen *externe Speichereinheiten* zum Einsatz, auf denen Daten abgespeichert werden können. Da die Daten dorthin auch übertragen bzw. von dort wieder eingelesen werden müssen, haben die externen Speicher gleichzeitig die Funktion von Eingabe- und Ausgabegeräten.

3   Vgl. dazu beispielsweise Bode [Rechnerarchitekturen], S. 878 ff.

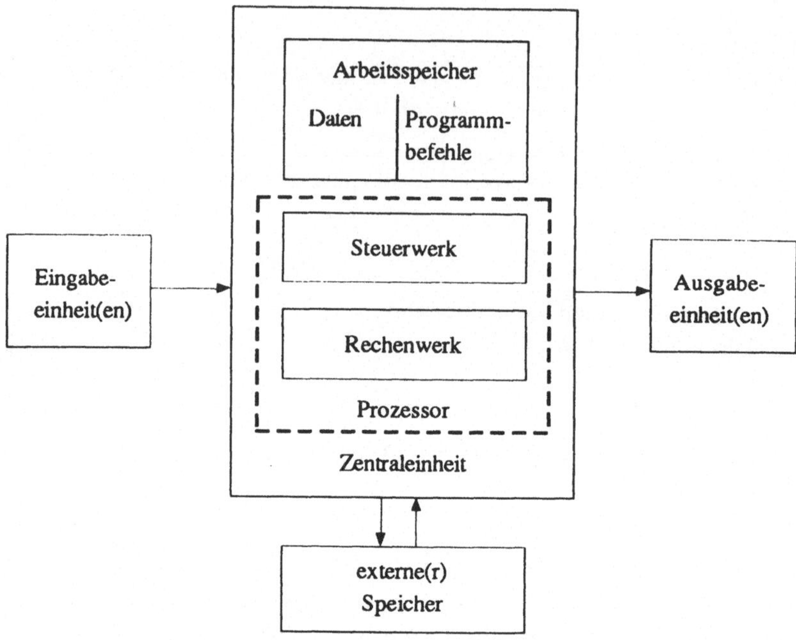

Abb. 1.1: Vereinfachtes Funktionsmodell eines Computers

- Eingabe- und Ausgabefunktionen werden häufig in einem Gerät zusammengefaßt. Man spricht dann von *kombinierten Ein-/Ausgabegeräten.*

- Heutige Computer, insbesondere Großrechner, verfügen im allgemeinen nicht nur über eine Eingabeeinheit und eine Ausgabeeinheit, sondern über *mehrere* unterschiedliche Eingabe- und Ausgabegeräte.

In Abbildung 1.1 ist ein um diese Punkte erweitertes von-Neumann-Rechnermodell dargestellt. Vor allem bei Großrechnern faßt man häufig Arbeitsspeicher, Steuerwerk und Rechenwerk unter dem Begriff *Zentraleinheit* (Central processing unit, CPU) zusammen. Als *Prozessor* bezeichnet man das Steuerwerk und Leitwerk.

Die skizzierten Funktionseinheiten findet man bei Rechnern jeder Größenordnung wieder. Zur Veranschaulichung ist in Abbildung 1.2 die Konfiguration eines einfachen Personal Computers (PC) dargestellt, wie sie sich vom äußeren Augenschein her präsentiert. Die Zentraleinheit ist im allgemeinen in einem Gehäuse untergebracht, in dem häufig auch externe Speichereinheiten wie Disketten- oder Festplattenlaufwerke eingebaut sind. Als Standardeingabeeinheit dient die Tastatur, während als Ausgabegeräte ein Bildschirm und ein Drucker zum Einsatz kommen.

6

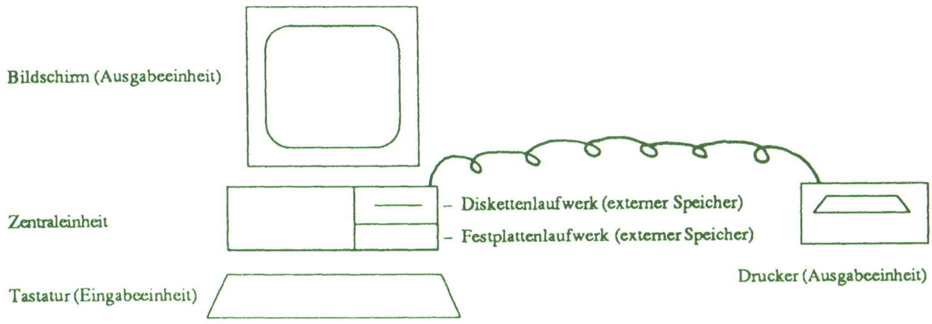

Abb. 1.2: Funktionseinheiten eines Personal Computers

1.4 Daten

Bevor die Entwicklung von Algorithmen und Programmen behandelt werden kann, müssen zunächst die darin manipulierten Objekte, die Daten, betrachtet werden. Je nach Untersuchungszweck kann man Daten auf die verschiedensten Arten analysieren[4]. Für Fragen der Programmentwicklung besitzen vor allem das Kriterium Veränderbarkeit der Daten im Programm sowie der Datentyp Bedeutung.

Die Unterscheidung zwischen konstanten und variablen Daten ist wie in der Mathematik zu verstehen:

— *Konstante* haben einen festen Wert, der sich während der Programmausführung nicht ändert.

— *Variable* können verschiedene Werte annehmen. Sie erhalten einen Namen, unter dem sie angesprochen werden.

Die Speicherung der Werte von Konstanten und Variablen erfolgt an genau festgelegten Stellen im Arbeitsspeicher. Das Ansprechen eines Variablennamens oder einer Konstanten im Programm bewirkt also eine Bezugnahme auf einen ganz bestimmten Arbeitsspeicherplatz.

---

4 Eine Reihe verschiedener Kriterien sind z. B. bei Hansen [Wirtschaftsinformatik 1], S. 74 ff., und bei Zimmermann [Datenverarbeitung 1], S. 129 ff., dargestellt.

1.4.1 Datentypen

Die Eigenschaften einer Variablen oder Konstanten werden durch ihre Zugehörigkeit zu einem bestimmten *Datentyp* definiert. Der Datentyp einer Variablen gibt an, welche Menge von Werten die Variable annehmen kann (z. B. reelle Zahlen). Der Datentyp einer Konstanten gibt an, zu welcher Menge von Werten die Konstante gehört[5]. (Beispielsweise gehört die Konstante −5 zur Menge der ganzen Zahlen.)

Theoretisch können zwar beliebige Datentypen vereinbart werden. Bei Daten, die ein Computer verarbeiten soll, beschränkt man sich jedoch häufig auf numerische Typen (Zahlen), den sog. alphanumerischen Typ und den logischen Datentyp.

In den gängigen höheren Programmiersprachen sind meist bestimmte Typen vorgesehen, die man als *Standarddatentypen* bezeichnet. Wenngleich die Standardisierung eher uneinheitlich ist und von Sprache zu Sprache mehr oder weniger große Abweichungen vorliegen, so stellen die Standarddatentypen doch eine brauchbare Grundlage für den Programmentwurf dar. Wir unterscheiden im weiteren folgende Typen:

Datentyp	Wertmenge
numerisch ganzzahlig	positive und negative ganze Zahlen einschließlich der Null
numerisch reell	beliebige reelle Zahlen (vgl. Anmerkung!)
alphanumerisch	Zeichenfolgen, gebildet aus allen im Computer darstellbaren Schriftzeichen; dies sind im allgemeinen: Großbuchstaben A ... Z Kleinbuchstaben a ... z Ziffern 0 ... 9 Sonderzeichen + − / * . , ; etc.
logisch	Wahrheitswerte „wahr" und „falsch"

Anmerkung

Wertemengen der numerischen Typen sind strenggenommen nicht alle ganzen bzw. reellen Zahlen. Die internen Speicherungsformen für Zahlen erlauben nur Darstellungen im Bereich einer je nach Computer vorgegebenen größten und kleinsten Zahl. Da die Anzahl der speicherbaren Ziffern einer Zahl beschränkt ist, wird auch in diesem Intervall nicht die Menge aller reellen Zahlen, sondern nur eine Teilmenge erfaßt.

Der alphanumerische Datentyp wird auch als Zeichenkettentyp oder Stringtyp bezeichnet.

---

5   Vgl. Wirth [Algorithmen und Datenstrukturen], S. 21.

Der Datentyp einer Variablen wird im allgemeinen in einer *Vereinbarung* (Deklaration) festgelegt. Wir verwenden als Schreibweise für diesen Sachverhalt die Abkürzung „dcl".

Der Datentyp einer Konstanten braucht nicht in einer besonderen Vereinbarung beschrieben zu werden. Eine Konstante definiert sich selbst, wenn sie im Programm verwendet wird. Allerdings sind in den Programmiersprachen gewisse Darstellungsformen vorgeschrieben; insbesondere gilt für alphanumerische Konstante meist, daß sie in Anführungszeichen oder Apostrophe einzuschließen sind.

Beispiele

Mit den Vereinbarungen

    dcl NUMMER   numerisch ganzzahlig
        SUMME   numerisch reell
        ADRESSE   alphanumerisch[6]
        STATUS   logisch

wird festgelegt, daß die Variable NUMMER Werte aus dem Bereich der ganzen Zahlen und die Variable SUMME Werte aus dem Bereich der reellen Zahlen erhalten können. ADRESSE könnte beliebige Zeichenfolge aufnehmen, z. B. 'KARLSPLATZ' der 'RHEINSTR. 147'. Dagegen sind die für STATUS möglichen Werte nur ‚wahr' und ‚falsch'.

Entsprechend gehören die nachfolgenden Konstanten zu den angegebenen Typen:

    0   numerisch ganzzahlig
    1   numerisch ganzzahlig
    – 173.74   numerisch reell[7]
    'KARLSPLATZ'   alphanumerisch
    wahr   logisch

1.4.2 Datenstrukturen

Der Begriff des Datentyps bezieht sich stets auf ein einzelnes konstantes oder variables *Datenelement*. Durch eine Vereinbarung wie oben wird folglich der Typ einer einfachen Variablen festgelegt.

Bei der Lösung eines Problems treten aber häufig nicht nur einzelne, unzusammenhängende Datenelemente auf. Vielmehr stehen die Daten oft in enger Beziehung zueinander, d. h., zwischen den Daten liegen Strukturen vor.

---

6 Zur vollständigen Vereinbarung einer alphanumerischen Variablen gehört im allgemeinen auch die Angabe, wieviele Zeichen sie aufnehmen kann. Zur Vereinfachung lassen wir diese Detailinformation hier weg.

7 Wir folgen hier der in den Programmiersprachen üblichen Schreibweise, wo statt eines Dezimalkommas ein Dezimalpunkt verwendet wird.

Eine Zusammenfassung von Datenelementen, die in einem logischen Zusammenhang stehen, zu einer größeren Einheit bezeichnet man als *Datenstruktur*. Wir unterscheiden im folgenden drei Datenstrukturen:

— Array
— Record
— Datei

1.4.2.1 Array

Als *Array* wird eine Zusammenfassung von Datenelementen des *gleichen Typs* unter einem gemeinsamen Namen bezeichnet. Die einzelnen Elemente werden durch *Indices* — auch *Subskripte* genannt — identifiziert.

Der Array ist die am weitesten verbreitete Datenstruktur. Sie steht in allen höheren Programmiersprachen zur Verfügung. Allerdings ist die deutschsprachige Terminologie zum Teil sehr uneinheitlich. In Cobol heißt ein Array „Tabelle", in Pl/1 „Bereich", in Fortran, Algol und Basic dagegen „Feld". Aus diesem Grund wird hier, wie in der Literatur üblich, der programmiersprachenunabhängige, englische Begriff „Array" verwendet.

Ein Array kann eine oder mehrere Dimensionen aufweisen. Die Analogie zur Mathematik legt es nahe, einen eindimensionalen Array als *Vektor* zu bezeichnen. Ein Array, dessen Elemente selbst Arrays sind, wird zweidimensionaler Array oder *Matrix* genannt. Durch entsprechende Überlegungen gelangt man allgemein zu n-dimensionalen Arrays.

Wie einfache Variable werden auch Arrays vereinbart. Aus einer Arraydeklaration müssen folgende Informationen zu ersehen sein:

— der Name des Array *(arrayname)*,
— die Ausdehnung jeder Dimension (Dimensionsgrenzen); dies erfolgt durch Angabe des kleinsten *(k)* und größten *(g)* Indexwertes,
— die Anzahl der Dimensionen; sie geht implizit aus der Zahl der angegebenen Dimensionsgrenzen hervor,
— der Datentyp der Arrayelemente *(typname);* dieser kann alphanumerisch, logisch oder ein numerischer Typ sein.

Die Schreibweise für die Vereinbarung eines eindimensionalen Arrays soll deshalb folgendermaßen festgelegt werden:

dcl *arrayname (k : g) typname*

Entsprechend gilt für einen zwei- bzw. dreidimensionalen Array:

dcl *arrayname (k$_1$: g$_1$, k$_2$: g$_2$) typname*
dcl *arrayname (k$_1$: g$_1$, k$_2$: g$_2$, k$_3$: g$_3$) typname*

Zur Identifizierung eines bestimmten Arrayelements ist eine Indexangabe für jede Dimension erforderlich. Als Indexangaben sind grundsätzlich drei Möglichkeiten zugelassen:

- Indexkonstante
- Indexvariable
- Indexausdrücke

Auch Indices besitzen einen Datentyp. Sie stellen numerisch ganzzahlige Datenelemente dar, wobei im konkreten Fall die Wertemengen durch die Dimensionsgrenzen beschränkt werden. Indexausdrücke sind arithmetische Ausdrücke, die einen ganzzahligen Wert ergeben[8].

---

8 Auf arithmetische Ausdrücke wird in Abschnitt 1.5.3 eingegangen.

1.4.2.2 Record

Während ein Array sich aus Elementen des gleichen Typs zusammensetzt, werden in einem *Record* Datenelemente *beliebigen Typs* oder Datenstrukturen unter einem übergeordneten Namen zusammengefaßt. Die Daten eines Records sind meist aufgrund inhaltlicher Gesichtspunkte miteinander verbunden und werden hierarchisch angeordnet. Die Hierarchie kann mehrstufig sein; d. h., ein Record besteht aus Datenelementen, aber gegebenenfalls auch wieder aus Records.

Die Terminologie der Programmiersprachen ist auch bezüglich des Begriffs „Record" nicht einheitlich. Zum Teil wird diese Datenstruktur auch Datengruppe, Datensatz, Segment oder Struktur genannt. Wir wählen deshalb wie für den Array die einheitlichere englische Bezeichnung.

Für die Festlegung der hierarchischen Struktur eines Records sind unterschiedliche Beschreibungsmittel in den einzelnen Programmiersprachen realisiert. Wir verwenden im folgenden die übersichtliche Notation wie in Cobol oder Pl/1, die den hierarchischen Aufbau durch Stufennummern in der Vereinbarung zum Ausdruck bringt. Die höchste Stufe erhält die Nummer 1; tiefere Stufen werden durch aufsteigende Nummern größer als 1 gekennzeichnet.

Anders als ein Array hat der Record einen Namen, der sich von den Namen seiner Elemente unterscheidet. Enthält der Record selbst wieder Records, so werden auch diese mit eigenen Namen benannt. Unter Berücksichtigung der Schachtelungsmöglichkeiten lautet die Schreibweise für Record-Vereinbarungen, hier am Fall eines sowohl aus einfachen Datenelementen als auch aus einem weiteren Record bestehenden Records dargestellt:

```
dcl 1 recordname
      2 elementname      typname
      2 elementname      typname

           .

           .

           .

      2 recordname
        3 recordname
          4 elementname      typname
          4 elementname      typname
        3 elementname      typname

           .

           .

           .
```

Die Bezugnahme auf Teile oder einzelne Elemente der Datenstruktur kann einmal über einen eindeutigen (d. h. nirgendwo sonst im selben Programm bzw. Programmteil verwendeten) Komponentennamen erfolgen. Die zweite Möglichkeit besteht in der sog. *Qualifizierung*. Hierbei werden zum Komponentennamen einige („Teilqualifizierung") oder alle („vollständige Qualifizierung") in der hierarchischen Ordnung des Records übergeordneten Komponentennamen bis hin zum Namen der gesamten Datenstruktur hinzugefügt.

Die verschiedenen Programmiersprachen schöpfen die beiden Möglichkeiten in unterschiedlichem Maße aus: einige erlauben die Bezugnahme auf eine Record-Komponente über einen eindeutigen oder einen teilqualifizierten Komponentennamen, bei anderen ist immer eine vollständige Qualifizierung erforderlich.

Beispiel

Records werden sehr häufig verwendet, um hierarchisch strukturierte Daten, die den Input eines Verarbeitungsprozesses darstellen, auf einem Datenträger abzubilden. Die z. B. von der Datenanordnung

| 123456 | MAIER | MICHAEL | DREHEREI | 2551.50 | 851.75 | .... |

Personalnummer — Nachname — Vorname — Kostenstelle — Grundlohn — Zuschlag

Name — Lohndaten

Personaldaten

auf einem Datenträger implizierte Struktur kommt in der folgenden Record-Vereinbarung zum Ausdruck:

```
dcl 1 PERSONALDATEN
      2 PERSONALNUMMER         numerisch ganzzahlig
      2 NAME
          3 NACHNAME           alphanumerisch
          3 VORNAME            alphanumerisch
      2 LOHNDATEN
          3 KOSTENSTELLE       alphanumerisch
          3 GRUNDLOHN          numerisch reell
          3 ZUSCHLAG           numerisch reell
```

Der Record PERSONALDATEN besteht aus dem Datenelement PERSONALNUM-
MER und den beiden Records NAME und LOHNDATEN. 1, 2 und 3 sind Stufen-
nummern, welche die Stellung in der Gesamthierarchie angeben. Der Record NA-
ME auf Stufe 2 setzt sich z. B. aus den Datenelementen NACHNAME und VORNA-
ME zusammen, die auf der nächstniedrigeren Stufe 3 stehen.

Die Bezugnahme auf die Record-Komponente PERSONALNUMMER erfolgt z. B.
über den Namen PERSONALNUMMER (wenn dieser eindeutig im Programm ist)
oder über die Qualifizierung PERSONALNUMMER in PERSONALDATEN.

1.4.2.3 Datei

In einer *Datei* (englisch: File) wird eine Menge gleichartiger Records, Arrays oder Datenelemente, die nach sachlichen Gesichtspunkten zusammengehören, zu einem größeren
Datenbestand zusammengefaßt. Dateien im kommerziellen und administrativen Bereich
bestehen im allgemeinen aus Records. Die Records bezeichnet man dort als *Datensätze*.

Während die Datenstrukturen Array und Record zur Beschreibung und Manipulation
von Daten innerhalb eines Programms verwendet werden, dient eine Datei hauptsächlich zur Aufbewahrung von Daten unabhängig von einem bestimmten Programm. Eine
Datei kann auf einem externen Datenträger über längere Zeit hinweg gespeichert werden.

Dateien, deren Datensätze nur fortlaufend hintereinander verarbeitet werden können,
nennt man *sequentielle Dateien*. Ist es dagegen möglich, auf einzelne Datensätze mit
Hilfe eines Ordnungsbegriffs direkt zuzugreifen, so spricht man von einer *direkten
Datei.*

Eine Datei, deren Sätze ein Programm verarbeiten soll, muß mit ihren Eigenschaften in
dem Programm vereinbart werden. Damit hängen vor allem Fragen zusammen, die sich
auf die Anordnung der Datensätze und das Wiederauffinden von Sätzen in der Datei
beziehen. Diese Probleme sind Gegenstand eines umfangreichen Gebiets der Informatik, der *Datenorganisation,* und werden hier nicht weiter vertieft.

Die Datei wird im Programm mit

    dcl *dateiname* file

vereinbart. Die Angabe „file" weist darauf hin, daß es sich um eine Datei handelt.

Beispiel

Der im letzten Beispiel verwendete Datensatz enthält die Personaldaten eines Mitarbeiters. Wenn man die Personaldaten aller Mitarbeiter des Betriebs zusammenfaßt, so erhält man eine Datei, die als PERSONALDATEI bezeichnet sei. Diese wäre wie folgt zu vereinbaren:

    dcl PERSONALDATEI file

Das Ende der Datei wird durch eine spezielle Kennzeichnung markiert (EOF bedeutet „end of file").

PERSONALDATEI

123456	MAIER	MICHAEL	DREHEREI	2851.50	851.75
123457	RATLOS	RUDI	FUHRPARK	2650.00	624.00
.					
.					
.					
234567	ZIMMERMANN	WALTER	GIESSEREI	2851.50	975.80
EOF					

1.5 Befehlsarten

In einem Computerprogramm werden die auszuführenden Operationen als Befehle notiert. Je nachdem, auf welchem Abstraktionsgrad man sich bewegt, sind unterschiedliche Einteilungen in Befehlsarten gebräuchlich. Offensichtlich haben Befehle in einer Maschinensprache, wo auf der Ebene von Bits operiert wird, andere Aufgaben als etwa in einer höheren Programmiersprache, in der sich der Befehlswert an den Problemen des Anwenders orientiert.

Da höhere Programmiersprachen die weiteste Verbreitung besitzen, wählen wir im folgenden diese Ebene und legen eine Klassifikation der Befehle in Ein-/Ausgabebefehle, Zuweisungsbefehle und Steuerbefehle zugrunde. Die letzten beiden Befehlsarten werden im Unterschied zu den Ein-/Ausgabebefehlen auch als *Verarbeitungsbefehle* zusammengefaßt. Diese Terminologie geht von der Grundidee des Datenverarbeitungsprozesses

aus, die ihr Äquivalent in dem funktionalen Aufbau eines Computers hat: Die eigentliche Verarbeitung von Daten findet in der Zentraleinheit (Arbeitsspeicher, Steuerwerk, Rechenwerk) statt, während die Input- bzw. Outputdaten über Eingabe- bzw. Ausgabegeräte oder externe Speichereinheiten verfügbar gemacht werden.

Da ein Algorithmus die Vorstufe zu einem Programm darstellt, werden diese Befehlsarten bereits bei der Algorithmenentwicklung herangezogen.

Für die Darstellung werden folgende Abkürzungen verwendet:

vn = Variablenname
k = Konstante
op = Variablenname oder Konstante („Operand")
dn = Dateiname
upn = Unterprogramme

Eckige Klammern stehen für optionale Angaben, Punkte (...) für die Wiederholungs-möglichkeit.

1.5.1 Ein-/ Ausgabebefehle

Daten werden als Input des Prozesses in einer Datei auf einem Datenträger (z. B. Magnetplatte, Diskette) bereitgestellt und über die entsprechende externe Speichereinheit oder über ein spezielles Eingabegerät eingelesen. Kleinere Datenmengen können auch über die Tastatur eingegeben werden. Befehle, welche das Einlesen und den Transport der Daten in den Arbeitsspeicher der Zentraleinheit veranlassen, heißen *Eingabebefehle*.

Für den Eingabebefehl werden folgende Schreibweisen verwendet:

(a) Im einfachsten Fall, der Dateneingabe über die Tastatur eines Bildschirmgeräts (früher: über Lochkarten), wird (werden) nur der (die) Name(n) der Variablen notiert, welche durch die Eingabe einen Wert erhalten soll(en):

$$\text{einlesen } vn_1 \ [, vn_2] \ ...$$

(b) Sollen Daten aus einer *sequentiellen Datei* eingelesen werden, wird zusätzlich der Dateiname angegeben:

$$\text{einlesen } vn_1 \ [, vn_2] \ ... \text{ aus } dn$$

(c) Sollen aus einer *direkten Datei* ganz bestimmte Datensätze aufgrund eines Ordnungsbegriffs (i. a. ein Variablenname, evtl. auch eine Konstante) eingelesen werden, wird der Name des Ordnungsbegriffs bzw. die Konstante mit aufgeführt:

$$\text{einlesen } vn_1 \ [, vn_2] \ ... \text{ aus } dn \text{ anhand von } op$$

Vor allem dann, wenn Daten aus einer Datei eingelesen werden sollen, verwendet man als Variablennamen sehr häufig den Namen einer Record-Struktur; statt vieler einzelner Variablennamen braucht man dann nur einen (Record-)Namen anzugeben.

Beispiel

Die Eingabe der einzelnen Personaldatensätze aus der sequentiellen Personaldatei in Abschnitt 1.4.2.3 würde durch Ausführung von Eingabebefehlen veranlaßt, in denen der Recordname PERSONALDATEN und der Dateiname PERSONALDATEI angesprochen sind:

einlesen PERSONALDATEN aus PERSONALDATEI

Ergebnisse des Datenverarbeitungsprozesses werden zu einem Ausgabegerät transportiert und dem Anwender auf einem Datenträger (z. B. Druckerpapier, Bildschirm) zur Verfügung gestellt oder in eine Datei auf einem externen Speichergerät übertragen. Befehle, welche den Datentransport und die Ausgabe auf einen Datenträger veranlassen, heißen *Ausgabebefehle*.

Ähnlich wie bei den Eingabebefehlen unterscheiden wir bei der Schreibweise nach der Art der Ausgabe:

(a) Im einfachsten Fall (Ausgabe auf Bildschirm oder Drucker) werden nur die Operanden notiert:

$$\text{ausgeben } op_1 \; [, op_2] \; \ldots$$

(b) Bei Ausgabe in eine *sequentielle Datei* muß der Dateiname angegeben werden:

$$\text{ausgeben } op_1 \; [, op_2] \; \ldots \text{ in } dn$$

(c) Bei Ausgabe anhand eines Ordnungsbegriffs an eine bestimmte Position einer *direkten Datei* wird der Ordnungsbegriff mit aufgeführt:

$$\text{ausgeben } op_1 \; [, op_2] \; \ldots \text{ in } dn \text{ anhand von } op_3$$

1.5.2 Zuweisungsbefehle

Daten werden vor und nach ihrer Bearbeitung durch die Befehle eines Programms im internen Arbeitsspeicher abgelegt.

Eine elementare Anweisung in einer Programmiersprache ist die Zuweisung eines Werts an eine Variable. Auf der physischen Ebene entspricht dies einer Datenübertragung von einem Speicherplatz des Arbeitsspeichers, welcher den Wert enthält, zu einem anderen Speicherplatz, welcher die Variable repräsentiert. Befehle, die Wertzuweisungen an Variablen veranlassen, heißen *Zuweisungsbefehle*.

Voraussetzung für die richtige Anwendung eines Zuweisungsbefehls ist, daß der Wert, der zugewiesen werden soll, dem Datentyp der empfangenden Variablen entspricht. Allerdings führen viele Programmiersprachen für bestimmte Fälle eine automatische Typanpassung durch. (Z. B. bewirkt oft eine Typanpassung von „numerisch ganzzahlig" nach „numerisch reell", daß bei der Zuweisung der ganzzahligen Werts an eine reelle Variable vor der eigentlichen Übertragung der ganzzahlige Wert in das entsprechende interne Format eines reellen Werts umgewandelt wird.)

Als Beschreibungsmittel für den zuzuweisenden Wert werden in fast allen Programmiersprachen die arithmetischen und die logischen Ausdrücke verwendet. Die Zuweisung läuft deshalb im allgemeinen in zwei Schritten ab: zuerst wird der Wert des Ausdrucks berechnet und dann der berechnete Wert der empfangenden Variablen zugewiesen.

Ein *arithmetischer Ausdruck* wird analog zur Mathematik als eine Verknüpfung von Operanden (hier: von numerischen Daten) mit Hilfe arithmetischer Operatoren gebildet und bei Bedarf durch Setzen von Klammern logisch strukturiert. Die Verwendung der Operatoren ist in höheren Programmiersprachen weitgehend einheitlich:

Operator	Operation
+	Addition
−	Subtraktion
*	Multiplikation
/	Division
**	Potenzierung

Ein einfacher Sonderfall liegt vor, wenn der „Ausdruck" keine Operatoren enthält, sondern nur aus einem Variablennamen oder einer Konstanten besteht. In dieser Situation entfällt der Berechnungsschritt, und der Wert kann direkt übertragen werden.

Die Doppelfunktion eines Zuweisungsbefehls muß man berücksichtigen, wenn man einen Fortran- oder Pl/1-Befehl wie

I = I + 1

betrachtet. Dieser stellt nicht etwa mathematischen Unsinn dar, sondern ist wie folgt zu interpretieren: Der arithmetische Ausdruck I + 1 wird mit dem gegenwärtigen Wert von I berechnet, das Ergebnis dann in den Speicherbereich I übertragen, was insgesamt die Erhöhung von I um 1 bewirkt. Das Gleichheitszeichen drückt hier also nicht die Identität der linken und der rechten Seite aus, sondern dient als *Zuweisungsoperator*.

Das Ergebnis eines *logischen Ausdrucks* ist ein Wahrheitswert (wahr oder falsch). Ein solcher Ausdruck hat also den Datentyp „logisch". Die häufigste Form eines logischen Ausdrucks ist der Vergleich, der analog zur Mathematik mit Hilfe von Vergleichsoperatoren formuliert wird.

Beispiel

A, B und C seien numerische Daten mit den Werten A = 1, B = 5, C = 5. Dann
haben die folgenden logischen Ausdrücke die angegebenen Wahrheitswerte:

logischer Ausdruck	Wahrheitswert
A < B	wahr
A = B	falsch
A > B	falsch
A * B = C	wahr
A + B < C	falsch

Logische Ausdrücke werden vor allem als *Bedingungen* in Steuerbefehlen (vgl. Abschnitt 1.5.3)
verwendet. In Abhängigkeit davon, ob eine Bedingung erfüllt – d. h. der entsprechende logische Ausdruck wahr – ist, nimmt das Programm dann einen bestimmten vorgegebenen Ablauf.

Einfache logische Ausdrücke können mit Hilfe logischer Operatoren zu zusammengesetzten Ausdrücken verknüpft weden. Die üblichen logischen Operationen sind die Operatoren

UND
ODER
NICHT

Bei der Verknüpfung kommen die Regeln der Booleschen Alegbra zur Anwendung[9].

Beispiel

Unter den Voraussetzungen des vorigen Beispiels haben die zusammengesetzten
logischen Ausdrücke die nebenstehenden Wahrheitswerte:

logischer Ausdruck	Wahrheitswert
A<B UND B>C	falsch
A<B ODER B>C	wahr

9 Vgl. hierzu die ausführliche Darstellung bei Zimmermann [Datenverarbeitung V].

Anmerkung

Während neuere Programmiersprachen nicht mehr explizit zwischen der Zuweisung des Wertes einer Variablen bzw. Konstanten und des Wertes eines Ausdrucks unterscheiden, existieren in einigen älteren Programmiersprachen (z. B. in Cobol) speziellere Befehlsarten: Übertragungsbefehle und arithmetische Befehle.

Der *Übertragungsbefehl*

MOVE SUMME TO ENDERGEBNIS

in der Sprache Cobol bewirkt, daß der Wert der Variablen SUMME der mit ENDERGEBNIS benannten Variablen zugewiesen wird. In Pascal würde die gleiche Operation mit einem Zuweisungsbefehl ausgedrückt:

ENDERGEBNIS := SUMME

Der *arithmetische Befehl*

SUBTRACT 1 FROM X

in Cobol vermindert den Wert der Variablen X um 1. In Pascal lautet der äquivalente Zuweisungsbefehl:

X := X − 1

Wie die obigen Zuweisungsbeispiele zeigen, kommen in den Programmiersprachen unterschiedliche Zuweisungsoperatoren (:= oder =, in Cobol sogar ein Befehlswort) zum Einsatz.

Um die Richtung der Zuweisungsoperation zu verdeutlichen und zur Unterscheidung von der Bedeutung des Gleichheitszeichens in einem logischen Ausdruck wählen wir im folgenden als Zuweisungsoperator den Pfeil:

vn ← ausdruck

Die beiden früheren Beispiele würden also programmiersprachenunabhängig wie folgt geschrieben:

G ← A / (1 − Q)
I ← I + 1

Die Zuweisung von Konstanten oder Variablen folgt der gleichen Notation. Wenn I und J numerische, X eine alphanumerische und Z eine logische Variable darstellen, wären z. B. die Zuweisungen möglich:

J ← 1
I ← J
X ← 'Eingabe fehlerhaft'
Z ← wahr

1.5.3 Steuerbefehle

In den Beispielen des Abschnitts 1.2, in denen Grobalgorithmen dargestellt wurden, war stillschweigend angenommen, daß ein Schritt nach dem anderen vollzogen wird, es sei denn, eine besondere Anweisung ändere die Reihenfolge explizit. Übertragen wir diese Vorgehensweise auf die Formulierung eines Programms, so heißt dies, daß Befehle sequentiell, d. h. nacheinander in der angegebenen Reihenfolge, ausgeführt werden. Soll in die sequentielle Abarbeitung der Befehle eingegriffen und der Programmablauf explizit gesteuert werden, so bedient man sich der *Steuerbefehle.*

Die Steuerung des Programmablaufs ist eine der anspruchsvollsten Aufgaben der Programmentwicklung. Sie wird in den Kapiteln 3 und 4 ausführlich behandelt; an dieser Stelle seien nur die verschiedenen Möglichkeiten genannt, die grundsätzlich zur Verfügung stehen.

(1) Unterprogrammaufrufe

Durch einen Unterprogrammaufruf wird der sequentielle Ablauf *vorübergehend* verlassen und ein *Unterprogramm* ausgeführt.

Ein Unterprogramm ist eine unter einem Namen zusammengefaßte Folge von Befehlen (und gegebenenfalls auch Datenvereinbarungen), die an eine andere Stelle ausgelagert wurde. Nach Ausführung des Unterprogramms wird der ursprüngliche Ablauf fortgesetzt.

In den Algorithmen schreiben wir den Unterprogrammaufruf als

ausführen *upn*

(2) Schleifenbefehle

Mit einem Schleifenbefehl wird der sequentielle Ablauf unterbrochen und die *wiederholte* Ausführung einer zusammenhängenden Befehlsfolge veranlaßt. (Es wird eine *Programmschleife* durchlaufen.)

Von den verschiedenen Formen der Schleife, die in Kapitel 4 ausführlich behandelt werden, soll zunächst nur die gebräuchlichste kurz skizziert werden:

wiederholen, solange *Bedingung erfüllt*

.

.

.

Die Punkte stehen für einen oder mehrere Befehle, den sog. Schleifenrumpf. Dieser wird solange wiederholt ausgeführt, wie die im Schleifenbefehl angegebene *Bedingung* zutrifft.

(3) Selektion

Eine Selektion steuert den weiteren Ablauf abhängig von einer Bedingung. Die Bedingung wird wie beim Schleifenbefehl durch einen logischen Ausdruck (i.d.R. einen Vergleich) angegeben. Deshalb wurde die Selektion früher häufig als *logischer Befehl, bedingter Befehl* oder *Vergleichsbefehl* bezeichnet.

Schreibweise:

> Wenn *Bedingung erfüllt*,
>> dann ...
>> sonst ...

Die Punkte stehen für den bzw. die Befehle, die ausgeführt werden sollen, falls die *Bedingung* erfüllt bzw. nicht erfüllt ist. Man spricht auch von dem „Dann-Zweig" und dem „Sonst-Zweig".

(4) Sprungbefehle (GO-TO-Befehle)

Mit einem Sprungbefehl wird der sequentielle Ablauf verlassen und das Programm an anderer Stelle fortgesetzt. Sprungbefehle werden im weiteren nicht verwendet.

(5) Stopbefehl

Der Stopbefehl verursacht die Beendigung der Programmausführung. Dafür schreiben wir einfach:

> stop

Wird in einem Algorithmus kein Stopbefehl angegeben, so endet die Ausführung dann, wenn der Ablauf den letzten Befehl erreicht hat.

Exkurs: Vereinbarungen

Außer den vorstehend beschriebenen Befehlsarten treten in einem Programm auch *Vereinbarungen* auf, zu denen einige kurze Bemerkungen anzufügen sind.

Die Befehle verwendet man, um einen Algorithmus zu formulieren. Sie werden anschließend in die Ausdrucksweise der Programmiersprache übersetzt. Bei der Ausführung des Programms veranlassen die Befehle bestimmte Arbeitsschritte des Computers.

Demgegenüber dienen Vereinbarungen in erster Linie dazu, die Datentypen und Datenstrukturen festzulegen, die in einem Programm vorkommen. In unserer Schreibweise wird hierfür die Abkürzung „dcl" verwendet. Außerdem bringt man durch Vereinbarungen zum Ausdruck, welche Programmteile Unterprogramme darstellen.

In den moderneren der klassischen Programmiersprachen (z. B. Pascal, Ada, Modula-2) kann der Programmierer darüber hinaus eigene Datentypen einführen, Namen für Konstante vereinbaren und andere fortgeschrittene Programmobjekte definieren[10].

---

10 Vgl. z. B. Kurbel [Ada].

1.6 Programmbeispiel

Zur Veranschaulichung der verschiedenen Arten von Befehlen und der Vereinbarungen soll das Problem einer einfachen Zinsrechnung in der höheren Programmiersprache Pascal gelöst werden.

Problemstellung

Für ein vorzugebendes Anfangskapital soll der bei einem Zinssatz von 5 % jedes Jahr entstehende Zins berechnet werden. Eingabedatum ist das Anfangskapital. Auszugeben sind der jeweilige Zinsbetrag und eine Angabe, um das wievielte Jahr es sich handelt. Das Programm soll beendet werden, wenn der Zins eines Jahres einmal so groß wie das anfängliche Kapital geworden ist.

Lösungsweg

Wir verwenden eine Programmschleife, in der die geforderten Daten jedes Jahres ausgegeben und dann die Daten des nächsten Jahres berechnet werden. Das neue Kapital erhält man durch Addition des berechneten Zinses zu dem alten Kapital, d. h. zu dem Kapital des Vorjahres. Dieses Prinzip des Hochaddierens von Werten durch sukzessive Summierung wird *Kumulationsprinzip* genannt.

Zeile	Pascal-Programm	Befehlsart bzw. Vereinbarung
1	program ZINSEN (input, output);	
2		
3	var JAHR : integer;	Vereinbarung
4	ZINS, KAPITAL, ANFANGSKAPITAL : real;	
5		
6	begin	
7	ZINS := 0;	Zuweisung
8	JAHR := 0;	Zuweisung
9	read (ANFANGSKAPITAL);	Eingabebefehl
10	KAPITAL := ANFANGSKAPITAL;	Zuweisung
11	while ZINS < ANFANGSKAPITAL do begin	Steuerbefehl
12	writeln (JAHR, ZINS);	Ausgabebefehl
13	JAHR := JAHR + 1;	Zuweisung
14	ZINS := KAPITAL * 0.05;	Zuweisung
15	KAPITAL := KAPITAL + ZINS;	Zuweisung
16	end	
17	end.	

Abb. 1.3: Pascal-Programm ZINSEN

Erläuterung der Abbildung 1.3

Da nicht die Details der Sprache Pascal Gegenstand der Ausführungen sind, sollen die verschiedenen Befehle und Vereinbarungen nur kurz beschrieben werden.

Zeile 1 definiert ein Hauptprogramm namens ZINSEN. In den Zeilen 3 und 4 werden die Variablen JAHR als numerisch ganzzahlig, ZINS, KAPITAL und ANFANGSKA-PITAL als numerisch reell vereinbart. Die Zeilen 9 und 12 enthalten Ein-/Ausgabe-befehle[11]. Mit den Zeilen 11 und 16 wird die Programmschleife formuliert. Solange der Wert des logischen Ausdrucks „ZINS < ANFANGSKAPITAL" wahr ist, kommen die im Schleifenrumpf stehenden, eingerückt geschriebenen Befehle zur Ausführung. Andernfalls wird die Ausführung der Schleife beendet. Zeile 17 gibt dem Überset-zungsprogramm an, daß hier der Programmtext beendet ist.

1.7 Phasen der Programmentwicklung

Ausgangspunkt der Überlegungen zur Programmentwicklung ist, wie wir eingangs ge-sehen haben, ein Problem. Von der Erkenntnis, daß ein Problem existiert, bis zu seiner Lösung mit Hilfe eines Programms sind eine Reihe von Teilaufgaben zu bewältigen, die nun im Zusammenhang erläutert werden sollen.

Schritt 1: Problemanalyse

Das Problem wird untersucht und abgegrenzt, so daß die Aufgabenstellung, der Daten-input und die erwarteten Ergebnisse genau beschrieben werden können.

Schritt 2: Algorithmen und Datenstrukturen

Zur Bestimmung der Lösung wird ein Verfahren entwickelt und solange verfeinert bzw. korrigiert, bis ein codierbarer Entwurf vorliegt. (Dabei kann man sich graphischer und anderer Hilfsmittel bedienen, die Gegenstand des nächsten Kapitels sind.) Außer-dem werden die in dem Algorithmus verwendeten Datenstrukturen festgelegt.

Schritt 3: Programmierung

Der Algorithmus wird aus der verbalen und/oder graphischen Darstellungsweise in die formale Notation einer Programmiersprache überführt; die Variablen (Datenelemente und Datenstrukturen) werden mit den Ausdrucksmitteln der Programmiersprache ver-einbart. Dann liegt ein Programm vor. Kapitel 7 geht auf die Programmierungsphase ausführlich ein.

---

11 Streng genommen handelt es sich in Pascal nicht um „Befehle", sondern um vordefinierte Un-terprogrammaufrufe.

Schritt 4: Eingabemedium

Das Programm wird aus der vorläufigen Form (d. h. vom Konzeptpapier, von eigens hierfür geschaffenen Codierblättern, evtl. auch aus dem Gedächtnis des Programmierers) auf ein computerlesbares Medium übertragen. Meist wird es an einem Bildschirmgerät eingetippt und zunächst in einem externen Speicher (z. B. Magnetplatte, Diskette) abgelegt.

Schritt 5: Übersetzung

Von diesem Medium wird das Programm in den Arbeitsspeicher eingelesen und von einem Übersetzungsprogramm (Compiler bzw. Assembler) in die Maschinensprache übersetzt.

Schritt 6: Fehlerkorrektur

Aufgrund der vom Übersetzer ausgegebenen Hinweise können nun *formale* Programmfehler aufgespürt werden, die gegen die Regeln der Programmiersprache verstoßen. Sind solche Fehler vorhanden, werden sie korrigiert und der Ablauf mit Schritt 4 fortgesetzt; sonst wird mit Schritt 7 fortgefahren.

Schritt 7: Ausführung

Liegt ein übersetztes, von formalen Fehlern freies Programm vor, so laufen noch maschineninterne Teilaufgaben ab (Binden, Laden), auf die hier nicht eingegangen wird. Anschließend kann endlich das Programm ausgeführt werden.

Schritt 8: Programmtest

Da die zu verarbeitenden Datenbestände insbesondere in der kommerziellen Datenverarbeitung meist von großem Umfang sind, wird die Richtigkeit der Programmlogik mit Hilfe von Testdaten überprüft. Liefert ein Testlauf fehlerhafte Ergebnisse, so muß der zugrunde liegende Algorithmus korrigiert werden; der Ablauf setzt sich dann mit Schritt 2 fort. Entdeckt man keine logischen Fehler mehr, kommt Schritt 9 zur Ausführung.

Schritt 9: Programmdokumentation

Programme erstellt man i.d.R. nicht für einmalige Anwendungen; treten also später die gleichen Probleme für andere Inputdaten auf — man denke z. B. an periodisch auszuführende Buchhaltungsprobleme —, so wird dasselbe Programm weiterverwendet. Deshalb ist eine Dokumentation unbedingt erforderlich, welche eine genaue Beschreibung der Problemstellung, der benötigten Eingabedaten, der bereitgestellten Ergebnisdaten und den Lösungsalgorithmus enthält.

Schritt 10: Programmeinsatz

Das Programm wird für den laufenden Einsatz freigegeben. Das Problem, das den Anstoß zur Entwicklung des Programms gab, kann nun mit den tatsächlich zugrunde liegenden Daten gelöst werden.

Aufgaben und Fragen zu Kapitel 1

(1) Grenzen Sie die Begriffe Programm und Algorithmus gegeneinander ab!

(2) Was versteht man unter Programmierung?

(3) Unter welchen Voraussetzungen ist das folgende Problem mit einem Computerprogramm zu lösen: „Zur effizienteren Abwicklung von Verkehrsordnungswidrigkeiten sollen automatisch Mahnungen an säumige Verwarnungsgeldzahler erstellt werden"?

(4) Worin unterscheiden sich Befehle und Vereinbarungen?

(5) Beschreiben Sie die verschiedenen Arten von Befehlen und Vereinbarungen!

(6) Wie müßten die Variablen ARTIKEL, ENDE, GEWICHT und STUECK vereinbart werden, wenn im Algorithmus folgende Befehle auftreten:

$$
\begin{array}{lcl}
\text{ARTIKEL} & \leftarrow & \text{'KARTON'} \\
\text{GEWICHT} & \leftarrow & 0 \\
\text{GEWICHT} & \leftarrow & \text{GEWICHT} + 1.257 \\
\text{STUECK} & \leftarrow & 200 \\
\text{ENDE} & \leftarrow & \text{wahr}
\end{array}
$$

(7) Gegeben sei eine Datenstruktur, die man graphisch wie folgt darstellen kann:

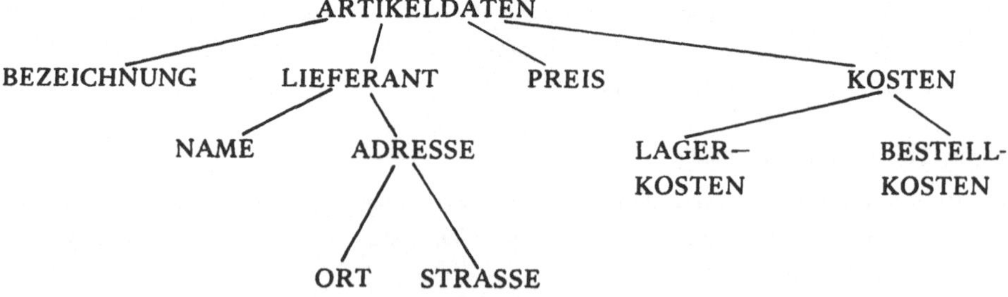

Um was für eine Datenstruktur handelt es sich? Wie wird sie vereinbart?

2. Hilfsmittel der Algorithmenentwicklung

Im Zuge der Entwicklung eines Programms stellt die Algorithmenbildung diejenige Arbeitsphase dar, in welcher die gedankliche Problemlösung erfolgt und das Lösungsverfahren in Form eines logischen Ablaufs von Einzelschritten entworfen wird. Da praktische Problemstellungen i.d.R. wesentlich umfangreicher sind als etwa das Kurzbeispiel in Abschnitt 1.6, bedient man sich in dieser Phase verschiedener Hilfsmittel, die das Ziel haben, die Logik des Algorithmus durch geeignete Darstellungsweisen deutlich zu machen. Die wichtigsten Hilfsmittel sind die im folgenden beschriebenen Programmablaufpläne und Struktogramme; manchmal werden auch Entscheidungstabellen herangezogen.

Man beachte, daß es sich hierbei nur um *Darstellungsformen* für Algorithmen handelt. Grundsätzlich kann ein Algorithmus auch verbal – in natürlicher Sprache oder mit speziellen Ausdrücken – niedergeschrieben werden. Diese Vorgehensweise wird z. B. in der theoretischen Informatik bevorzugt.

2.1 Programmablaufpläne

Ein *Programmablaufplan* (PA) ist eine graphische Übersicht, welche die zur Lösung eines Problems erforderlichen Operationen in einer logischen Aufeinanderfolge wiedergibt.

Programmablaufpläne sind weit verbreitete Hilfsmittel der Programmentwicklung. Sie werden meist in mehreren Stufen entsprechend der Verfeinerung des Algorithmus erstellt. Je nach Komplexität des Problems wird zunächst ein grober PA mit verbalen Eintragungen entworfen, dann eine verfeinerte Version etc., bis schließlich eine detaillierte Vorlage entwickelt ist, in der alle Befehle explizit aufgeführt sind. Der Einsatz von PA's wird heute sehr kritisch beurteilt, da er Nachteile mit sich bringt, auf die später im Zusammenhang mit den Methoden der Programmentwicklung einzugehen sein wird.

2.1.1 Symbole für Programmablaufpläne

Die Symbole, die zur Erstellung eines PA zur Verfügung stehen, sind vom Deutschen Normenausschuß in der DIN-Norm 66001 vereinheitlicht worden[1]. Von den dort nor-

---

1 Vgl. Normenausschuß [DIN 66001].

mierten Sinnbildern kommen im praktischen Gebrauch meist die folgenden zum Einsatz. Die auszuführenden Operationen werden, soweit möglich, in die Symbole hineingeschrieben. Normiert ist nur die Form der Symbole; ihre Größe kann den speziellen Erfordernissen angepaßt werden, jedoch sollen die Seiten- und Winkelverhältnisse möglichst eingehalten werden.

Verarbeitung (allgemein)

Das Rechteck ist ein allgemeines Symbol und wird für solche Operationen verwendet, für die kein anderes Sinnbild vorgesehen ist, insbesondere für die Zuweisung und für Ein-/Ausgabeoperationen.

Verbindung

Operationen werden durch Linien miteinander verbunden, die zur Verdeutlichung der Ablaufrichtung mit einer Pfeilspitze versehen sein können.

Verzweigung

Vergleichsoperationen in bedingten Befehlen werden mit Hilfe der Raute formuliert, in die eine Ablauflinie hineinführt und aus der zwei Ablauflinien herausführen; je nachdem, ob der Wahrheitswert des zu überprüfenden logischen Ausdrucks wahr oder falsch ist, setzt sich der Ablauf in der einen oder in der anderen Richtung fort.

Manuelle Verarbeitung

Verarbeitungsschritte, die der Benutzer des Programms durchzuführen hat (einschließlich manueller Ein-/Ausgabe), werden durch das Trapez dargestellt.

Dokumentation an anderer Stelle

Durch Doppelbalken wird auf einen anderen PA verwiesen. So kann z. B. ein Unterprogrammaufruf dargestellt werden. (Für das Unterprogramm selbst wird ein eigener PA erstellt.)

Verbindungsstelle

Mit Verbindungsstellen (Konnektoren) werden in größeren PA's Programmteile, die z. B. auf mehreren Seiten stehen, miteinander verbunden. Man verwendet sie ferner aus Gründen der Übersichtlichkeit, um das Kreuzen von Ablauflinien zu vermeiden.

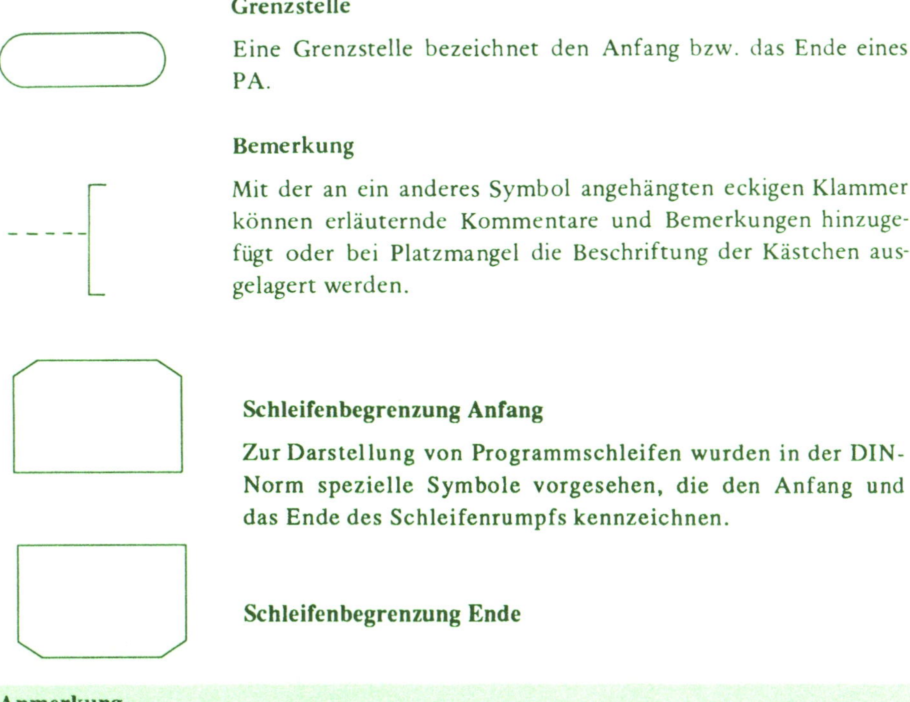

Grenzstelle

Eine Grenzstelle bezeichnet den Anfang bzw. das Ende eines
PA.

Bemerkung

Mit der an ein anderes Symbol angehängten eckigen Klammer
können erläuternde Kommentare und Bemerkungen hinzugefügt oder bei Platzmangel die Beschriftung der Kästchen ausgelagert werden.

Schleifenbegrenzung Anfang

Zur Darstellung von Programmschleifen wurden in der DIN-
Norm spezielle Symbole vorgesehen, die den Anfang und
das Ende des Schleifenrumpfs kennzeichnen.

Schleifenbegrenzung Ende

Anmerkung

Ein PA wird auch Ablaufdiagramm, Flußdiagramm oder Blockdiagramm genannt.
Genormt ist jedoch der Begriff Programmablaufplan.

2.1.2 Beispiele zur Anwendung von Programmablaufplänen

Die Verwendung der vorgestellten Sinnbilder soll zunächst anhand von zwei einfachen
Fällen erläutert werden. Umfangreichere Anwendungen sind den späteren Kapiteln
vorbehalten.

Dem ersten Beispiel liegt das aus Abschnitt 1.6 bekannte Problem der Zinsberechnung
zugrunde. Für ein zuvor eingelesenes Anfangskapital sollen solange der jeweilige Jahreszins und die Jahreszahl berechnet und ausgegeben werden, bis der Jahreszins einmal das Anfangskapital übersteigt.

In Abbildung 2.1a wurde der Programmablaufplan mit Hilfe der DIN-Symbole zur
Schleifenkonstruktion dargestellt. Die zwischen den beiden Schleifenbegrenzungssym-
bolen liegenden Operationen werden solange immer wieder ausgeführt, wie die Bedingung „ZINS < KAPITAL" zutrifft.

In der Praxis noch häufiger anzutreffen ist allerdings die Vorgehensweise, Schleifen
mit Hilfe des Verzweigungssymbols und der Ablauflinie zu notieren. Diese Variante
gibt Abbildung 2.1b wieder. Sie ist weitgehend selbsterläuternd. Wir werden in den

weiteren Programmablaufplänen wegen ihrer Verbreitung im allgemeinen die zweite Form der Schleifendarstellung verwenden.

Beim zweiten Problem gehen wir von dem Beispiel 1 in Abschnitt 1.2 aus und erweitern dieses folgendermaßen: Gegeben seien zehn Wertepaare x_i und y_i. Alle Wertepaare sollen eingelesen und daraus der Korrelationskoeffizient r berechnet und ausgedruckt werden.

Zinsen

dcl   JAHR   numerisch ganzzahlig
         KAPITAL, ZINS,
         ANFANGSKAPITAL   numerisch reell

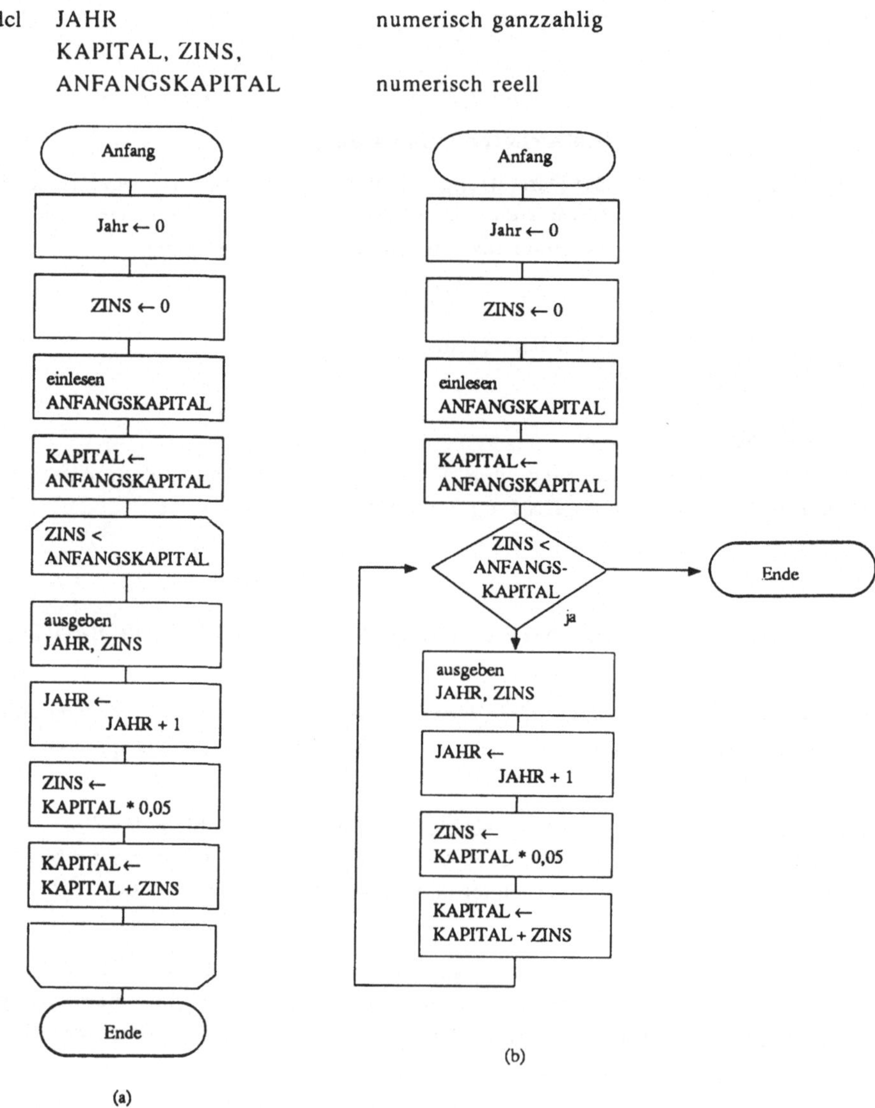

Abb. 2.1: Programmablaufpläne ZINSEN

dcl XQUER, YQUER,
     SO, S1, S2, P, W, R   numerisch reell
     I   numerisch ganzzahlig
     X(1 : 10), Y(1 : 10)   numerisch reell

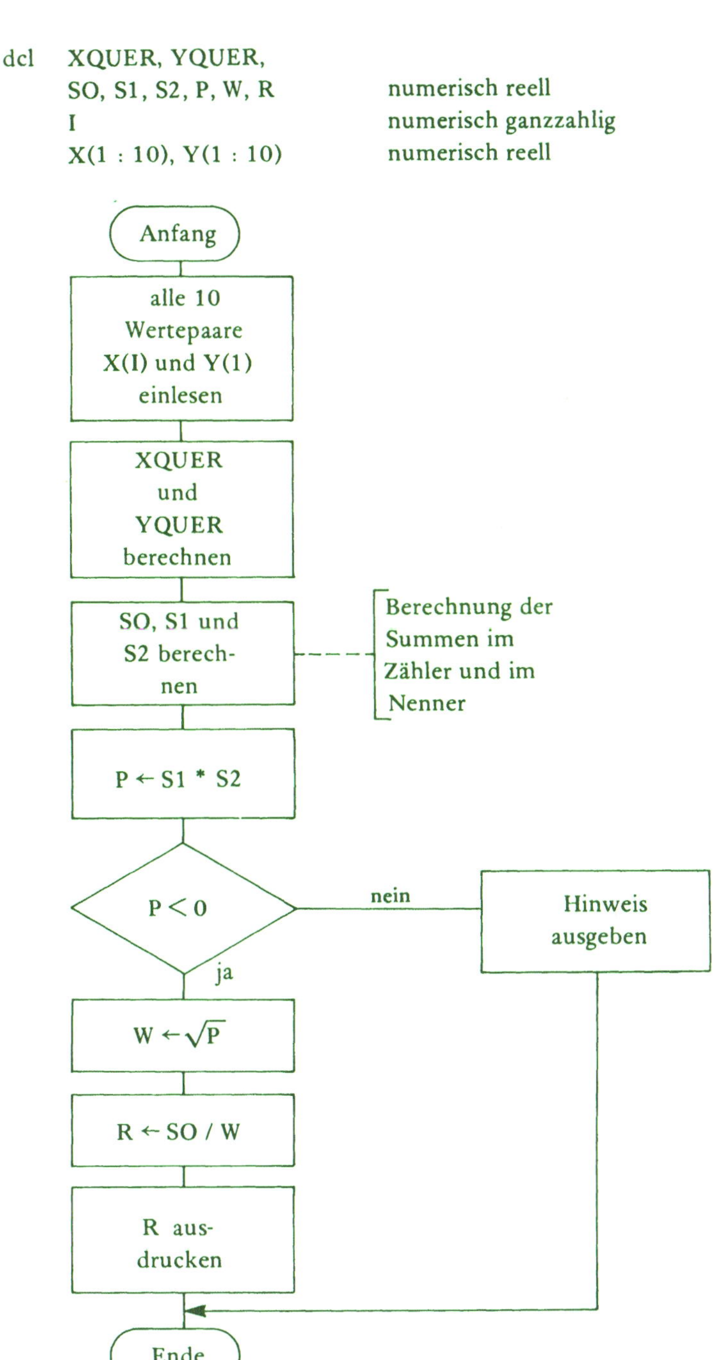

Abb. 2.2: Programmablaufplan KORRELATIONSKOEFFIZIENT (grob)

Wir verwenden die Bezeichnungen

XQUER	=	arithmetisches Mittel $\bar{x}$
YQUER	=	arithmetisches Mittel $\bar{y}$
I	=	Index
S0	=	Summe im Zähler
S1	=	1. Summe im Nenner
S2	=	2. Summe im Nenner
P	=	Produkt S1 * S2
W	=	Wurzel aus P
R	=	Korrelationskoeffizient

Hauptprogramm **KORRELATIONSKOEFFIZIENT**

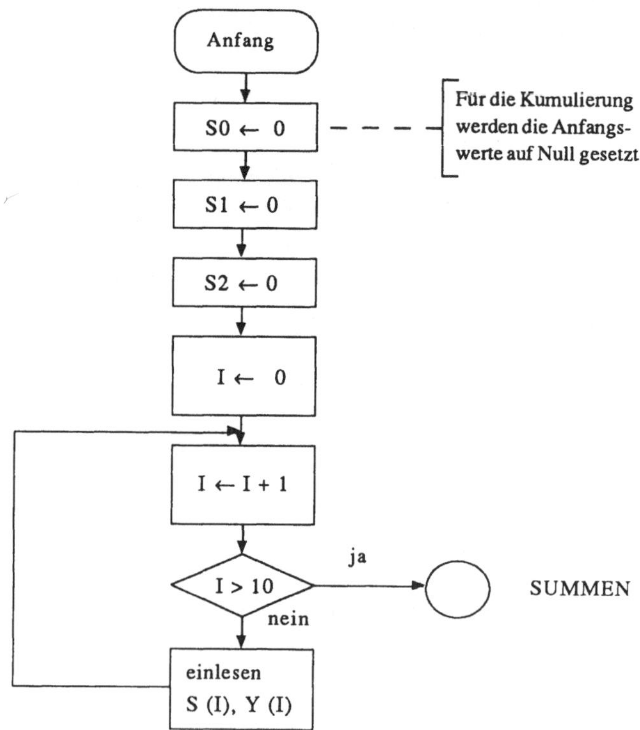

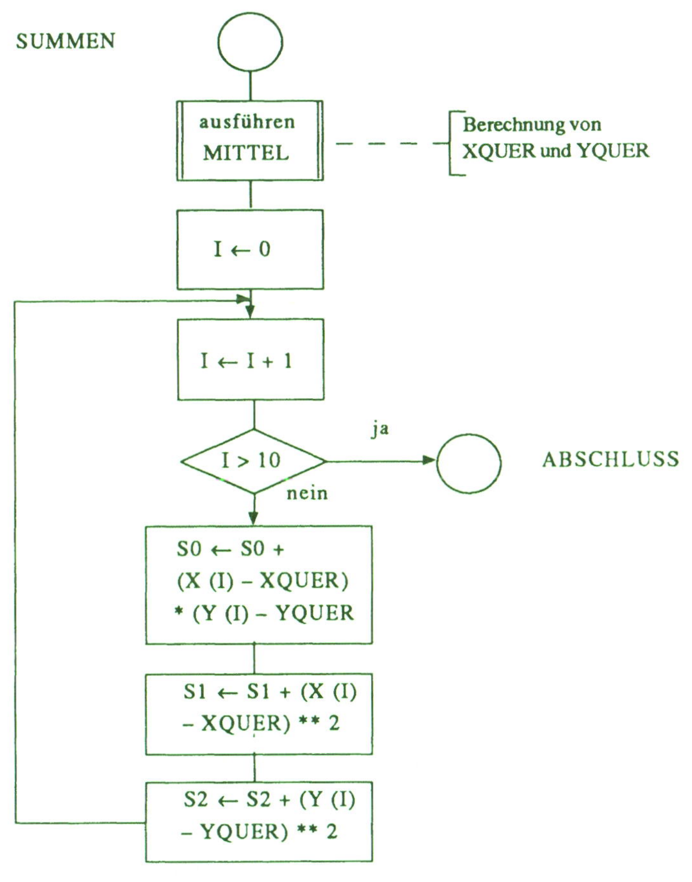

SUMMEN
ausführen
MITTEL
Berechnung von
XQUER und YQUER
I ← 0
I ← I + 1
I > 10
ja
ABSCHLUSS
nein
S0 ← S0 +
(X (I) – XQUER)
* (Y (I) – YQUER
S1 ← S1 + (X (I)
– XQUER) ** 2
S2 ← S2 + (Y (I)
– YQUER) ** 2

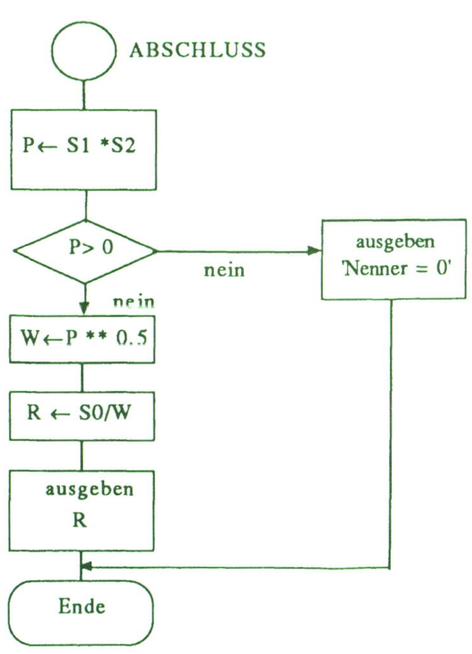

ABSCHLUSS
P ← S1 *S2
P > 0
nein
ausgeben
'Nenner = 0'
nein
W ← P ** 0.5
R ← S0/W
ausgeben
R
Ende

Unterprogramm MITTEL

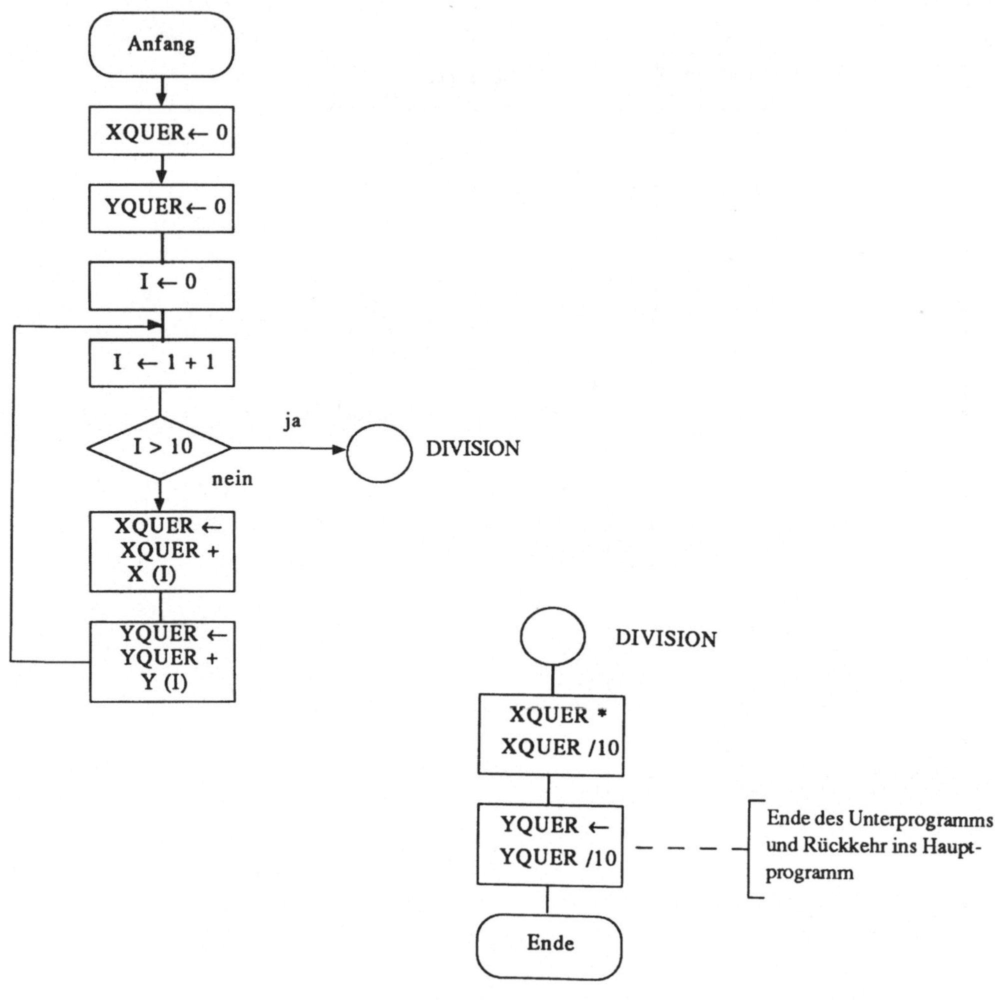

Abb. 2.3: Programmablaufpläne KORRELATIONSKOEFFIZIENT und MITTEL (fein)

In Abbildung 2.2 wird zunächst ein Grobentwurf und anschließend in Abbildung 2.3 der detaillierte PA entwickelt.

In der verfeinerten Version sollen alle Befehle, die in einer höheren Programmiersprache notiert werden, im PA aufgeführt sein. Wir lagern die Berechnung der arithmetischen Mittel in ein kleines Unterprogramm namens MITTEL aus. Die Summenbildungen werden wie im Programmbeispiel des Abschnitts 1.6 durch fortgesetzte Kumulierung durchgeführt.

Alle Variablen sind vom Typ numerisch reell, außer I, das als ganzzahlig zu vereinbaren ist. X und Y stellen eindimensionale Arrays mit Dimensionsgrenze 10 dar.

34

2.2 Struktogramme

Struktogramme sind, wie Programmablaufpläne, graphische Hilfsmittel, die eine übersichtliche Repräsentation des Problemlösungsverfahrens ermöglichen. Sie setzen sich wie diese aus Symbolen für verschiedene Operationsarten zusammen. Während jedoch PA's ohne weiteres eine unsystematische Programmerstellung zulassen und die damit verbundenen Nachteile a priori nicht ausschließen, liegen den Struktogrammen moderne Konzeptionen der Programmentwicklung zugrunde, auf die in Kapitel 3 näher eingegangen wird; die zur Verfügung gestellten Symbole erzwingen von vorneherein einen sinnvolleren Programmaufbau.

2.2.1 Symbole für Struktogramme

Ein zentraler Begriff in der Terminologie der Struktogramme ist der des *Strukturblocks*. Als Strukturblock wird ein Programmbaustein bezeichnet, der eine funktionale Einheit bildet und aus einem oder mehreren logisch zusammengehörenden Befehlen und/oder Strukturblöcken besteht. Ein nur einen einzelnen Befehl enthaltender Block heißt *Elementarblock*. Zur Darstellung werden u. a. folgende Sinnbilder verwendet[2]:

Verarbeitung (Prozeß)

Mit dem Verarbeitungssymbol werden Strukturblöcke, vor allem Elementarblöcke, formuliert, die Ein-/Ausgabebefehle, Übertragungsbefehle, arithmetische Befehle oder Unterprogrammaufrufe enthalten. Die Form des Rechtecks kann beliebig den Erfordernissen angepaßt werden.

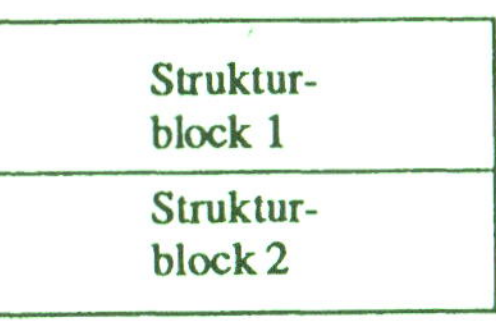

Folge (Sequenz)

Sequenzen von zwei oder mehr nacheinander auszuführenden Verarbeitungsschritten werden durch Aneinanderreihen der Strukturblöcke dargestellt.

2   Vgl. Normenausschuß [DIN 66 261].

Block

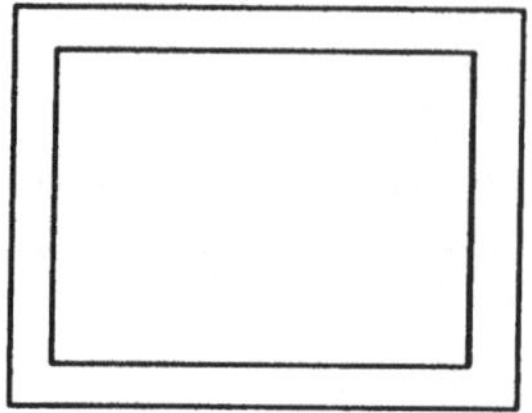

Das Block-Symbol unterstützt die Programmentwicklung in sog. blockstrukturierten Sprachen (z. B. Algol, Ada, P1/1). Dort können durch Klammerung – meist mit den Schlüsselwörter „begin" und „end" – explizit Programmblöcke als Zusammenfassungen von logisch zusammengehörigen Vereinbarungen und Befehlen (Sequenzen) gebildet werden[3].

Alternative (Verzweigung)

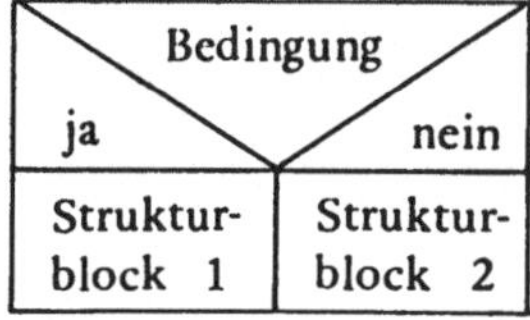

Die Wahl eines Strukturblocks aus zwei Alternativen aufgrund einer Bedingung wird mit Hilfe des Symbols „Alternative" dargstellt. Ist die zu überprüfende Bedingung erfüllt – d. h., der Wert des logischen Ausdrucks ist wahr –, kommt Strukturblock 1, sonst Strukturblock 2 zur Ausführung.

Wiederholung

Das Wiederholungssymbol dient zur Formulierung von Schleifenbefehlen. Der Strukturblock wird solange von neuem ausgeführt, wie die angegebene Bedingung erfüllt ist.

2.2.2 Beispiele zur Anwendung von Struktogrammen

Der Aufbau und die Schachtelung von Strukturblöcken läßt sich am besten anhand des Entscheidungssymbols verdeutlichen.

Im ersten Beispiel sollen drei beliebige reelle Zahlen U, V und W eingelesen, aufsteigend sortiert und in der sortierten Reihenfolge ausgedruckt werden. Für die drei Variablen gelte folgende Vereinbarung:

3 Vgl. dazu Abschnittt 4.2.1
4 Vgl. Nassi/Shneiderman [Flowchart Techniques], S. 12 ff.
5 Vgl. Normenausschuß [DIN 66 261] S. 2 f.

Abbildung 2.4 zeigt das entsprechende Struktogramm.

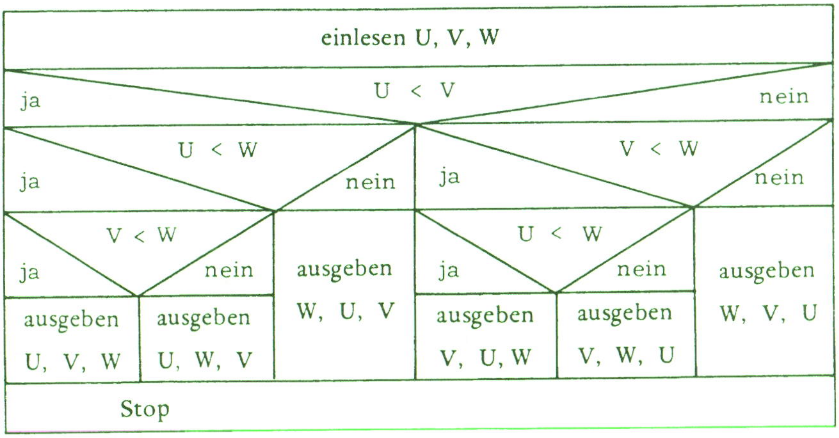

Abb. 2.4: Algorithmus zum Sortieren von drei Zahlen

Dem zweiten Beispiel liegt folgende Aufgabenstellung zugrunde: Ein Steuerberater hat die zu versteuernden Jahreseinkommen (E) seiner Klienten in einer Datei KLIENTEN-DATEI zusammengestellt. Jeder Datensatz enthält jeweils NAME und Einkommen E (abgerundet) eines Klienten. Den Steuerbetrag ST will er nun mit Hilfe eines Programms nach der angegebenen Vorschrift berechnen und ausdrucken lassen. Es gilt[6]:

$$
ST = \begin{cases}
0 & \text{wenn } E \leq 4752 \\[4pt]
0{,}22\,E - 1045 & \text{wenn } 4753 \leq E \leq 18035 \\[4pt]
0{,}34\,Y^4 - 21{,}58\,Y^3 + 392\,Y^2 + 2200\,Y + 2911 \\
\qquad\text{mit } Y = \dfrac{E - 17982}{10\,000} & \text{wenn } 18036 \leq E \leq 80027 \\[4pt]
70\,Z^2 + 4900\,Z + 26947 \\
\qquad\text{mit } Z = \dfrac{E - 79974}{10\,000} & \text{wenn } 80028 \leq E \leq 130031 \\[4pt]
0{,}56\,E - 19561 & \text{wenn } E \geq 130032
\end{cases}
$$

Einkommen $E \geq 130032$ DM will der Steuerberater nochmals überprüfen; deshalb soll in diesen Fällen auch ein Hinweis ausgedruckt werden.

6   Vgl. § 32a Einkommensteuergesetz [EStG].

Die Eingabedaten für einen Klienten werden in einem Record dargestellt. Es sind folgende Vereinbarungen zu treffen:

```
dcl   1 KLIENT
        2 NAME        alphanumerisch
        2 E           numerisch reell
      Y, Z, ST        numerisch reell
      KLIENTENDATEI   file
```

Da sich in den Programm der gleiche Ablauf – Datensatz einlesen, verarbeiten, Ergebnis ausdrukken – in einer Schleife wiederholt, eignet sich zur Formulierung des Sachverhalts das Wiederholungssymbol. Dabei muß angegeben werden, unter welcher Bedingung die Schleife ausgeführt werden soll. Sinngemäß sollte der Schleifenbefehl etwa folgendermaßen lauten:

„Wiederholen, solange Datensätze vorhanden sind".

Eine solche Anweisung stellt für den Computer jedoch noch keine operationale Handlungsvorschrift dar. Die Bedingung muß formalisiert werden. Die Information, daß keine Datenelemente mehr folgen, kann in der Regel durch ein Element der Programmiersprache abgefragt werden, da das Ende einer Datei („end of file", „EOF") durch eine spezielle Kennzeichnung markiert ist. Man spricht deshalb auch von einer „EOF-Marke". Die EOF-Marke wird meist vom Betriebssystem des Computers beim Anlegen der Datei automatisch erzeugt.

Wenn nun in einer Eingabeoperation die EOF-Marke erreicht ist, erkennt der Computer, daß er beim letzten Datenelement angekommen ist. Ob die Information „Dateiende erreicht" jedoch

(a) bereits beim Lesen des letzten Datenelements oder

(b) erst bei einem weiteren – vergeblichen – Leseversuch

verfügbar wird, hängt von der konkreten Programmiersprache ab. Den ersten Fall trifft man beispielsweise in Pascal an, den zweiten in Cobol.

Der scheinbar kleine Unterschied hat erhebliche Auswirkungen auf die Konstruktion eines Einlesealgorithmus. Betrachten wir dazu als Beispiel das Einlesen der Klientendaten aus der sequentiellen Klientendatei.

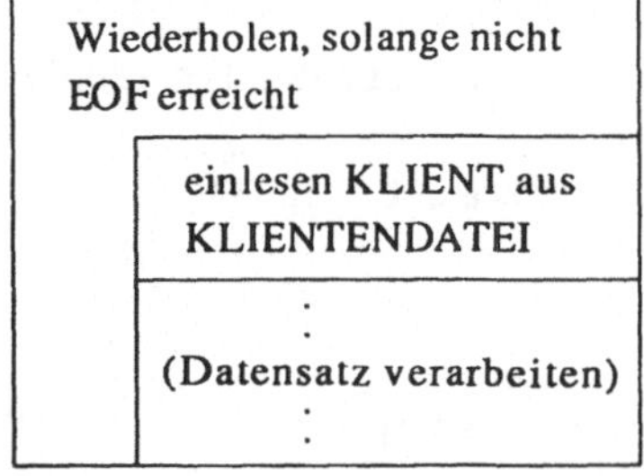

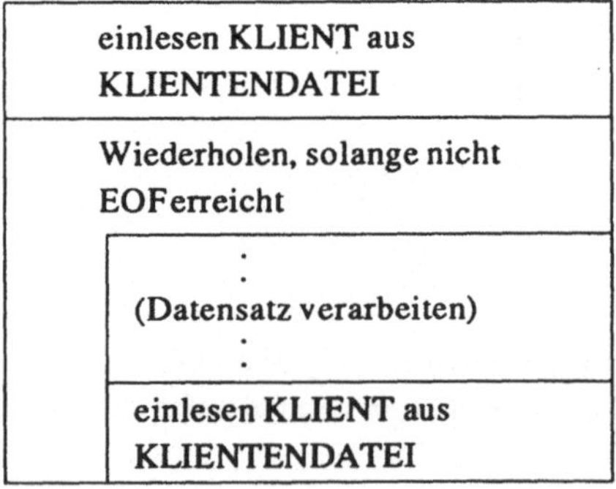

(a)　　　　　　　　　　　　　　　(b)

Abb. 2.5: Unterschiedliche Leseschleifen-Konstruktionen

Legt man Fall (a) zugrunde, so ist die Leseschleife wie in Abbildung 2.5a zu gestalten. Am Anfang des Schleifenrumpfs steht der Eingabebefehl, anschließend werden die eingelesenen Daten verarbeitet. Wenn der letzte Datensatz gelesen wurde, ist die Information, daß die EOF-Marke erreicht ist, zwar bereits verfügbar; da sie aber erst vor dem Eintritt in einen möglichen *nächsten* Schleifendurchlauf – nämlich in der Bedingung der Schleifenanweisung – überprüft wird, kann der letzte Datensatz noch regulär verarbeitet werden.

Demgegenüber muß im Fall (b) die Schleife so konstruiert werden, daß *nach* der Verarbeitung eines Datensatzes im Schleifenrumpf der nächste Leseversuch unternommen wird. Dann erst ist die Information „Dateiende erreicht oder nicht" verfügbar. War der Leseversuch ohne Erfolg, trifft die Schleifenbedingung („nicht EOF erreicht") nicht mehr zu, und ein nächster Durchlauf findet nicht mehr statt. Da bei dieser Schleifenkonstruktion erst am Ende des Schleifenrumpfs der Eingabebefehl steht, muß *zusätzlich* – vor Eintritt in die Schleife – ein Eingabebefehl notiert werden. Andernfalls stünde beim ersten Durchlauf noch gar kein Datensatz zur Verfügung, der verarbeitet werden könnte. Der Algorithmus wäre also fehlerhaft.

Wir werden für die meisten Einlesealgorithmen – auch im Hinblick auf die in Kapitel 7 verwendete Programmiersprache, von dem Fall (a) ausgehen. Dieser ist einfach und unmittelbar eingängig. Abbildung 2.6 zeigt das Struktogramm zur Steuerberechnung mit einer entsprechenden Leseschleife.

Die Form (b) der Einlesekonstruktion werden wir gelegentlich verwenden, um die unterschiedliche Vorgehensweise zu verdeutlichen. Diese muß eingeschlagen werden, falls als Programmiersprache Cobol, Pl/1 oder eine ähnliche Sprache, der die alternative Form der Dateiendebehandlung zugrunde liegt, zum Einsatz kommt.

Die einfache Zuordnung des Falls (a) zur Schleifenkonstruktion in Abbildung 2.5a und des Falls (b) zur Abbildung 2.5b läßt sich allerdings nur aufrechterhalten, wenn es sich um reine Leseschleifen handelt. Schwierigkeiten treten im Fall (a) insbesondere dann auf, wenn zur Überprüfung der Schleifenbedingung auch ein Wert aus den Eingabedaten benötigt wird. In diesem Fall muß eine Konstruktion gebildet werden, die der Abbildung 2.5b sehr ähnlich ist. Auf die Problematik gehen wir in Kapitel 5 noch ausführlicher ein.

STEUERBERECHNUNG

dcl Y, Z, ST   numerisch reell
   KLIENTENDATEI   file
   1 KLIENT
     2 NAME   alphanumerisch
     2 E   numerisch reell

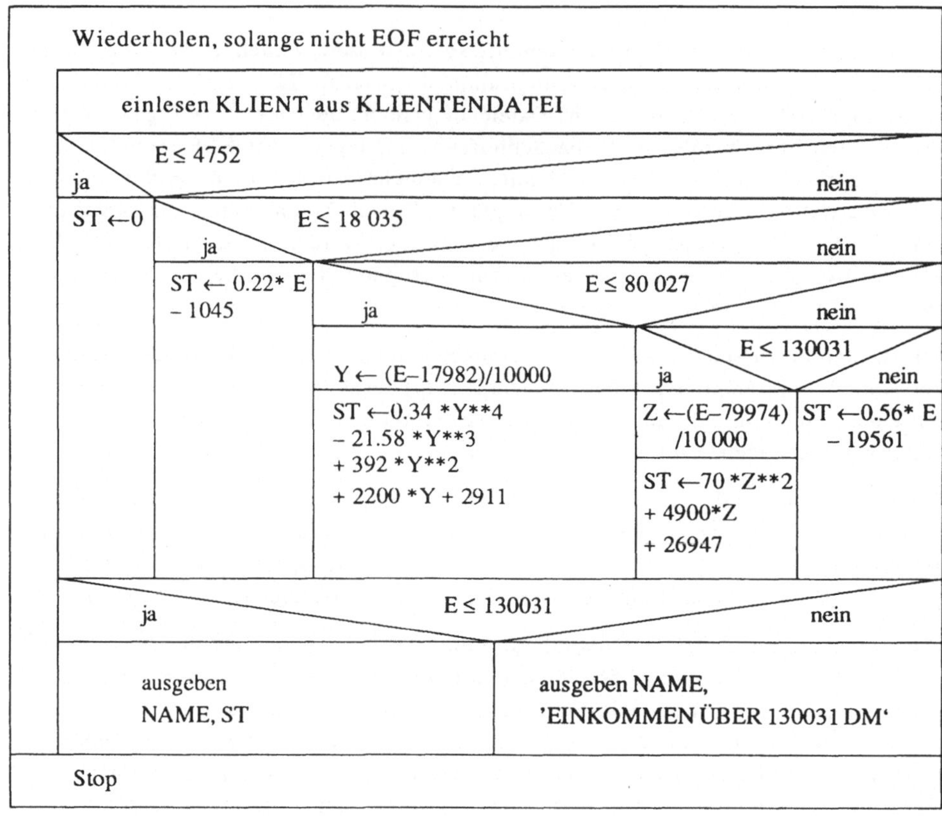

Abb. 2.6: Struktogramm zur Steuerberechnung

2.3 Entscheidungstabellen

Entscheidungstabellen (ET) sind allgemeinere Hilfsmittel zur Darstellung der Entscheidungslogik von Informationsverarbeitungsprozessen als Programmablaufpläne oder Struktogramme. Sie werden auch auf einer „höheren" als der programmtechnischen Ebene zur Darstellung von Abhängigkeiten zwischen Bedingungen und Aktionen verwendet. Da sie leicht zu erstellen sind, benutzt man sie gern als Hilfsmittel beim Entwurf computergestützter Systeme. Die Form der Entscheidungstabellen ist unabhängig von datenverarbeitungstechnischen Aspekten, so daß sie auch von EDV-Unkundigen leicht verstanden und zur Kommunikation zwischen Programmierern und Mitarbeitern aus betrieblichen Fachabteilungen herangezogen werden können.

Als Hilfsmittel zur Programmerstellung verwendet man Entscheidungstabellen manchmal, wenn die Programmlogik durch zahlreiche *Bedingungen* und davon abhängige Operationen (*Aktionen* in der ET-Terminologie) gekennzeichnet ist. Zur Lösung eines solchen Problems ließe sich zwar auch ein PA oder ein Struktogramm entwickeln; mit der Zahl der Bedingungen wächst jedoch die Zahl der Verzweigungen, so daß die Transparenz des Algorithmus leidet. Die ET-Technik bietet demgegenüber eine kompakte und übersichtlichere Darstellungsform, aus der unmittelbar erkennbar ist, welche Bedingungen erfüllt sein müssen, damit bestimmte Aktionen ausgelöst werden.

2.3.1 Aufbau von Entscheidungsregeln

In einer ET werden *Entscheidungsregeln* zusammengefaßt[7]. Eine Entscheidungsregel gibt WENN-DANN-Beziehungen wieder:

> *WENN* eine bestimmte Bedingung (oder eine Kombination von Bedingungen) erfüllt ist,
>
> *DANN* führe eine bestimmte Aktion (oder eine Kombination von Aktionen) aus.

ET besitzen demzufolge zwei Hauptteile, einen Bedingungs- und einen Aktionsteil. Im Bedingungsteil sind mögliche Konstellationen von Bedingungen, im Aktionsteil mögliche Konstellationen von Aktionen aufgeführt. Da sich Entscheidungsregeln nicht im Text der Bedingungen und Aktionen, sondern nur in deren Kombination unterscheiden, gliedert man ET in einen Textteil und in einen Anzeigerteil (Regelteil) auf: Im Textteil werden die Bedingungen und Aktionen aufgelistet, während der Anzeigerteil Eintragungen enthält, ob die betreffende Bedingung erfüllt bzw. die Aktion auszuführen ist.

Abbildung 2.7 zeigt beispielhaft den schematischen Aufbau einer ET. Die Entscheidungsregeln bestehen aus Kombinationen von vier Bedingungen und drei Aktionen. Die im Anzeigerteil gemachten Eintragungen haben folgende Bedeutung:

7   Vgl. Strunz [Entscheidungstabellen].

j = Bedingung ist erfüllt

n = Bedingung ist nicht erfüllt

x = Aktion wird ausgeführt

— = Bedingung ist für die Entscheidung irrelevant,
       bzw. Aktion wird nicht ausgeführt.

	Textteil	Anzeigerteil				
		Entscheidungsregel				
		(1)	(2)	(3)	(4)	. . .
Bedingungsteil	Bedingung 1	j	n	n	j	
	Bedingung 2	–	–	–	n	
	Bedingung 3	–	j	n	–	
	Bedingung 4	j	j	–	n	
Aktionsteil	Aktion 1	x	–	x	–	
	Aktion 2	–	x	x	x	
	Aktion 3	x	x	–	–	

Abb. 2.7: Schematische Darstellung einer Entscheidungstabelle

Die ET ist dann wie folgt zu interpretieren:

WENN   Bedingung 1 erfüllt ist und
       Bedingung 4 erfüllt ist
       (unabhängig davon, ob die Bedingungen 2 und 3
       erfüllt sind),
DANN   führe Aktion 1 aus und
       führe Aktion 3 aus
(Entscheidungsregel 1).

WENN   Bedingung 1 nicht erfüllt ist und
       Bedingung 3 erfüllt ist und
       Bedingung 4 erfüllt ist
       (unabhängig davon, ob Bedingung 2 erfüllt ist),
DANN   führe Aktion 2 aus und
       führe Aktion 3 aus
(Entscheidungsregel 2) etc.

ET, deren Textteil bereits so formuliert ist, daß im Anzeigerteil nur zweiwertige Eintragungen (bei den relevanten Bedingungen nur „j" oder „n", bei den Aktionen nur „x" oder „–") vorkommen, heißen *begrenzte* ET. Abbildung 2.7 stellt einen solchen Fall dar.

Daneben existieren *erweiterte* ET, bei denen eine Bedingung bzw. Aktion im Textteil noch nicht vollständig spezifiziert ist, sondern erst durch die Eintragungen im Anzeigerteil insgesamt beschrieben wird. Bei dieser weniger formalisierten Art sind pro Bedingung oder Aktion auch mehr als zwei verschiedene Eintragungen möglich. Mischformen zwischen begrenzten und erweiterten ET sind ebenfalls gebräuchlich.

42

Von erheblicher Bedeutung sind *verknüpfte* ET. Viele Entscheidungsprobleme sind zu
komplex, als daß sie in einer einzigen ET übersichtlich dargestellt werden könnten.
Man spaltet sie deshalb in Teilprobleme auf, die in mehreren, miteinander verknüpften
Tabellen formuliert werden. Eine ET kann mit einer oder mehreren anderen ET verknüpft sein, im Sonderfall auch mit sich selbst (dann wird die ET u. U. mehrmals aus-
gewertet).

2.3.2 Beispiele zur Anwendung von Entscheidungstabellen

Nach den allgemeinen Ausführungen sollen nun einige Beispiele die verschiedenen
ET-Arten veranschaulichen. Zunächst wird eine begrenzte ET für folgendes Problem
der Abwicklung einer Bestellung angegeben:

Ein Unternehmen beliefert Kunden mit einer bestimmten Produktart. Alle Großhan-
delskunden erhalten generell einen zehnprozentigen Rabatt vom Rechnungsbetrag. Der
gleiche Rabatt wird auch anderen Kunden zugestanden, wenn sie Stammkunden sind
und ihre Bestellung mehr als 20 Mengeneinheiten umfaßt. Stammkunden mit kleineren
Bestellungen sowie Nichtstammkunden mit Bestellmengen größer als 20 erhalten dagegen 5 % Rabatt. Stammkunden genießen außerdem den Vorzug, daß ihnen die Waren
als Expreßgut zugeschickt werden, während sonst der Versand durch eine Spedition
erfolgt. Abbildung 2.8 zeigt diese verbal etwas komplizierten Zusammenhänge in der
übersichtlichen Form einer begrenzten ET.

Zum Vergleich soll dasselbe Problem auch in einer *gemischten* ET formuliert werden. Erweiterte Anzeiger zu verwenden, bietet sich vor allem im Aktionsteil an, der sich damit auf zwei
Zeilen reduziert (vgl. den unteren Teil der Abbildung 2.9). Das Beispiel macht deutlich, daß
grundsätzlich jede begrenzte ET als erweiterte ET dargestellt werden kann und umgekehrt.

Zur Erläuterung verknüpfter Entscheidungstabellen wird das Beispiel dahingehend verändert, daß das betrachtete Unternehmen eine Reihe verschiedener Produktarten her-
stellt. Überprüft werden soll, ob die von dem Kunden bestellte Produktart überhaupt

| | | Entscheidungsregel | | | | | |
		(1)	(2)	(3)	(4)	(5)	(6)
Bedin- gungs- teil	Großhändler	j	j	n	n	n	n
	Stammkunde	j	n	j	j	n	n
	Menge > 20	-	-	j	n	j	n
Aktions- teil	10 % Rabatt	x	x	x	-	-	-
	5 % Rabatt	-	-	-	x	x	-
	kein Rabatt	-	-	-	-	-	x
	Expreßgut	x	-	x	x	-	-
	Spedition	-	x	-	-	x	x

Abb. 2.8: Beispiel einer begrenzten Entscheidungstabelle

"Vorprüfung"		Entscheidungsregel		
		(1)	(2)	(3)
Bedin-gungs-teil	bestellte Produktart im Produktionsprogramm enthalten	n	j	j
	Lagerbestand ≥ bestellte Menge	–	n	j
Aktions-teil	Kundenauftrag zurückweisen	x	–	–
	Lagerauffüllung veranlassen	–	x	–
	Verzögerung der Lieferung dem Kunden mitteilen	–	x	–
	nach "Abwicklung" gehen	–	x	x

"Abwicklung"		Entscheidungsregel					
		(1)	(2)	(3)	(4)	(5)	(6)
Bedin-gungs-teil	Großhändler	j	j	n	n	n	n
	Stammkunde	j	n	j	j	n	n
	Menge > 20	–	–	j	n	j	n
Aktions-teil	Rabatt	10 %	10 %	10 %	5 %	5 %	0 %
	Versandart	Expr.	Sped.	Expr.	Expr.	Sped.	Sped.

Abb. 2.9: Beispiel verknüpfter Entscheidungstabellen

zum Produktionsprogramm des Betriebes gehört und ob ein genügend großer Lagerbestand zur Deckung der Bestellung vorhanden ist, bevor die Abwicklung des Kundenauftrags durchgeführt wird (vgl. Abb. 2.9). Die beiden ET sind nun mit „Vorprüfung" bzw. „Abwicklung" benannt.

Die Beispiele lassen erkennen, daß eine Entscheidungstabelle noch nicht ein Struktogramm oder einen Programmablaufplan ersetzt. Sie wird häufig auf einer Sprachebene formuliert, die dem Problem näher ist als den Erfordernissen eines Computerprogramms. Betrachtet man etwa die ET „Vorprüfung", so müssen als erstes die Angaben im Textteil mit Hilfe von Daten, Variablen, Konstanten, Befehlen etc. formuliert werden. Der nächste Schritt auf dem Weg zu einem Programm besteht dann darin, aus der ET einen Algorithmus zu entwickeln. Dazu kann ein Struktogramm oder ein PA verwendet werden, das (der) anschließend in einer Programmiersprache dargestellt wird.

ET müssen aber nicht unbedingt auf diesem Weg „von Hand" in Programme überführt werden. Vielmehr existieren auch sogenannte *Entscheidungstabellen-Vorübersetzer*, welche aus ET, die bestimmten formalen Regeln genügen, *automatisch* Programme in einer Programmiersprache erzeugen[8].

---

8 Für Einzelheiten sei auf die Literatur verwiesen; vgl. z. B. Strunz [Entscheidungstabellen]; Erbesdobler u. a. [Entscheidungstabellentechnik], S. 59 ff.; Thurner [Entscheidungstabellen], S. 57 ff.; Welland [Decision Tables], S. 76 ff.; Busch u. a. [Algorithmisches System], S. 102 ff., Normenausschuß [DIN 66 241].

Aufgaben und Fragen zu Kapitel 2

(1) Stellen Sie den Grobalgorithmus des Beispiels 3 in Abschnitt 1.2 in einem PA dar!

(2) Zeichnen Sie den detaillierten PA, welcher dem Pascal-Programm in Abschnitt 1.6 zugrunde liegt!

(3) Erstellen Sie einen PA zur Berechnung der Fakultät FAK einer beliebigen natürlichen Zahl N, die eingelesen wird! Ausgedruckt werden sollen N und FAK. (Hinweis: Die Fakultät von N ist definitionsgemäß

  1 für N = 0 und
  FAK $= N \cdot (N-1) \cdot (N-2) \cdot \ldots \cdot 3 \cdot 2 \cdot 1$

für beliebige N $>$ 0. Für N $=$ 5 zum Beispiel erhielte man FAK $= 5 \cdot 4 \cdot 3 \cdot 2 \cdot 1 = 120$.)

(4) Stellen Sie den Sortieralgorithmus in Abbildung 2.4, Abschnitt 2.2.2 (ohne die Einleseoperation) als begrenzte Entscheidungstabelle dar!

(5) Entwickeln Sie für das der Abbildung 2.8 (Abschnitt 2.3.2) zugrunde liegende Problem ein Struktogramm! (Hinweis: In dieser Aufgabe sollen nur die logischen Zusammenhänge herausgearbeitet werden. Die verschiedenen Aktionen, z. B. Expreßversand etc., können verbal beschrieben werden. Verwenden Sie GROSSHAENDLER und STAMMKUNDE als logische Variable in den Bedingungen!)

(6) Stellen Sie für das folgende Problem[9] ein Struktogramm auf und vereinbaren Sie die bei der Eingabe und Ausgabe verwendeten Datenstrukturen: Für die Verkäufe in einem bestimmten Zeitraum sollen Rechnungen gedruckt werden, welche u. a. Kundenanschrift (KUNDE), Artikelbezeichnung (ARTIKEL), verkaufte Menge (MENGE) und den Rechnungsbetrag (RB) enthalten sollen. Ein Verkauf umfaßt genau einen Artikel, und für jeden Verkauf soll eine Rechnung geschrieben werden. Die benötigten Daten KUNDE, ARTIKEL, MENGE und der Durchschnittspreis (PREIS) liegen auf einem Datenträger (je 1 Datensatz pro Verkauf) vor. Die Datensätze sollen eingelesen und der Rechnungsbetrag je nach Menge berechnet werden. Es ist

$$RB = \begin{cases} MENGE \cdot PREIS \cdot 0{,}75 & \text{wenn MENGE} \geqslant 100 \\ MENGE \cdot PREIS \cdot 1{,}00 & \text{wenn } 20 \leqslant \text{MENGE} < 100 \\ MENGE \cdot PREIS \cdot 1{,}50 & \text{wenn MENGE} < 20. \end{cases}$$

(7) Welche Vor- und Nachteile haben Ihrer Meinung nach Struktogramme gegenüber PA's?

9 Aus Zimmermann [Datenverarbeitung II], S. 204.

3. Entwurf und Gestaltung von Programmen

3.1 Grundsätze der Programmentwicklung

3.1.1 Mängel der „traditionellen" Programmentwicklung

Die Entwicklung von Programmen, wie sie in den Anfängen der Datenverarbeitung betrieben wurde, hatte weithin den Charakter einer schöpferischen, ja fast künstlerischen Tätigkeit – mit der Folge, daß außer dem Autor das „Kunstwerk" niemand so recht durchschaute.

Der Programmierer, dem eine Aufgabe in einer mehr oder weniger gut definierten Form übergeben wurde, unterließ es oft, ein Gesamtkonzept zu erstellen, und begann sofort, mit oder ohne Unterstützung eines PA sein Problem in der gewählten Programmiersprache einfach „herunterzuprogrammieren", d. h., es aufgrund von Erfahrungen, Intuition und Ad-hoc-Einfällen zu lösen.

Die Nachteile einer solchen Vorgehensweise liegen auf der Hand. Das Problem wird stückweise und unsystematisch gelöst; Sonderfälle und Datenkonstellationen, die der Programmierer erst nach und nach entdeckt, müssen nachträglich berücksichtigt werden. Durch die laufenden Erweiterungen und Änderungen wird das Programm bereits in seiner Entstehungsphase zum Stückwerk, das schwer zu überblicken ist.

Besonders aufwendig ist es, den Ablauf eines unsystematisch entwickelten Programms zu verfolgen. Die ungezügelte Verwendung von Sprungbefehlen, die ein typisches Merkmal solcher Fälle darstellt, verschleiert demjenigen, der ein Programm nachvollziehen will, weitgehend die Logik des Ablaufs. Die leichte Nachvollziehbarkeit ist jedoch ein wesentlicher Gesichtspunkt für das Testen und die Wartung von Programmen.

Die Testphase beinhaltet u. a. das Aufspüren und die Korrektur von Fehlern (vgl. Abschnitt 1.7). Eine unübersichtliche Programmstruktur erschwert die Fehlersuche und birgt die Gefahr in sich, daß die Verbesserung eines Fehlers an anderer Stelle im Programm neue Fehler produziert, die der Programmierer nicht voraussehen konnte („Folgefehler").

Da ein Programm i.d.R. über einen längeren Zeitraum hinweg eingesetzt wird, in dem sich mit der Umwelt auch die zugrunde liegende Problemstellung ändern kann, müssen immer wieder Erweiterungen und Modifikationen vorgenommen und im Laufe der Zeit entdeckte Fehler behoben werden; diese Tätigkeiten, vor allem die nachträglichen Fehlerkorrekturen, bezeichnet man als *Programmwartung*.

Die Wartung, die bei schlecht strukturierten Programmen selbst für den Autor nicht problemlos ist, gestaltet sich dann besonders schwierig, wenn der Autor nicht mehr verfügbar ist (weil er z. B. den betreffenden Betrieb verlassen hat) und ein anderer seinen Aufgabenbereich übernommen hat. Die Wartung kann mit so hohem Aufwand verbunden sein, daß eine Neuentwicklung oft kostengünstiger als die Änderung eines existierenden Programms ist.

Die teils aus Bequemlichkeit, teils aufgrund formaler Restriktionen der Programmiersprache geübte Praxis, möglichst kurze Namen zu verwenden, tut ein übriges, die Verständlichkeit eines Programms zu erschweren. Auch der unvorbelastete Leser wird einsehen, daß aus einer sinnentsprechenden Namensgebung wie in dem Befehl

MOVE RECHNUNGSBETRAG TO ZWISCHENSUMME

der Zweck der Operation leichter zu erkennen ist, als es etwa bei einer Formulierung wie

MOVE Z3 TO XYZ

der Fall wäre.

Die Mängel der traditionellen Art der Programmentwicklung haben in den 70er-Jahren zu einer wissenschaftlichen Durchleuchtung des Gebietes geführt. Dabei wurden Ziele, Prinzipien und Methoden herausgearbeitet, denen die Idee eines ingenieurmäßigen Vorgehens zugrunde liegt. Dies drückt sich auch in der Bezeichnung *Software Engineering* für die entstandene Disziplin aus. Programme sollen hiernach nicht intuitiv und ad hoc erstellt, sondern systematisch geplant und konstruiert werden.

Die wichtigsten Ziele, Prinzipien und Methoden für einen sinnvollen Programmentwurf werden in den folgenden Abschnitten behandelt.

3.1.2 Forderungen an Programme

Aus der Grundidee des systematischen Konstruierens im Software Engineering lassen sich zunächst Zielvorstellungen formulieren, die bei der Entwicklung von Programmen verfolgt werden [1].

(1) Zuverlässigkeit

Programme haben eine Funktion, d. h., sie sollen eine bestimmte Klasse von Aufgaben lösen. Die *Zuverlässigkeit* des Programms ist ein Maß dafür, inwieweit es seine Funktion erfüllt und die erwarteten Ergebnisse liefert. Dies impliziert Vollständigkeit und Fehlerfreiheit.

Vollständigkeit bedeutet, daß das Programm in der Lage sein muß, *alle* Fälle abzudecken, die auftreten können und zu seinem Aufgabenbereich gehören. Es muß insbesondere auch die Behandlung von Sonderfällen vorsehen und alle zulässigen Konstella-

---

1 Vgl. z. B. Meyer [Software Construction], S. 3 ff.; ferner Gewald u. a. [Software Engineering], S. 35 ff.; Kurbel [Programmierstil], S. 3 ff.; Shooman [Software Engineering], S. 427 ff.

tionen der Inputdaten verarbeiten. Fehlerhafte Daten sollten erkannt werden; auch hierfür sollte ein Ablauf (z. B. Fehlerhinweise an den Benutzer) vorgesehen sein.

Fehlerfreiheit liegt dann vor, wenn ein Programm keine syntaktischen, semantischen und logischen Fehler enthält. Syntaktische Fehler, d. h. Fehler, die gegen die formalen Regeln der Programmiersprache verstoßen, sind relativ leicht zu beseitigen. Auch semantische Fehler, d. h. fehlerhafte Benutzung der Sprachelemente, findet man mit etwas Übung schnell. Logische Fehler betreffen Inhalt und Reihenfolge der Operationen zur Problemlösung und sind wesentlich schwerer aufzuspüren. Sie treten u. a. dann auf, wenn die Vollständigkeit nicht gewährleistet ist.

Die Fehlerfreiheit eines Programms kann nicht nachträglich bewiesen werden, da i.d.R. nicht alle denkbaren Fälle vorauszusehen sind oder ihre Zahl zu groß ist. Deshalb muß das Programm schon von vornherein so aufgebaut werden, daß logische Fehler soweit möglich erst gar nicht vorkommen. Eine Methode, die bei der Konstruktion von Programmen logische Fehler vermeiden hilft, ist die *Strukturierte Programmierung*, die in Abschnitt 3.3.1 behandelt wird.

(2) Verständlichkeit

Als *Verständlichkeit* oder *Lesbarkeit* bezeichnet man das Ziel, den Algorithmus und die Daten, die dem Programm zugrunde liegen, transparent zu machen. Der Programmtext soll den gedanklichen Problemlösungsprozeß des Programmierers, evtl. in verschiedenen Verfeinerungsstufen, erkennen lassen. Vor allem bei umfangreichen Programmen üben die Gliederung und eine sich selbst erklärende Programmgestaltung den größten Einfluß auf die Verständlichkeit aus. Eine übersichtliche Form des Programms erlaubt es, den Ablauf nachzuvollziehen und Teilfunktionen unmittelbar zu durchschauen.

(3) Modifizierbarkeit

Unter *Modifizierbarkeit* oder *Wartungsfreundlichkeit* versteht man die Möglichkeit, ein Programm nachträglich zu ändern. Wesentliche Voraussetzung der Modifizierbarkeit ist die Verständlichkeit des Programms. Das Programm sollte so aufgebaut sein, daß Änderungen nur Teile, nicht aber das gesamte Programm betreffen, der Änderungsaufwand also minimiert wird.

Programmänderungen werden manchmal bereits in der Entwicklungsphase, vor allem aber später im Rahmen der sog. Programmwartung nötig. Die Wartung besteht einmal in der Korrektur von Fehlern, die sich erst beim laufenden Einsatz eines Programms zeigen, und zum anderen in der Anpassung des Programms an geänderte Problemstellungen; ein Aspekt der Modifizierbarkeit wird deshalb *Adaptierbarkeit* genannt.

Änderungen müssen häufig auch dann vorgenommen werden, wenn das Programm auf einer anderen Datenverarbeitungsanlage oder unter einem anderen Betriebssystem eingesetzt werden soll (z. B. weil die alte Anlage durch eine neue ersetzt wird). Modifizierbarkeit im Hinblick auf die Übertragung eines Programms wird als *Portabilität* bezeichnet.

(4) Benutzerkomfort

Die Benutzung eines Programms soll demjenigen, der damit arbeitet (Anwender bzw. Operateur), möglichst leicht gemacht werden. Zu diesem Zweck müssen die Voraussetzungen für den Einsatz des Programms genau beschrieben sein und Vorschriften existieren, wie der Benutzer auf bestimmte Fälle reagieren kann.

(5) Effizienz

Die *Effizienz* eines Programms wurde in der traditionellen Programmierung hauptsächlich unter dem Gesichtspunkt des Speicherbedarfs und der Laufzeit beurteilt. Ein Programm galt als effizient, wenn der Arbeitsspeicherbereich und die Zeit, die zur Ausführung des Programms benötigt wurden, möglichst gering waren. Diese Forderungen verführten früher angesichts knapper Arbeitsspeicherkapazität und geringer Prozessorleistung häufig zu trickreicher und unübersichtlicher Programmierung, so daß das Ziel der Effizienz in dem enggefaßten Sinn den zuvor genannten Zielen zuwiderläuft.

Dehnt man den Begriff auf allgemeinere Kriterien aus, so wird darunter nicht nur der Speicher- und Laufzeitbedarf, sondern insgesamt der Aufwand für Entwicklung, Einsatz und Änderungen eines Programms subsumiert [2]. In dieser weiteren − wenn auch weniger operationalen − Fassung braucht das Ziel der Effizienz den anderen Zielen nicht entgegenzustehen.

3.1.3 Allgemeine Grundsätze für die Gestaltung von Programmen

Zur Realisierung der vorgenannten Ziele sind eine Reihe von Prinzipien formuliert worden, die zum Teil jedoch ein weiter fortgeschrittenes Verständnis der Programmentwicklung voraussetzen, als dem Charakter dieser Einführung nach angenommen wird. Wir wollen deshalb nur auf vier allgemeine Grundsätze für die Gestaltung von Programmen eingehen, die wir auch bei den späteren Ausführungen beachten werden [3].

(1) Modularität

Als *Modul* bezeichnet man ganz allgemein einen Baustein in einem System. In Zusammenhang mit der Programmentwicklung wird meist der Begriff Modul mit Programm gleichgesetzt. *Modularität* in diesem Sinne beschreibt dann den Sachverhalt, daß ein größeres (Programm-)System zur Lösung eines umfangreichen Problems aus verschiedenen Modulen (Programmen) besteht.

Das Modularitätsprinzip kann aber auch auf die Strukturierung innerhalb des einzelnen Programms angewendet werden. Da Gegenstand dieses Buches nicht die Entwicklung

2 Vgl. Floyd [Strukturierte Programmierung], S. 24 f.
3 Für weiterführende Darstellungen wird auf die Literatur verwiesen; vgl. z. B. Boehm [Software Engineering], S. 14 ff.; Sommerville [Software Engineering], S. 126 ff.; Balzert [Software-Systeme], S. 186 ff.; Sneed [Software Engineering], S. 22 ff.

von größeren Programmsystemen ist, verwenden wir das Modularitätsprinzip in diesem spezielleren Sinne. Um eine Verwechslung mit dem gängigen Modulbegriff zu vermeiden, bezeichnen wir die Bausteine des einzelnen Programms nicht als Module, sondern als Programmkomponenten.

Die Modularisierung stellt eine zielgerichtete Strukturierung des Gesamtprogramms dar. Da Modularität die Struktur eines Programms überschaubar macht, unterstützt sie wesentlich die Erreichung der Ziele Verständlichkeit und Fehlerfreiheit. Wenn man die Aufgaben der Programmkomponenten klar abgrenzt, ist es möglich, Änderungen durch Austausch einer oder mehrerer Komponenten vorzunehmen, ohne daß der Rest des Programms berührt wird.

Anmerkung

Eine naive und begrenzte Art der Modularität ist beispielsweise in dem PA der Abbildung 2.3 enthalten, wo die Berechnung der arithmetischen Mittel in einer speziellen Programmkomponente durchgeführt wird.

(2) Lokalität

Das Prinzip der *Lokalität* beinhaltet, daß Gleichartiges oder Ähnliches auch in örtlicher Nähe untergebracht wird. Angewandt auf die Gestaltung eines Programms sagt dies insbesondere aus, daß Befehle, die der Ausführung einer bestimmten Teilaufgabe dienen, auch zusammenhängend niedergeschrieben und nicht über das ganze Programm verstreut werden. Beispielsweise sollten Befehle, die der Aufbereitung von Ausgabedaten und der Vorbereitung und Durchführung des Ausgabevorgangs dienen, möglichst an einer Stelle des Programms zusammengefaßt sein. Ein spezieller Aspekt des Lokalitätsprinzips ist die weitgehende Vermeidung von Sprüngen im Programm.

Anmerkung

Der Grundsatz der Lokalität kann sinnvoll mit dem Modularitätsprinzip kombiniert werden. Die Berechnung der arithmetischen Mittel in Abbildung 2.3 ist lokal konzentriert und bildet eine abgegrenzte Programmkomponente.

(3) Uniformität

Uniformität bedeutet Einheitlichkeit und bezieht sich auf alle Gesichtspunkte der Gestaltung eines Programms. Der Programmaufbau sollte konsistent sein; unnötige Unterschiede sollten vermieden werden. Uniformität erhöht die Verständlichkeit eines Programms. Im einzelnen sind folgende Punkte zu beachten:

a) Die Kriterien für die Strukturierung und Modularisierung müssen im ganzen Programm einheitlich sein. In Abbildung 3 wäre es z. B. inkonsistent gewesen, die Bestimmung von XQUER in ein Unterprogramm auszulagern und YQUER im Hauptprogramm zu berechnen. Auch die Größe der Programmbausteine sollte einen einheitlichen, überschaubaren Umfang nicht überschreiten.

b) Ähnliche Teilaufgaben und -funktionen eines Programms sind in Befehlsfolgen um-
zusetzen, denen möglichst das gleiche Schema zugrunde liegt, so daß Analogien
auch äußerlich sichtbar sind. Bedingungen, Verzweigungen, Schleifen etc. sollten
also in allen Programmteilen auf die gleiche Art formuliert werden.

c) Die Kriterien, nach denen Namen gebildet werden, müssen im ganzen Programm
einheitlich sein.

(4) Selbstdokumentation

Ein sich selbst dokumentierendes und erklärendes Programm trägt wesentlich zur Verständlichkeit bei. Die äußere Gestaltung sollte eine unmittelbare Einsicht in die Pro-
grammzusammenhänge erlauben. Dazu sind vor allem drei Regeln einzuhalten:

a) Eine sinnentsprechende *Namensgebung* erhöht die Lesbarkeit, worauf bereits in
Abschnitt 3.1.1 hingewiesen wurde. Namen von Variablen, Programmen und Programmkomponenten sollten auf die Bedeutung bzw. Funktion hinweisen.

b) Die logische Struktur soll auch in der *äußeren Form* eines Programms hervortreten.
Zusammengehörende Befehlsfolgen sind als solche zu kennzeichnen, z. B. eingerückt zu schreiben (vgl. den Schleifenrumpf in Abbildung 1.3), Verzweigungen op-
tisch herauszuheben etc.

c) Höhere Programmiersprachen bieten die Möglichkeit, den Programmtext mit *Kommentaren* zu versehen, in denen z. B. die Aufgabe eines Befehls, Unterprogramms
etc. erläutert werden kann.

Anmerkung
Die Grundsätze der Programmgestaltung sollten großenteils bereits bei der Algorithmenentwicklung beachtet werden. Manche Gestaltungsfragen können jedoch
erst in der Codierungsphase behandelt werden (z. B. Kommentierung und Programm-Layout), da sie von den konkreten Ausdrucksmitteln der verwendeten Programmiersprache abhängen. Diesbezügliche Probleme werden ausführlich erörtert
in Kurbel [Programmierstil]; vgl. auch Kapitel 7.

3.2 Entwurfsprinzipien

3.2.1 Hierarchische Programmstruktur

Probleme, zu deren Bewältigung in der Praxis der Computer herangezogen wird, sind
meist so komplex, daß die entwickelten Programme einen Umfang annehmen, bei dem
die Überschaubarkeit nicht mehr gewährleistet ist. Deshalb muß das Problem modula-
risiert, d. h. die Gesamtaufgabe in Teilaufgaben zerlegt werden.

Wir haben das Modularitätsprinzip bereits beschrieben; in diesem und den folgenden
Abschnitten soll nun erläutert werden, nach welchen Kriterien man eine sinnvolle Zerlegung eines Programms in einzelne Komponenten durchführt.

Die Struktur eines komplexen Programms ist um so einfacher zu überblicken, je weniger Verbindungen zwischen den Komponenten existieren. Besonders anschaulich und
verständlich sind baumartige Strukturen wie etwa in dem Beispiel der Abbildung 3.1.

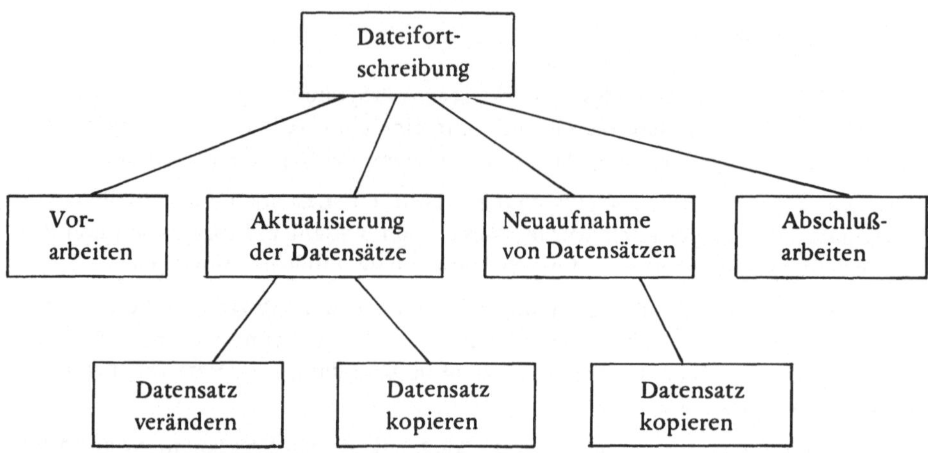

Abb. 3.1: Beispiel einer baumartigen Hierarchie von Programmkomponenten

Jede Komponente hat eine bestimmte Teilaufgabe zu erfüllen. Zur Lösung ihrer Aufgabe benutzt sie unter Umständen andere Komponenten, die auf der nächsttieferen
Stufe der Hierarchie stehen. In einer baumartigen Hierarchie wird jede Programmkomponente (außer der höchsten) von genau einer anderen benutzt.

Die strenge Hierarchisierung in Form eines Baumes wird in der praktischen Programmentwicklung nur selten konsequent aufrechterhalten, da sie zum Teil dem Ziel der
Effizienz widerspricht. Offensichtlich wäre es ineffizient, Komponenten mit iden-
tischen Funktionen nur deshalb mehrfach zu erstellen, weil sie von Komponenten
verschiedener Äste des Baumes benötigt werden. In dem Beispiel von Abbildung 3.1 würde die Komponente „Datensatz kopieren" natürlich nur einmal erzeugt und sowohl von
„Aktualisierung der Datensätze" als auch von „Neuaufnahme von Datensätzen" benutzt.

Das Problem der Überschaubarkeit und der daraus resultierende Zwang zur Hierarchisierung stellten sich bei den bisher behandelten Beispielen noch nicht, da sie von relativ
geringem Ausmaß waren. Auch in später folgenden Anwendungsbeispielen werden wir
natürlich nicht den Problemumfang erreichen, welcher den praktischen EDV-Einsatz
kennzeichnet. Dennoch erscheint es sinnvoll, sich bereits bei verhältnismäßig einfachen
Fällen an eine systematische Hierarchisierung und Modularisierung zu gewöhnen, die
eine Grundvoraussetzung zur Erreichung der Ziele Verständlichkeit, Modifizierbarkeit
und Zuverlässigkeit eines Programms darstellen.

Beispiel

Der Baumstruktur von Abbildung 3.1 liegt folgendes Problem zugrunde: In einem Betrieb existiert eine Datei (Stammdatei), die für jeden Artikel des Verkaufssortiments einen Datensatz enthält. In einem Satz stehen die Artikelnummer, der Lagerbestand und andere Daten. In einer zweiten Datei (Bewegungsdatei) wurden Lagerzugänge und -abgänge für einen bestimmten Zeitraum gesammelt; daneben enthält die Datei auch Lagerbestände für neu in das Verkaufsprogramm aufgenommene Artikel.

Aufgabe des Programms „Dateifortschreibung" ist es nun, eine neue Datei mit den neuen Lagerbeständen zu erzeugen. Neben Vor- und Abschlußarbeiten sind dabei zwei Teilaufgaben zu unterscheiden. Datensätze für Artikel, die bereits existieren, müssen entweder verändert werden (wenn Lagerbewegungen stattgefunden haben) oder unverändert in die neue Stammdatei kopiert werden (wenn keine Lagerbewegungen erfolgten). Datensätze für Artikel, die neu aufzunehmen sind, werden dagegen nur aus der Bewegungsdatei in die neue Stammdatei kopiert.

Das Problem der Dateifortschreibung wird ausführlich in Abschnitt 5.3 behandelt.

3.2.2 Top-down-Entwicklung von Algorithmen

Die Zerlegung eines Problems in Teilprobleme, die selbst weiter zerlegt werden, ergibt, wie wir gesehen haben, eine hierarchische Programmstruktur. Für jedes Teilproblem muß nun ein Algorithmus entworfen werden, der selbst wieder aus hierarchisch geordneten Komponenten bestehen kann. Das Prinzip der *Top-down-Entwicklung* eines Algorithmus beschreibt, wie man dabei vorzugehen hat. Top-down bedeutet, daß man den Entwurf von oben nach unten, d. h. von der Problemstellung zu immer weiter detaillierten Teilproblemen hin, vorantreibt.

3.2.2.1 Das Prinzip der stufenweisen Verfeinerung

Ausgangspunkt eines Top-down-Entwurfes ist die in der Problemstellung definierte Aufgabe. Zunächst wird ein Grobalgorithmus in der Weise formuliert, daß alle wesentlichen Lösungsschritte (ohne nähere Angaben über die Realisierung) in der Reihenfolge ihrer Ausführung enthalten sind; er stellt gewissermaßen das Rahmenkonzept dar. Jedem Schritt entspricht ein Teilproblem [4].

Die grob beschriebenen Schritte erfahren nun eine Verfeinerung, d. h., die Teilprobleme werden zerlegt. Zu ihrer Lösung werden Algorithmen entwickelt, die u. U. weiter verfeinert werden müssen etc. Dies setzt sich fort, bis alle Detailprobleme der dabei

---

4 Vgl. Schnupp/Floyd [Software], S. 22 ff.; Dahl u. a., [Structured Programming], S. 26 ff.; Hommel u. a. [Methodisches Programmieren].

entstehenden hierarchischen Struktur durch *elementare Algorithmen* gelöst werden können. Einen Algorithmus nennen wir elementar, wenn bei der Codierung kein Schritt mehr durch einen Unterprogrammaufruf verfeinert werden muß; d. h., jeder Schritt des Algorithmus kann unmittelbar durch die sonstigen Befehle der verwendeten Programmiersprache ausgedrückt werden.

Betrachten wir die hierarchische Struktur näher, so enthält die oberste Ebene die *abstrakte Lösung* des Gesamtproblems. Die Lösung heißt abstrakt, weil die Teilaufgaben nur durch Bezeichnungen ihrer Funktionen aufgeführt sind. (Die Realisierung der Funktionen bleibt tieferen Ebenen vorbehalten. Die Funktionsbezeichnungen verweisen somit auf Komponenten tieferer Ebenen.)

In der nächsttieferen werden die in der obersten Ebene angesprochenen Funktionen detailliert. Jede Komponente dieser Ebene beinhaltet die Lösung eines Teilproblems. Die Lösungen können zum Teil wieder abstrakt sein. Funktionen, die sich nicht unmittelbar in einen Befehl der Programmiersprache überführen lassen, werden in der nächsten Ebene realisiert etc.

Die stufenweise Verfeinerung ist ein Entwurfsprinzip, das nicht an einen bestimmten Formalismus gebunden ist. Ob der Algorithmus verbal in der Umgangssprache, in einer künstlichen Notationssprache, in PA's oder Struktogrammen ausgedrückt wird, ist vom Prinzip her gleichgültig.

In der Literatur wird verschiedentlich die Forderung erhoben, mit der stufenweisen Verfeinerung auch eine immer formalere Schreibweise einzuführen, bis letztlich eine Vorstufe der zu verwendenden Programmiersprache erreicht ist. Diese Forderung hat mit dem allgemeinen Grundsatz jedoch nichts zu tun; es handelt sich hierbei eher um ein „Prinzip der stufenweisen Formalisierung".

Anmerkung

Der dem Top-down-Entwurf entgegengesetzte Ansatz wird *Bottom-up*-Entwurf genannt. Diese Vorgehensweise kann man häufig bei Fällen beobachten, wo die Aufgabenstellung nicht exakt beschrieben ist, weil sie z. B. noch nicht genau bekannt ist oder noch Änderungen erwartet werden. Der Programmierer beginnt mit Programmteilen der untersten Stufen, von denen er vermutet, daß sie zur Problemlösung benötigt werden. Er geht also von den Möglichkeiten der Programmiersprache aus, kombiniert elementare Bausteine zu größeren und arbeitet sich so von unten nach oben hoch.

Während die Bottom-up-Methode beim Entwurf von großen Programmsystemen durchaus sinnvoll eingesetzt werden kann, führt sie bei der Programmentwicklung — innerhalb eines einzelnen Programms — meist zu einer unsystematischen Vorgehensweise und ist deshalb nicht zu empfehlen.

3.2.2.2 Beispiel zur stufenweisen Verfeinerung

Zur Veranschaulichung führen wir nun in dem Beispiel MONATSABRECHNUNG die stufenweise Verfeinerung durch. Betrachtet wird ein Unternehmen, welches einen festen Kundenstamm mit einem bestimmten Artikel beliefert. Alle Einzelverkäufe werden registriert, damit am Monatsende automatisch Rechnungen erstellt werden können. Bei jedem einzelnen Verkaufsvorgang wird die verkaufte Menge und die Kundennummer festgehalten; die entsprechenden Records (Datensätze) werden wie folgt vereinbart:

```
dcl   1  VERKAUFSSATZ

      2  KUNDEN-NR          numerisch ganzzahlig
      2  MENGE              numerisch reell
```

Die Kundendaten sind ebenfalls in einer Datei gespeichert; sie sollen am Monatsende um die insgesamt gelieferte Menge und den in Rechnung zu stellenden Betrag für jeden Kunden ergänzt werden. Die Kundendaten sind folgendermaßen strukturiert:

```
dcl   1  KUNDENSATZ

      2  KUNDEN-NR          numerisch ganzzahlig
      2  NAME               alphanumerisch
      2  ADRESSE            alphanumerisch
      2  MENGE              numerisch reell
      2  RECHNUNGSBETRAG    numerisch reell
```

Die beiden Dateien werden durch

```
dcl   VERKAUFSDATEI, KUNDENDATEI   file
```

vereinbart, die restlichen Variablen durch

```
dcl   MWST, BRUTTOBETRAG
      NETTOBETRAG, RABATT,
      PREIS                numerisch reell
```

Das zu lösende Problem besteht darin, MENGE und RECHNUNGSBETRAG aufgrund der in den Verkaufssätzen enthaltenen Informationen zu bestimmen und einzutragen. (Das Drucken der Rechnung beziehen wir nicht mit ein.)

Der RECHNUNGSBETRAG setzt sich aus dem

NETTOBETRAG + 14 % MWST

zusammen; der NETTOBETRAG ergibt sich aus dem

BRUTTOBETRAG = MENGE * PREIS

abzüglich einem RABATT, für den gilt:

$$
\text{Rabatt-prozentsatz} = \begin{cases} 0 & \text{wenn BRUTTOBETRAG} < 100 \\ 5\,\% & \text{wenn } 100 \leqslant \text{BRUTTOBETRAG} < 1000 \\ 10\,\% & \text{wenn } 1000 \leqslant \text{BRUTTOBETRAG} < 10\,000 \\ 15\,\% & \text{wenn BRUTTOBETRAG} > 10\,000 \end{cases}
$$

Da nur eine Artikelart betrachtet wird, wird der PREIS vor Beginn der Berechnungen durch Eingabe von der Tastatur eingelesen.

Wir beschreiben den Algorithmus zunächst verbal und verwenden die in Kapitel 1 erläuterten Befehlsarten für die einzelnen Operationen. Teilalgorithmen, die noch Funktionsbezeichnungen (Verweise auf Komponenten tieferer Ebenen) enthalten und weiter verfeinert werden müssen, sind solche, in denen das Befehlsverb

„ausführen"

vorkommt. Erläuterungen schreiben wir in Klammern.

Das Problem hat zwei Hauptteile. Zuerst müssen alle Mengen der Verkaufssätze auf die Kunden verteilt, d. h. in die richtigen Kundensätze eingetragen werden. Anschließend kann die Bestimmung der Rechnungsbeträge erfolgen. Diese Zweiteilung ist auch aus der Abbildung 3.2 ersichtlich und kommt in der Formulierung der ersten groben Version des Algorithmus zum Ausdruck:

MONATSABRECHNUNG	
Ausführen	GESAMTMENGEN (Ermittlung der Menge, die insgesamt an jeden Kunden verkauft wurde)
Ausführen	RECHNUNGSBETRAEGE (Ermittlung der Beträge, die den Kunden in Rechnung gestellt werden)
Stop	

Die Teilprobleme GESAMTMENGEN und RECHNUNGSBETRAEGE müssen nun weiter zerlegt werden. Die Kumulierung der Mengen führen wir so durch, daß ein VERKAUFSSATZ nach dem andern eingelesen, mit Hilfe der KUNDEN-NR der entsprechende KUNDENSATZ gesucht und die MENGE im KUNDENSATZ kumuliert wird:

GESAMTMENGEN	
Wiederholen, solange nicht EOF der VERKAUFSDATEI erreicht :	
Einlesen	VERKAUFSSATZ aus VERKAUFSDATEI (Einlesen der KUNDEN-NR und der MENGE)
Einlesen	KUNDENSATZ aus KUNDENDATEI anhand von KUNDEN-NR (damit erhält man u. a. die vorige Zwischensumme von MENGE; der richtige KUNDENSATZ wird anhand der KUNDEN-NR gefunden)

MENGE in KUNDENSATZ
        ← MENGE in KUNDENSATZ + MENGE in VERKAUFSSATZ

Ausgeben   KUNDENSATZ in KUNDENDATEI anhand von KUNDEN-NR
        (mit der neuen Zwischensumme MENGE)

Die RECHNUNGSBETRAEGE werden dann so bestimmt, daß jeder KUNDENSATZ eingelesen, der RECHNUNGSBETRAG berechnet und in den KUNDENSATZ eingetragen wird:

RECHNUNGSBETRAEGE

Einlesen   PREIS

Wiederholen, solange nicht EOF der KUNDENDATEI erreicht :

    Einlesen   KUNDENSATZ aus KUNDENDATEI

    Wenn MENGE in KUNDENSATZ > 0
    dann: Ausführen BERECHNUNG (Berechnung von RECHNUNGSBETRAG
                 unter Berücksichtigung von RABATT und MWST)

        Ausgeben   KUNDENSATZ in KUNDENDATEI anhand von KUNDEN-NR
                (mit dem nun ermittelten Wert von RECHNUNGSBETRAG)

In einer weiteren Stufe der Verfeinerung ist die Komponente BERECHNUNG näher
zu spezifizieren.

BERECHNUNG

BRUTTOBETRAG ← PREIS * MENGE in KUNDENSATZ

Ausführen   RABATTSTUFE (Bestimmung von RABATT entsprechend der
                Rabattstufen)

NETTOBETRAG ← BRUTTOBETRAG − RABATT

MWST ← NETTOBETRAG * 0,14

RECHNUNGSBETRAG in KUNDENSATZ ← NETTOBETRAG + MWST

Als letzte Verfeinerung ist die Berechnung des Rabattbetrags durchzuführen. Die richtige Rabattstufe ermitteln wir durch Schachtelung von Abfragen. Eine Schachtelung
wie

    „Wenn Bedingung$_1$ erfüllt
        dann Operation$_1$ durchführen
        sonst: Wenn Bedingung$_2$ erfüllt
                dann Operation$_2$ durchführen
                sonst Operation$_3$ durchführen"

ist folgendermaßen zu interpretieren: Wenn Bedingung$_1$ erfüllt ist, dann soll Operation$_1$ durchgeführt werden. Ist Bedingung$_1$ *nicht* erfüllt („sonst"), dann soll weitergeprüft werden, ob Bedingung$_2$ erfüllt ist und, je nachdem, Operation$_2$ oder Operation$_3$ durchgeführt werden.

Bei der Berechnung des Rabattes muß die Schachtelungstiefe noch um eine Stufe erhöht werden, da insgesamt vier Operationen zur Auswahl stehen. Nach den angegebenen Rabattstufen gilt demnach:

RABATTSTUFE

Wenn BRUTTOBETRAG < 100

    dann RABATT ← 0

    sonst: Wenn BRUTTOBETRAG < 1 000

        dann RABATT ← 0,05 * BRUTTOBETRAG

        sonst: Wenn BRUTTOBETRAG < 10 000

            dann RABATT ← 0,10 * BRUTTOBETRAG

            sonst RABATT ← 0,15 * BRUTTOBETRAG

Der Leser möge sich von der Richtigkeit der Schachtelung anhand verschiedener Bruttobeträge (z. B. 50, 500, 5 000, 50 000) und Preise überzeugen.

Damit ist der Algorithmus in allen Verfeinerungsstufen formuliert. Wir fassen ihn nun zusammen und lassen die verbalen Erläuterungen weg. Zunächst werden die Vereinbarungen angegeben:

```
dcl  1  VERKAUFSSATZ
        2  KUNDEN-NR              numerisch ganzzahlig
        2  MENGE                  numerisch reell

     1  KUNDENSATZ
        2  KUNDEN-NR              numerisch ganzzahlig
        2  NAME                   alphanumerisch
        2  ADRESSE                alphanumerisch
        2  MENGE                  numerisch reell
        2  RECHNUNGSBETRAG        numerisch reell

     VERKAUFSDATEI,
     KUNDENDATEI                  file
     MWST, BRUTTOBETRAG,
     NETTOBETRAG, RABATT,
     PREIS                        numerisch reell
```

1. Stufe

MONATSABRECHNUNG

Ausführen	GESAMTMENGEN
Ausführen	RECHNUNGSBETRAEGE
Stop	

2. Stufe

GESAMTMENGEN

Wiederholen, solange nicht EOF der VERKAUFSDATEI erreicht:

    Einlesen   VERKAUFSSATZ aus VERKAUFSDATEI

    Einlesen   KUNDENSATZ aus KUNDENDATEI anhand von KUNDEN-NR

    MENGE in KUNDENSATZ
        $\leftarrow$ MENGE in KUNDENSATZ + MENGE in VERKAUFSSATZ

    Ausgeben   KUNDENSATZ in KUNDENDATEI anhand von KUNDEN-NR

RECHNUNGSBETRAEGE

Einlesen   PREIS

Wiederholen, solange nicht EOF der KUNDENDATEI erreicht:

    Einlesen   KUNDENSATZ aus KUNDENDATEI

    Wenn MENGE in KUNDENSATZ > 0
        dann: Ausführen   BERECHNUNG
                Ausgeben   KUNDENSATZ in KUNDENDATEI anhand von
                               KUNDEN-NR

3. Stufe

BERECHNUNG

BRUTTOBETRAG $\leftarrow$ PREIS * MENGE in KUNDENSATZ

Ausführen RABATTSTUFE

NETTOBETRAG $\leftarrow$ BRUTTOBETRAG – RABATT

MWST $\leftarrow$ NETTOBETRAG * 0,14

RECHNUNGSBETRAG in KUNDENSATZ $\leftarrow$ NETTOBETRAG + MWST

4. Stufe

RABATTSTUFE

Wenn BRUTTOBETRAG $<$ 100

    dann RABATT $\leftarrow$ 0

    sonst: Wenn BRUTTOBETRAG $<$ 1000

        dann RABATT $\leftarrow$ 0,05 * BRUTTOBETRAG

        sonst: Wenn BRUTTOBETRAG $<$ 10 000

            dann RABATT $\leftarrow$ 0,10 * BRUTTOBETRAG

            sonst RABATT $\leftarrow$ 0,15 * BRUTTOBETRAG

Durch die stufenweise Verfeinerung ergibt sich eine hierarchische Struktur, die in Abbildung 3.2 aufgezeigt ist. (Wir haben das Problem weiter zerlegt, als von der begrenzten Aufgabenstellung her erforderlich gewesen wäre, da es insbesondere darum ging, die prinzipielle Vorgehensweise zu erläutern.)

Wie zuvor erwähnt wurde, ist die stufenweise Verfeinerung an keinen Formalismus gebunden. Wir haben den Algorithmus zunächst verbal entwickelt; als Alternative soll in Abbildung 3.3 die Präsentation in Struktogrammen skizziert werden. Auch hier deuten wir durch das Befehlsverb „Ausführen" an, daß eine weitere Verfeinerung folgt.

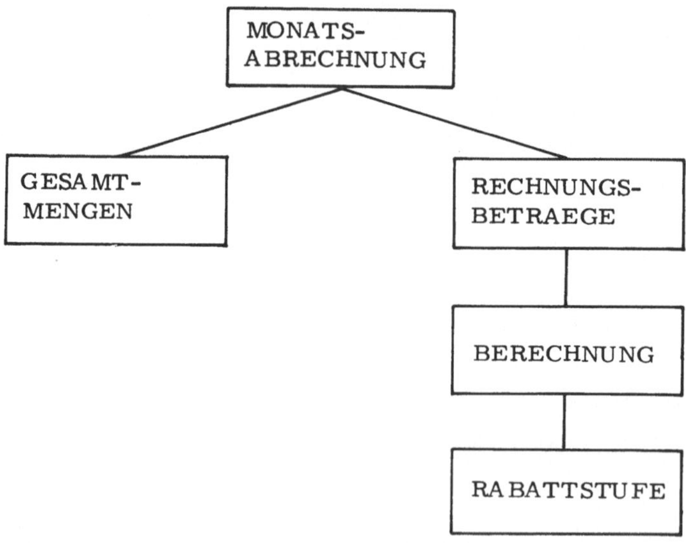

Abb. 3.2: Hierarchische Struktur des Algorithmus MONATSABRECHNUNG

MONATSABRECHNUNG

Ausführen GESAMTMENGEN
Ausführen RECHNUNGSBETRAEGE
Stop

GESAMTMENGEN

Wiederholen, solange nicht EOF der VERKAUFSDATEI erreicht
Einlesen VERKAUFSSATZ aus VERKAUFSDATEI
Einlesen KUNDENSATZ aus KUNDENDATEI anhand von KUNDEN-NR
MENGE in KUNDENSATZ ← MENGE in KUNDENSATZ + MENGE in VERKAUFS-SATZ
Ausgeben KUNDENSATZ in KUNDENDATEI anhand von KUNDEN-NR

RECHNUNGSBETRAEGE

Einlesen PREIS
Wiederholen, solange nicht EOF der KUNDENDATEI erreicht
Einlesen KUNDENSATZ aus KUNDENDATEI
MENGE in KUNDENSATZ > 0? ja / nein
ja: Ausführen BERECHNUNG; Ausgeben KUNDENSATZ in KUNDENDATEI anhand von KUNDEN-NR — nein: ·/.

BERECHNUNG

BRUTTOBETRAG ← PREIS * MENGE in KUNDENSATZ
Ausführen RABATTSTUFE
NETTOBETRAG ← BRUTTOBETRAG – RABATT
MWST ← NETTOBETRAG * 0,14
RECHNUNGSBETRAG in KUNDENSATZ ← NETTOBETRAG + MWST

RABATTSTUFE

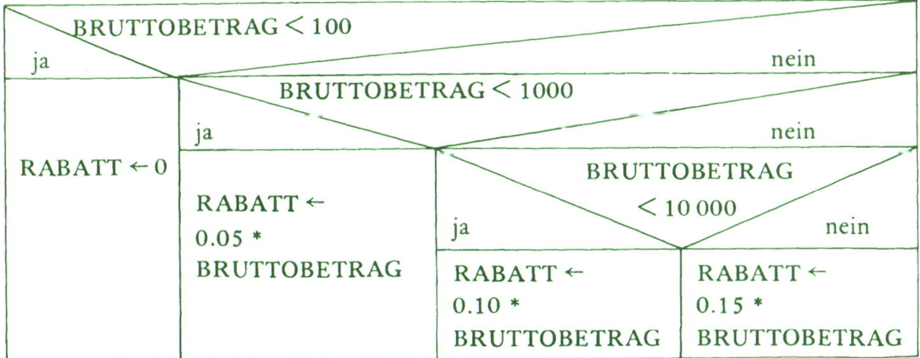

Abb. 3.3: Struktogramme zur MONATSABRECHNUNG

3.3 Methoden der Programmentwicklung

In der Vergangenheit wurden verschiedene Methoden entwickelt, die einen sinnvollen Programmaufbau erleichtern und den oben genannten Zielen und Entwurfsprinzipien in mehr oder minder starkem Maße Rechnung tragen.

Die Anforderungen, die das Software Engineering an Programme stellt, fanden in neuerer Zeit in der sogenannten *Strukturierten Programmierung* ihren Ausdruck. Strukturierungsbestrebungen anderer Art waren jedoch auch schon früher unter dem Namen *Normierte Programmierung* zu verzeichnen. Im folgenden werden beide Methoden behandelt.

3.3.1 Strukturierte Programmierung

Die *Strukturierte Programmierung* (SP) ist eine Methode, die wesentlich zur Erreichung der Ziele Zuverlässigkeit, Verständlichkeit und Modifizierbarkeit beiträgt und die Realisierung der Gestaltungs- und Entwurfsprinzipien unterstützt.

Der Begriff der Strukturierten Programmierung ist in den letzten Jahren mit so vielen Bedeutungen belegt worden, daß er heute mehr ein Schlagwort als eine exakt umrissene Methode beinhaltet.

Einige Beispiele aus der Vielzahl von Umschreibungen sind[5].

— Die Theorie der SP behandelt die Konversion beliebig langer und komplexer Flußdiagramme in Standardformen.

— Die SP ist eine Art, Programme zu organisieren und zu kodieren, die sie leicht verständlich und veränderbar macht.

— SP ist Top-down-Programmierung.

— SP ist die Rückkehr zum gesunden Menschenverstand.

Nicht um die Zahl der Definitionen zu erhöhen, aber um dem Leser eine Arbeitsdefinition an die Hand zu geben, charakterisieren wir die SP als eine Methode, bei der ein Programm aus Strukturblöcken zusammengesetzt wird.

3.3.1.1 Strukturblöcke

Der Begriff des Strukturblocks wurde bereits bei der Behandlung der Struktogramme eingeführt. Er soll nun ausführlicher erläutert werden.

Ein Strukturblock ist ein Programmbaustein, der eine eindeutige Funktion besitzt. Er kann aus einem einzelnen Befehl (Ein-/Ausgabe- oder Zuweisungsbefehl, Unterprogrammaufruf) bestehen und wird dann *Elementarblock* genannt oder sich aus mehreren Befehlen und/oder Strukturblöcken zusammensetzen[6].

---

5   Nach Kimm u. a. [Einführung], S. 164 f.
6   Vgl. Schnupp/Floyd [Software], S. 46 ff.

Die Elemente eines Strukturblocks werden hintereinander – in der Darstellung der Nassi-Shneiderman-Diagramme von oben nach unten – ausgeführt. Schachtelungen von Strukturblöcken sind erlaubt, nicht dagegen Überlappungen.

Ein Strukturblock besitzt nur einen Eingang und einen Ausgang. Da Nassi-Shneiderman-Diagramme von vorneherein keine Möglichkeit bieten, diese Regel zu verletzen, wollen wir sie an Hand eines PA erklären:

In einen Strukturblock darf von außen nur eine Ablauflinie hineinführen und aus ihm nur eine Ablauflinie herausführen.

Abbildung 3.4 zeigt die Regel und ihren Bruch an einem Beispiel.

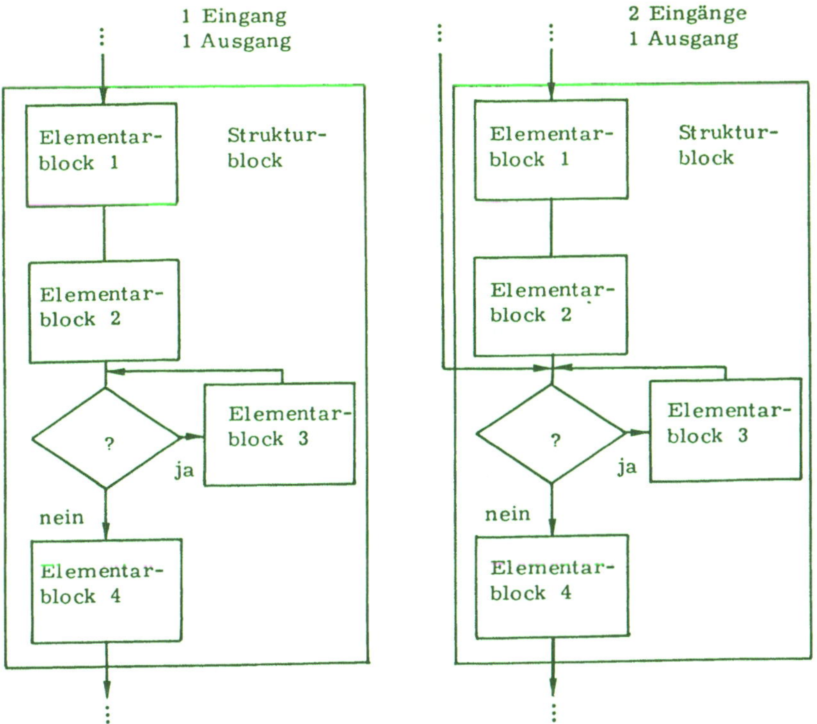

Abb. 3.4: Programmablaufplan zur Regel „1 Eingang/1 Ausgang"

Für die Beziehungen von Strukturblöcken untereinander gilt demnach:

Zwei Strukturblöcke sind entweder

- völlig unabhängig,

- eindeutig hintereinandergeschaltet oder

- einer vollständig in dem anderen enthalten.

Abbildung 3.5 erläutert diese Ausage. Die Strukturblöcke werden in der Reihenfolge der Niederschrift durchlaufen: Die Blöcke S1, S3 und S9 sind jeweils eindeutig hintereinandergeschaltet. Man erkennt an der Abbildung auch, daß Strukturblöcke beliebig geschachtelt werden könne: S4 und S8 sind in S3 enthalten; S5, S6 und S7 sind in S4 enthalten.

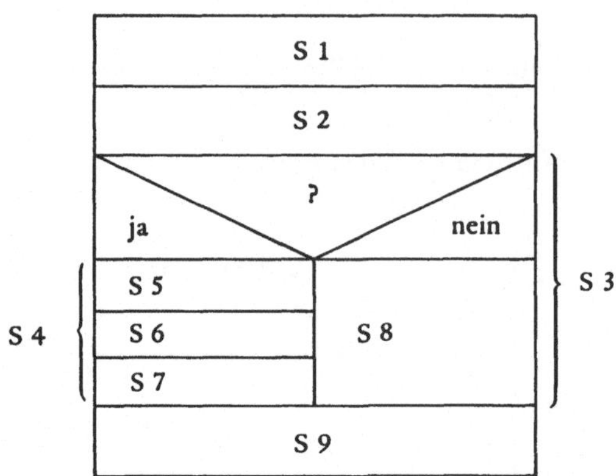

Abb. 3.5: Beziehungen zwischen Strukturblöcken

Für Programme, die durch Aneinanderreihung oder Schachtelung von Strukturblöcken gebildet werden, gilt das *Substitutionsprinzip*[7]. Es besagt, daß ein Strukturblock, der den genannten Regeln genügt, durch einen andern oder mehrere andere ersetzbar ist. Die Stubstitution eines Blocks durch mehrere detailliertere andere Blöcke kann auch als stufenweise Verfeinerung betrachtet werden.

Die Beziehungen des „Makroblocks" nach außen hin ändern sich dadurch nicht. Er bleibt nach wie vor unabhängig, hintereinandergeschaltet oder enthalten, wenn die verfeinernden Blöcke ebenfalls den Regeln zur Bildung von Strukturblöcken genügen!

3.3.1.2 Kontrolle des Programmablaufs

Die Verständlichkeit eines Programms wird entscheidend durch den Programmtext beeinflußt. Die niedergeschriebene Folge von Befehlen soll einen unmittelbaren Einblick in die verschiedenen Teilfunktionen und ihren Zusammenhang gewähren.

Die Aufgabe, die ein Ein-/Ausgabebefehl oder ein Zuweisungsbefehl hat, ist meist direkt erkennbar. Schwieriger ist hingegen die Funktion zu verstehen, die Steuerbefehle im Programmablauf ausüben. Normalerweise kommt je ein Befehl nach dem andern in der angegebenen Reihenfolge zur Ausführung. Ein Sprungbefehl oder Unterprogrammaufruf unterbricht den „normalen" Ablauf. Das Programm wird plötzlich an einer ganz anderen Stelle fortgesetzt.

---

7 Vgl. Gewald u. a. [Software Engineering], S. 79.

64

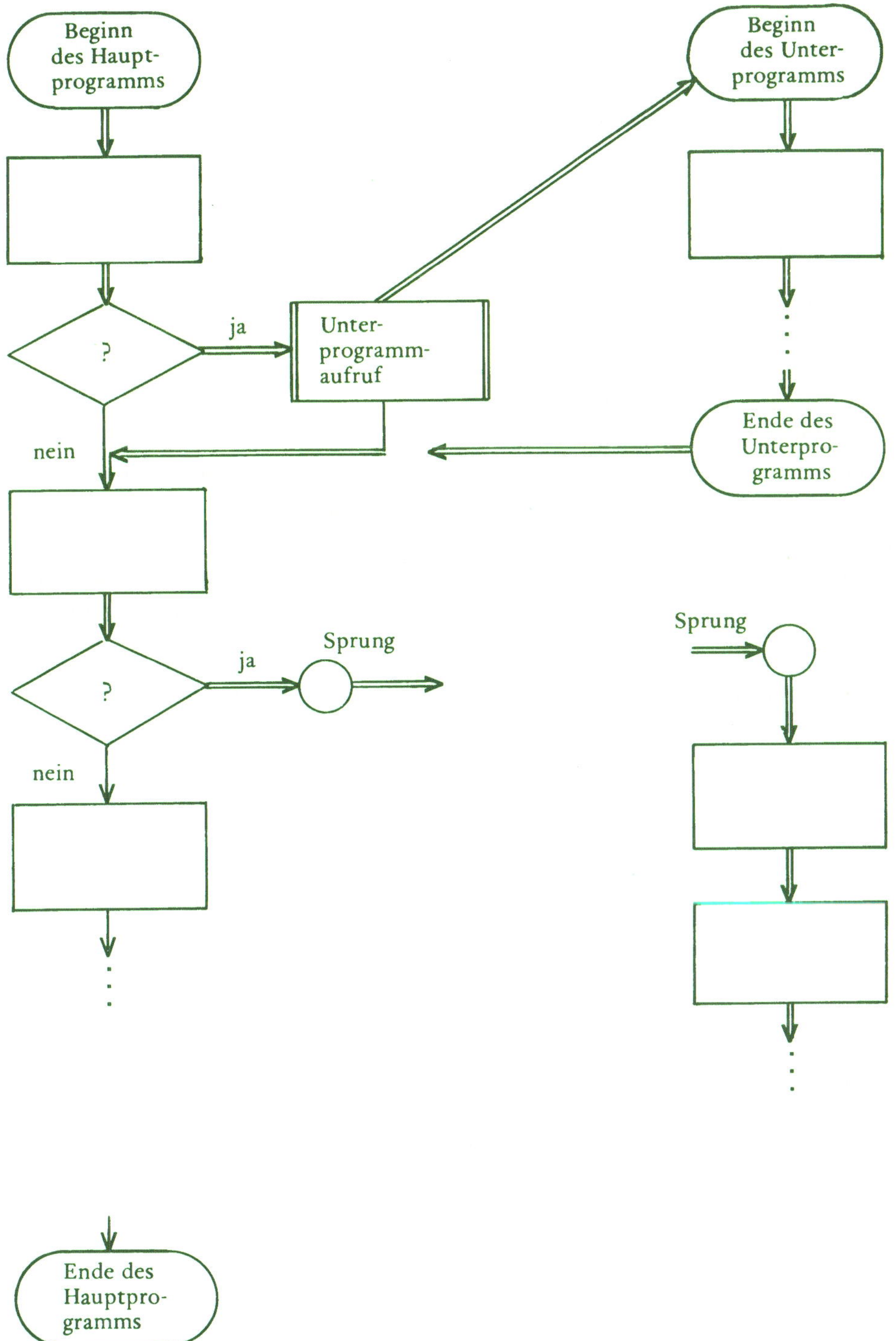

Abb. 3.6: Ablaufsteuerung durch Unterprogrammaufruf und Sprungbefehl

Während jedoch ein Unterprogrammaufruf die Ausführung einer in sich geschlossenen logischen Teilaufgabe veranlaßt und anschließend automatisch im normalen Programmablauf weitergefahren wird, befindet man sich nach einem Sprungbefehl endgültig außerhalb des ursprünglichen Ablaufs. Man kann ihn nur durch einen weiteren Sprung („Rücksprung") wieder erreichen.

Abbildung 3.6 verdeutlicht den Unterschied. Wenn die beiden Bedingungen zutreffen, vollzieht sich der Ablauf in der durch die Doppelpfeile angedeuteten Reihenfolge.

Die Steuerung des Ablaufs mittels Sprungbefehlen (GO-TO-Befehlen) ist ein typisches Kennzeichen von Programmen, die unsystematisch und nicht stufenweise verfeinert entwickelt wurden; Änderungen, anfangs vergessene Fälle etc. werden meist auf diese Weise eingeflickt. Da die Verwendung vieler Sprungbefehle die Logik des Ablaufs hoffnungslos verschleiert, lautet eine zentrale Regel der SP, solche Befehle weitestgehend zu vermeiden. Überspitzt wird die SP deshalb auch manchmal als „GO-TO-lose" Programmierung bezeichnet.

Anstelle von Sprungbefehlen sollen nur bestimmte, standardisierte Konstruktionen zur Steuerung des Ablaufs verwendet werden; diese sind Gegenstand des 4. Kapitels.

Die völlige Vermeidung des GO-TO-Befehls ist in manchen Programmiersprachen nicht realisierbar, weil die erforderlichen Sprachelemente fehlen. In diesen Fällen wird empfohlen, auf der Ebene der Algorithmenbildung dennoch die Standardkonstruktionen zu verwenden und diese bei der Programmierung mit Hilfe von Sprungbefehlen nachzubilden[8].

In manchen Situationen wird die Verwendung von Sprungbefehlen toleriert, vor allem, um

- bestimmte Formen der Programmschleife zu realisieren,

- Ausnahmesituationen zu behandeln (z. B. einen besonderen Ablauf zu veranlassen, wenn ein Fehler erkannt wurde),

- einen Programmabbruch herbeizuführen.

3.3.2 Normierte Programmierung

Strukturierung auf einer höheren Ebene – auf der Ebene des Anwendungsproblems – ist das Anliegen der Normierten Programmierung (NP).

Die Normierte Programmierung wurde von verschiedenen EDV-Herstellern und /-Anwendern entwickelt. Sie stellt, wie schon der Name ausdrückt, ein Bündel von Regeln dar, welche das Ziel der Vereinheitlichung des Programmaufbaus verfolgen. Aufgrund der voneinander unabhängigen Entstehung existieren mehrere unterschiedliche „Normen"[9].

8 Vgl. dazu auch Kurbel [Programmierstil], Kapitel 4.
9 Vgl. z. B. die unterschiedlichen Systeme von Siemens und Univac, die bei Komarnicki [Programmiermethodik], S. 26 ff., bzw. Pecher [Normierte Programmierung], S. 17 ff., beschrieben sind. Vgl. auch Helm [Programmieren], S. 58 ff.

Die NP ist speziell auf kommerzielle Probleme zugeschnitten, wie sie in der betrieblichen Praxis auftreten: Mehrere Datenbestände, meist sequentielle Dateien, müssen gemeinsam einer der Aufgabenstellung entsprechenden Verarbeitung zugeführt werden. Es existieren also verschiedene Arten von Datensätzen, die unterschiedlich zu verarbeiten sind.

Ein Kernproblem dieser Art von Aufgaben stellt die Entscheidung dar, welcher Datensatz als nächster ausgewählt wird, ob die Satzart und der Ordnungsbegriff des Satzes die gleichen wie die des vorigen Satzes sind und welche Verarbeitung veranlaßt werden muß. Dieses als Gruppenkontrolle bezeichnete Teilproblem behandeln wir ausführlicher in Abschnitt 5.4.

In der Spezialisierung auf Fragestellungen der genannten Art ist zugleich eine entscheidende Einschränkung der NP zu sehen. Andere Probleme können nicht gelöst werden. Auch die Betonung sequentieller Dateien nimmt der NP einen Teil ihrer Bedeutung, da diese Organisationsform heute nicht mehr in dem Maße eingesetzt wird wie zu der Zeit, als die NP entstanden ist, und sie daher für viele Probleme keine Lösung bietet.

3.3.2.1 Normierung des Programmaufbaus

Normierte Programme sind im allgemeinen durch eine Reihe von Teilproblemen charakterisiert, die bei den genannten Aufgaben immer wieder auftreten:

- *Vorarbeiten*, die nur einmalig am Anfang des Programms ausgeführt werden, z. B. das Einlesen von Parametern, wie etwa Tagesdatum, Angaben, welche und wieviele Dateien zu verarbeiten sind, die Bereitstellung der Dateien („Öffnen") etc.

- *Dateneingabe*, d. h. Einlesen von Daten aus den verschiedenen Dateien mit Plausibilitätskontrollen, evtl. Fehlermeldungen,

- *Datenfreigabe*, d. h. Auswahl und Bereitstellung desjenigen Datensatzes, der als nächster zur Verarbeitung freigegeben wird,

- *Gruppenkontrolle* mit den bei Gruppenwechsel auszuführenden Arbeiten, z. B. Zwischensummen, Überschriften ausdrucken ect.,

- die eigentliche *Verarbeitung* der Daten, die je nach Problem und Satzart unterschiedlich ist,

- *Abschlußarbeiten*, die einmalig am Ende des Programms durchgeführt werden, z. B. Endergebnisse ausgeben, Dateien schließen etc.

Die Teilprobleme legen einen entsprechenden Programmaufbau nahe: Das Gesamtproblem wird in Blöcke aufgeteilt, so daß jedes Teilproblem als eine Programmkomponente abgegrenzt ist. Dies ist der Hauptaspekt der NP. Es wird ein einheitliches Schema festgelegt, wie Programme zerlegt und welche Teilaufgaben wann gelöst werden. Die Einhaltung des Schemas ist bindend; jedes normierte Programm hat den gleichen Aufbau, nämlich den, der in Abbildung 3.7 dargestellt ist.

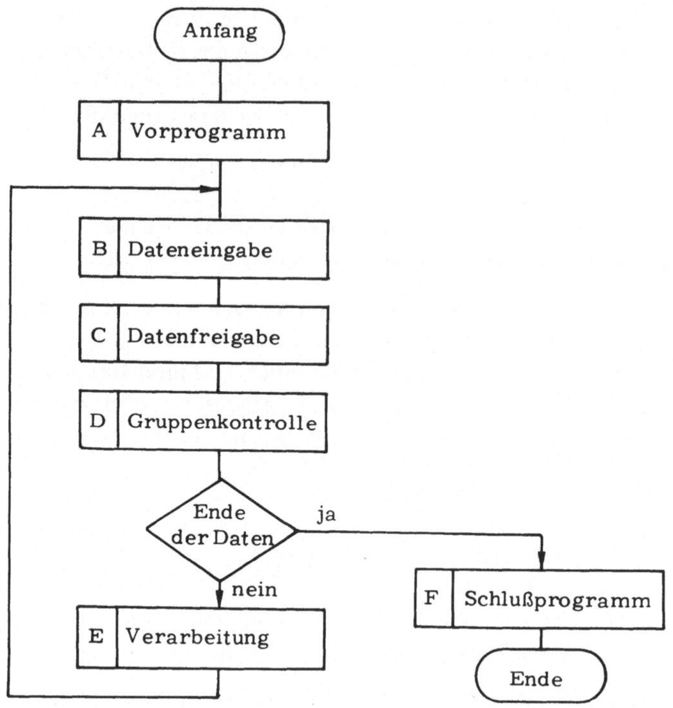

Abb. 3.7: Blöcke eines normierten Programms

Jeder Block verwendet zur Lösung seiner speziellen Aufgaben eine Reihe von Unterprogrammen, die zum Teil auch von anderen Blöcken aufgerufen werden. Dadurch entsteht eine hierarchische Modulstruktur, die allerdings nicht die Form eines Baumes hat.

Bei der NP wird der Ablauf in grober Form schematisiert. Die Aufteilung in Blöcke ist dem Programmierer vorgegeben. Die Kriterien, nach denen Programmkomponenten gebildet werden, sind seiner eigenen Gestaltungsfreiheit entzogen.

Nicht normiert ist dagegen der Aufbau der Programmkomponenten selbst. Innerhalb eines Blocks können die Algorithmen beliebig systematisch oder unsystematisch konstruiert werden. Hierfür werden keine Hilfsmittel bereitgestellt.

3.3.2.2 Normierung der Namensgebung

Das Vereinheitlichungsstreben der NP setzt sich fort in dem Bemühen, Vorschriften zur Bildung von Namen, die der Programmierer selbst wählt, zu erlassen. Aus einem Namen sollen Bedeutung und Verwendung hervorgehen. Genormt werden sowohl die Namen der Blöcke und Unterprogramme als auch Variablennamen (Eingabedaten, Hilfsbereiche, Zwischen-, Endergebnisse etc.).

68

(1) Namen von Programmen und Programmteilen

Wie in Abbildung 3.7 werden die Programmkomponenten durch bestimmte Buchstaben eindeutig identifiziert, die Hauptblöcke z. B. durch

A	=	Vorprogramm
B	=	Dateneingabe
C	=	Datenfreigabe
D	=	Gruppenkontrolle
E	=	Verarbeitung
F	=	Schlußprogramm

Unterprogramme, die ein bestimmter Block verwendet, werden durch zusätzliche Ziffern gekennzeichnet, z. B.

B1   = 1. Unterprogramm, das der Block B (Eingabe) aufruft

B2   = 2. Unterprogramm, das der Block B aufruft

oder

E24   = Unterprogramm, das von Block E (Verarbeitung) aufgerufen wird und das die 2. Satzart in der 4. Datei verarbeitet.

(2) Variablennamen

Um eine Variable eindeutig identifizieren zu können, verwendet man ebenfalls Buchstaben und Ziffern, z. B. den Buchstaben R für Ein-/Ausgabedaten, W für Zwischenergebnisse und Hilfsbereiche. So könnten etwa

R1   Daten, die aus der 1. Datei eingelesen werden,

WRK2 die 2. Hilfsvariable bei einer Rechenoperation

bezeichnen[10].

Zum Abschluß wollen wir kurz die Vor- und Nachteile der NP zusammenfassen.

Die Vorteile liegen insbesondere darin, daß die Modifizierbarkeit eines Programms erhöht wird. Auch andere Programmierer als der Autor, welche die Normen kennen, verstehen fremde Programme und können Änderungen durchführen.

Durch Anwendung des Modularitätsprinzips entstehen klar abgegrenzte Teilaufgaben. Das Gesamtproblem wird strukturiert; es bieten sich weniger Fehlermöglichkeiten, Fehler sind leichter zu finden, so daß auch die Erreichung des Zieles Zuverlässigkeit (im Sinne von Fehlerfreiheit) gefördert wird.

Als Nachteil der NP ist neben der bereits erwähnten Beschränkung auf eine bestimmte Art von Problemen zunächst die Inflexibilität zu nennen. Die NP stellt ein starres

10 Vgl. Helm [Programmieren], S. 93 ff.

System von Teilfunktionen dar, die nicht unbedingt auf die speziellen Probleme des Anwenders passen.

Auch die Verständlichkeit wird nur zum Teil erreicht. Die Namensgebung ist ein eklatantes Beispiel: Ein Programm enthält primär Namen wie WRK3, R2, B1, L1D, die zwar selbstdokumentierend, unmittelbar verständlich aber nur für denjenigen sind, der dieselben Normen verwendet und beherrscht.

Einem Außenstehenden stellt sich dagegen ein wirres Gestrüpp von Buchstaben-Ziffern-Kombinationen dar, die ihm zunächst völlig uneinsichtig sind. Sinnentsprechende Namen wären hier verständlicher.

Aufgaben und Fragen zu Kapitel 3

(1) Erläutern Sie die Ziele der Programmentwicklung!

(2) Welches Ziel halten Sie für das wichtigste? Begründen Sie Ihre Aussage!

(3) a) Mit welchen Ausdrucksmitteln wird die stufenweise Verfeinerung bei der Formulierung eines Algorithmus realisiert?

    b) Bis zu welcher Stufe muß ein Algorithmus, den später ein Computer ausführen soll, verfeinert werden?

    c) Das Prinzip der stufenweisen Verfeinerung kann auch zur Problemlösung ohne Computer eingesetzt werden. Erläutern Sie, wie weit ein Lösungsverfahren ganz allgemein verfeinert werden muß!

(4) Formulieren Sie den Algorithmus MONATSABRECHNUNG (Abschnitt 3.2.2.2) in einem top-down erstellten PA!

(5) In dem Beispiel MONATSABRECHNUNG (Abschnitt 3.2.2.2) und in Abbildung 3.3 wurde stillschweigend unterstellt, die MENGE in jedem KUNDENSATZ habe zu Beginn der KUMULIERUNG den Anfangswert Null. Wie ist Abbildung 3.3 zu ändern, wenn kein definierter Anfangswert vorliegt?

(6) Beschreiben Sie die Kriterien, denen ein strukturiertes Programm genügen muß!

4. Programmstrukturen

Wir haben im letzten Kapitel die Ziele, Prinzipien und Methoden einer sinnvollen Programmentwicklung kennengelernt und wollen uns nun mit der konkreten Anwendung der gewonnenen Erkenntnisse beschäftigen. In diesem Kapitel werden elementare Konstruktionen für die Bildung von Algorithmen und die Formulierung von Programmen behandelt; Kapitel 5 wird sich dann mit ausgewählten Algorithmen auseinandersetzen.

4.1 Elementare Konstruktionen zur Algorithmenbildung

Die standardisierten, elementaren Konstruktionen zur Steuerung des Ablaufs eines Algorithmus (oder Programms) werden im Software Engineering *Steuerkonstrukte* genannt[1].

Elementare Steuerkonstrukte sind die Sequenz, die Selektion und die Repetition. Selektion und Repetition treten in mehreren Formen auf. Grundsätzlich würden die Sequenz, eine Form der Selektion (die Verzweigung) und eine Form der Repetition (die While-Schleife) zur Beschreibung jedes beliebigen Algorithmus ausreichen. In vielen Fällen erleichtern zusätzliche Konstruktionen jedoch die Formulierung. Deshalb sollen auch andere, gebräuchliche Steuerkonstrukte geschildert werden.

Zur Erläuterung verwenden wir sowohl Symbole der PA's als auch der Struktogramme. Dies geschieht aus folgenden Gründen: Struktogramme sind wesentlich besser geeignet, weil ihre Symbole explizit Symbole zur Steuerung des *Ablaufs* sind. Im PA dagegen steht zur Steuerung des Ablaufs vor allem die Ablauflinie zur Verfügung. Die Verwendung dieses Instruments hängt ausschließlich von der Selbstdisziplin des Programmierers ab, denn Ablauflinien kann man nach Belieben kreuz und quer über ein Stück Papier zeichnen! Bei der Codierung muß dann fast jede Linie durch einen GO-TO-Befehl nachgebildet werden. In Struktogrammen lassen sich dagegen solche ungezügelten Sprünge, zu denen PA's verleiten, erst gar nicht realisieren.

PA's sind andererseits in der Praxis heute noch sehr verbreitete Hilfsmittel. Die Steuerkonstrukte können grundsätzlich auch auf diese Weise dargestellt werden. An den Programmierer werden dadurch jedoch wesentlich höhere Anforderungen gestellt, da er sich *selbst* auf die Verwendung von Standardkonstruktionen beschränken muß!

---

1 Vgl. Kimm u. a. [Einführung], S. 183.

4.1.1 Sequenz

Die *Sequenz*, auch *Konkatenation* oder *Folge* genannt, ist das einfachste Steuerkonstrukt. Sie besteht aus einer Aneinanderreihung von mindestens zwei Strukturblöcken. Die Sequenz von Strukturblöcken wird genau in der Reihenfolge ausgeführt, in der sie niedergeschrieben ist.

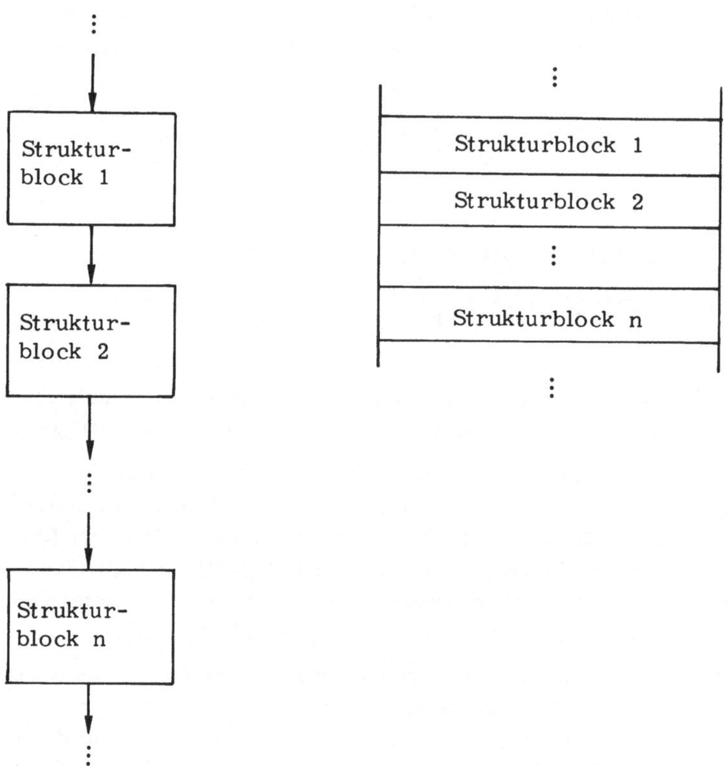

Abb. 4.1: Sequenz von n Strukturblöcken

Eine Sonderform der Sequenz ist der sog. *Block,* der in manchen Programmiersprachen mit Hilfe der Sprachelemente „begin" und „end" gebildet werden kann (z. B. in Pl/1 und Algol). Man spricht deshalb auch von einem Begin-Block. Ein Block unterscheidet sich von der einfachen Aneinanderreihung darin, daß die sequentiell auszuführenden Strukturblöcke nicht nur hintereinander angegeben, sondern explizit zusammengefaßt werden. In diesen Sprachen sind damit zusätzliche Auswirkungen verbunden, z. B. bezüglich des Geltungsbereichs von Vereinbarungen.

Abbildung 4.2 zeigt einen Block im Struktogramm. Eine Darstellung im PA ist nicht vorgesehen.

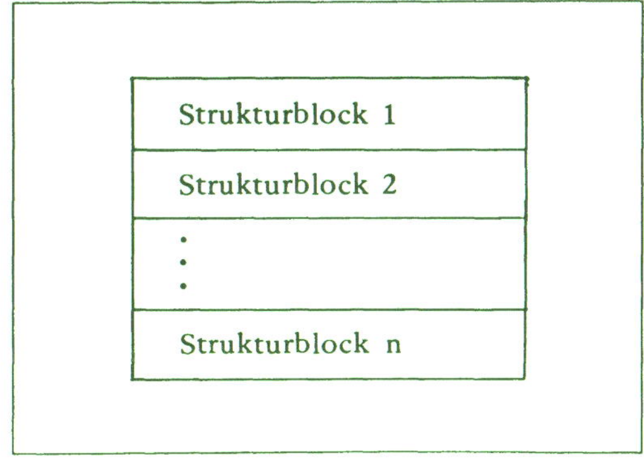

Abb. 4.2: Begin-Block

4.1.2 Selektion

4.1.2.1 Verzweigung

Die einfache Form der *Selektion* haben wir bereits bei der Behandlung des Alternativensymbols kennengelernt. In Abhängigkeit von einer Bedingung wird der eine oder der andere Strukturblock ausgeführt.

Entsprechend den Regeln der Strukturierten Programmierung ist zu beachten, daß der Ablauf anschließend wieder zusammengebracht wird; d. h., der Strukturblock, der aus dem Steuerkonstrukt Selektion besteht, hat nur einen Ausgang. Im Nassi-Shneiderman-Diagramm ist dies ohnehin gewährleistet, während im PA die Ablauflinien explizit zusammengeführt werden müssen (vgl. Abbildung 4.3).

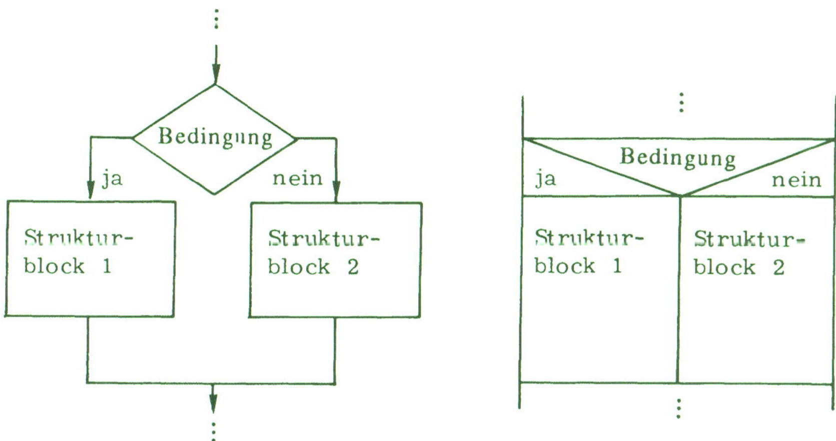

Abb. 4.3: Verzweigung (einfache Alternative)

Eine Sonderform der Verzweigung liegt vor, wenn keine Auswahl aus zwei alternativen Blöcken zu treffen ist, sondern in Abhängigkeit von einer Bedingung entweder ein Strukturblock ausgeführt oder der normale Ablauf fortgesetzt wird (bedingte Verarbeitung). Abbildung 4.4 zeigt diesen Fall. Das Zeichen ./. deutet an, daß der zweite Strukturblock leer bleibt.

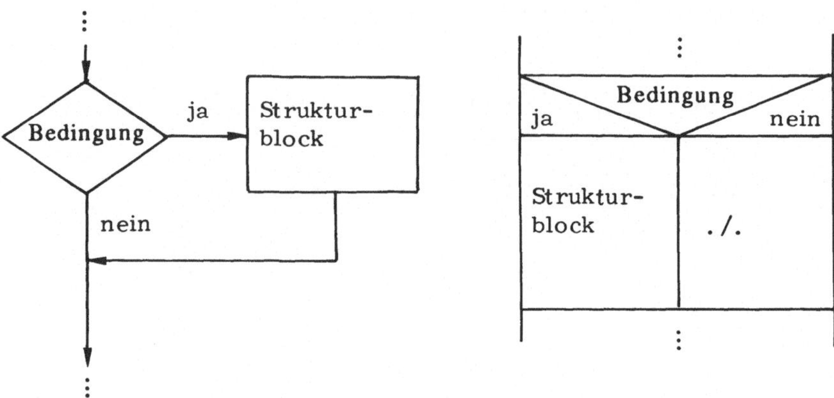

Abb. 4.4: Verzweigung (bedingte Verarbeitung)

4.1.2.2 Fallunterscheidung

Gegenstand der Verzweigung ist die Wahl zwischen zwei Alternativen. Nun sind aber auch Situationen denkbar, in denen mehr als zwei Alternativen vorliegen können.

Solche Fälle kann man dadurch lösen, daß die einzelnen Bedingungen wie in Abbildung 4.5 nacheinander abgefragt werden.

Eine einfachere Formulierung gestattet das Steuerkonstrukt *Fallunterscheidung*. Es stellt eine Verallgemeinerung der Verzweigung in der Weise dar, daß in Abhängigkeit von mehreren Bedingungen eine Auswahl aus *mehreren* Alternativen getroffen wird (mehrfache Alternative).

Im Gegensatz zu der in Abbildung 4.5 verwirklichten Methode, bei der die möglichen Fälle einzeln nacheinander durch vollständige Bedingungsabfragen überprüft werden, arbeitet man bei der Fallunterscheidung mit einer sog. *Fallvariablen*. Die einzelnen Fälle unterscheiden sich durch die Werte, die diese Variable annehmen kann. Je nach Konstellation der Daten kommt dann der erste oder zweite oder dritte etc. Strukturblock zur Ausführung. Zum Abfangen von Fehlern sieht man darüber hinaus einen „Sonst"-Fall vor. Hat die Fallvariable einen unzulässigen Wert, wird der entsprechende Strukturblock n+1 ausgeführt.

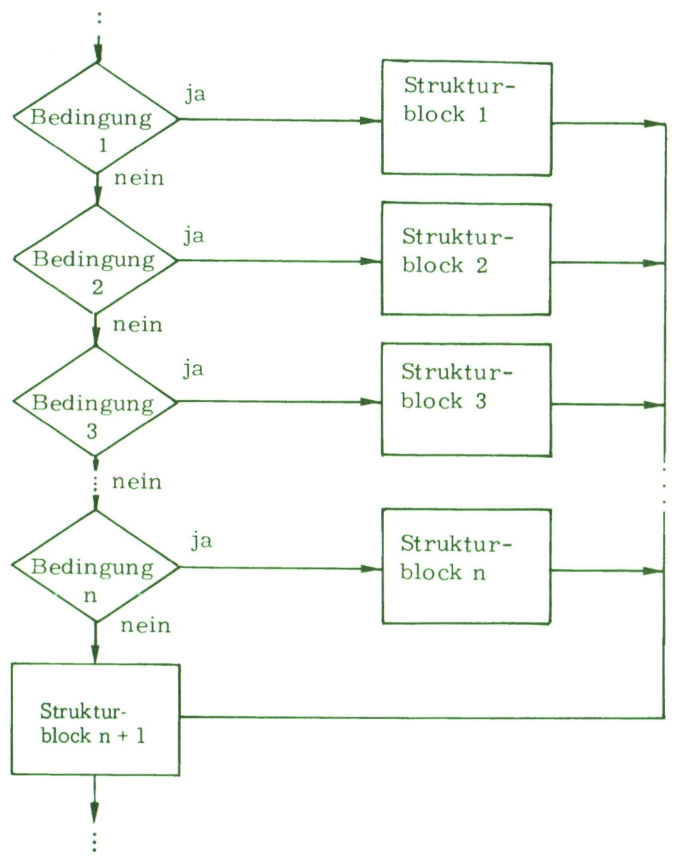

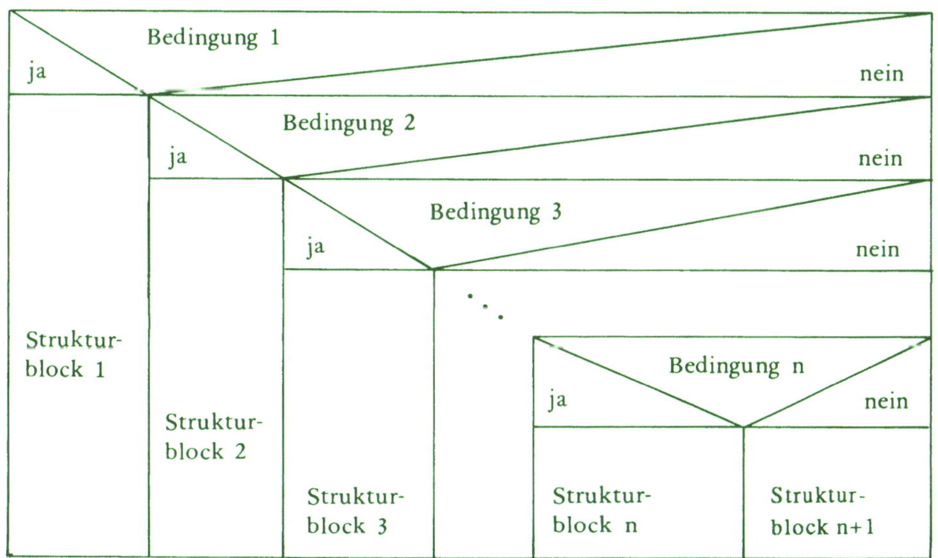

Abb. 4.5: Auswahl aus mehreren Alternativen durch einfache Verzweigungen

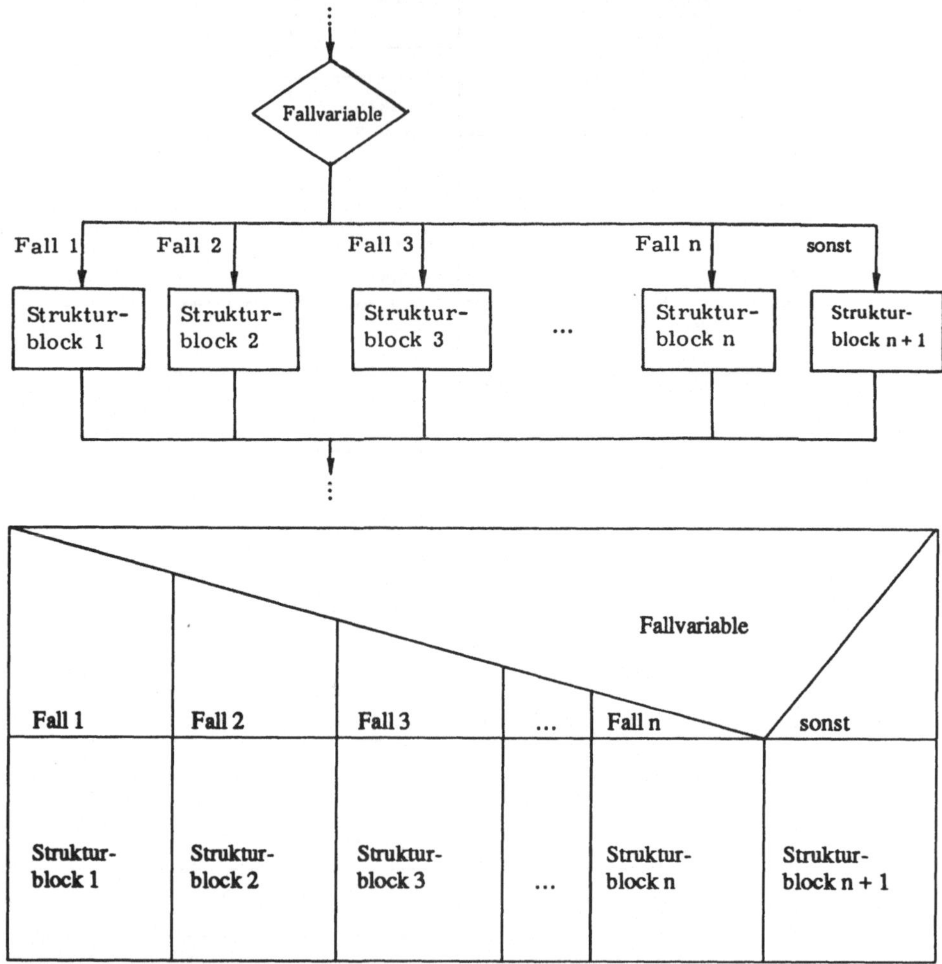

Abb. 4.6: Auswahl aus mehreren Alternativen durch Fallunterscheidung

Abbildung 4.6 verdeutlicht die Zusammenhänge. Dabei ist zu beachten, daß im Anschluß an die n Strukturblöcke im PA der Steuerfluß wieder explizit zusammengebracht werden muß. Für das Struktogramm wird ein neues Symbol eingeführt.

76

4.1.3 Repetition

Das Steuerkonstrukt *Repetition* beinhaltet die wiederholte Ausführung eines Strukturblocks in einer Schleife. Die Repetition stellt eines der mächtigsten Instrumente der Algorithmenbildung dar. In ihren verschiedenen Formen ist sie fast in allen bisherigen Beispielen zu finden. Je nach Art der Repetition wiederholt sich ein Ablauf, solange oder bis eine Bedingung erfüllt ist. Die Repetition wird deshalb auch *bedingte Wiederholung* genannt. Man unterscheidet zwischen

— While-Schleifen

— Zählschleifen

— Until-Schleifen

— Cycle-Schleifen mit Unterbrechung.

4.1.3.1 While-Schleife

Bei einer *While-Schleife* kommt der betreffende Strukturblock *so oft* bzw. *so lange* immer wieder zur Ausführung, wie eine Bedingung erfüllt ist. Da *vor* jedem Schleifendurchlauf die Bedingung mit den darin angegebenen Daten überprüft wird, heißt diese Form der Repetition auch *prechecked loop* oder, wie in der DIN-Norm, *pre-tested iteration*. Natürlich müssen sich die Daten in irgendeiner Weise ändern; andernfalls würde die Schleife entweder nie oder unendlich oft ausgeführt („Endlosschleife").

Die Schleifen, die wir bislang verwendet haben, waren großenteils While-Schleifen. In Abbildung 4.7 ist dieses Steuerkonstrukt dargestellt. While-Schleifen treten häufig beim Einlesen von Daten auf. Es wird solange ein Datenelement oder ein Record eingelesen und in einer durch die Problemstellung bestimmten Weise verarbeitet, wie nicht die EOF-Marke oder eine andere, beliebig festzulegende Kennzeichnung erkannt wird.

Zum besseren Verständnis stellen wir in Abbildung 4.8 das Problem einer einfachen Summenbildung nach dem Kumulationsprinzip dar: In einer While-Schleife sollen positive DM-Beträge eingegeben und aufsummiert werden. Als Endekriterium dient ein Betrag von null; d. h., wenn die Zahl 0 eingegeben wird, soll die Schleife nicht wieder durchlaufen werden. Die beiden Variablen sind als numerisch reell vereinbart:

dcl   SUMME, BETRAG   numerisch reell

2   Vgl. Normenausschuß [DIN 66261], S. 3.

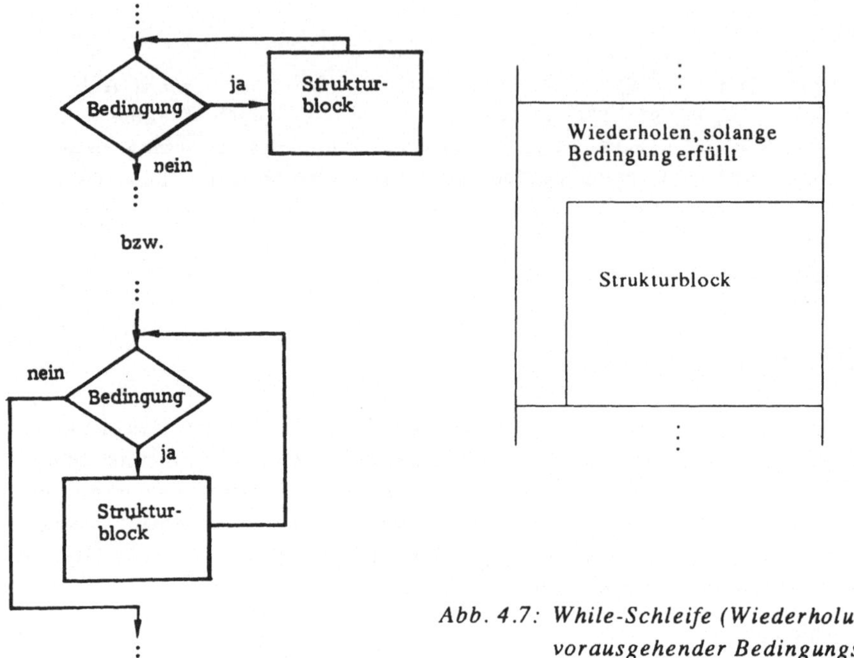

Abb. 4.7: While-Schleife (Wiederholung mit vorausgehender Bedingungsprüfung)

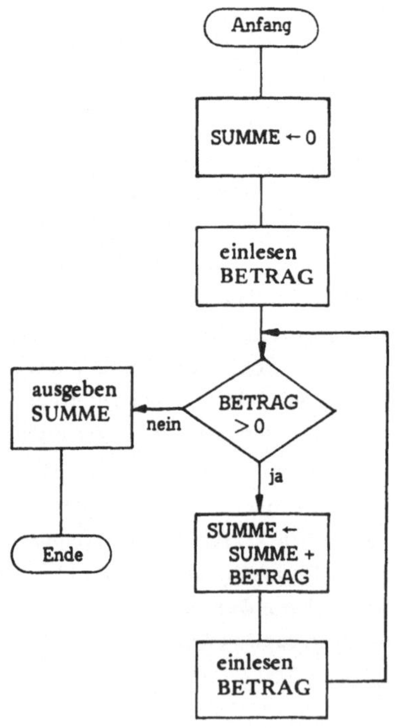

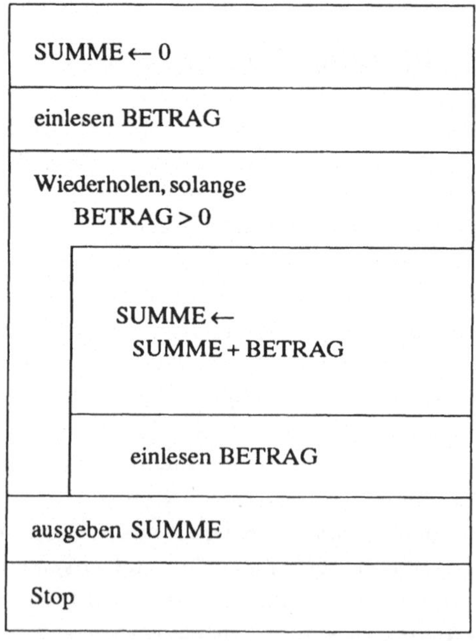

Abb. 4.8: Einlesen und Kumulieren in einer While-Schleife

Anmerkung 1

Auf den ersten Blick erscheint es etwas sonderbar, daß der Eingabebefehl in dem Algorithmus von Abbildung 4.8 zweimal erscheint, einmal vor der Schleife und einmal am Ende des Schleifenrumpfs. Der Grund liegt darin, daß die Wiederholungsbedingung

BETRAG > 0

vor der Ausführung des Schleifenrumpfs geprüft wird. Die Überprüfung ist aber nur möglich, wenn BETRAG bereits einen Wert hat; vor dem ersten Einlesen ist der Wert von BETRAG undefiniert[3]!

Anmerkung 2

Der Name While-Schleife kommt daher, daß in manchen Programmiersprachen diese Schleifenart mit Hilfe der der englischen Umgangssprache entlehnten Sprachelemente „do“ und „while“ konstruiert wird. Der Sinn ist dort unmittelbar verständlich:

do while *Bedingung ...*

oder

while *Bedingung do ...,*

d. h., führe aus, während (oder solange) die Bedingung erfüllt ist. Der Befehl unseres Beispiels

Wiederholen, solange BETRAG > 0

würde in der Sprache Pl/1 als

do while (BETRAG > 0)

notiert; in Pascal ist die Schreibweise umgekehrt:

while BETRAG > 0 do

4.1.3.2 Zählschleife

Die *Zählschleife* ist eine Sonderform der While-Schleife, bei der ein *Index* (auch Zähler oder Laufvariable genannt) verwendet wird. Der Index wird bei jedem Schleifendurchlauf verändert, und die Schleife wird so oft ausgeführt, bis der Index einen bestimmten Endwert erreicht hat. Üblicherweise beginnt der Index mit dem Anfangswert 1 und wird mit der Schrittweite 1 erhöht, aber je nach Problemstellung kommen auch andere Anfangswerte und Schrittweiten vor. Zählschleifen werden oft als *iterative* Schleifen bezeichnet.

Im Nassi-Shneiderman-Diagramm kann die Zählschleife durch Verwendung des Wiederholungssymbols und Angabe eines Schleifenbefehls direkt konstruiert werden. Der PA sieht dagegen diesen Komfort nicht vor. Alle Schritte müssen hier explizit formuliert werden:

---

3   Die Problematik des Einlesens in einer Schleife ist hier ähnlich wie gelagert wie in dem der Abbildung 2.5 (b) zugrunde liegenden Fall. Sie wird außerdem diskutiert bei Kurbel [Leseschleifen], S. 363 ff.

— Setzen des Anfangswertes des Index.

— Erhöhen des Index um die Schrittweite

— Abfragen, ob der Index seinen Endwert erreicht hat

Dieser Nachteil ist um so gravierender, als in den meisten Programmiersprachen Schleifenbefehle vorhanden sind, die die explizite Formulierung unnötig machen. Wegen der Logik des PA muß zu allem Überfluß der Anfangswert des Index auch noch um die Schrittweite vermindert werden, wenn man die Erhöhung und die Endabfrage am Schleifenanfang durchführt.

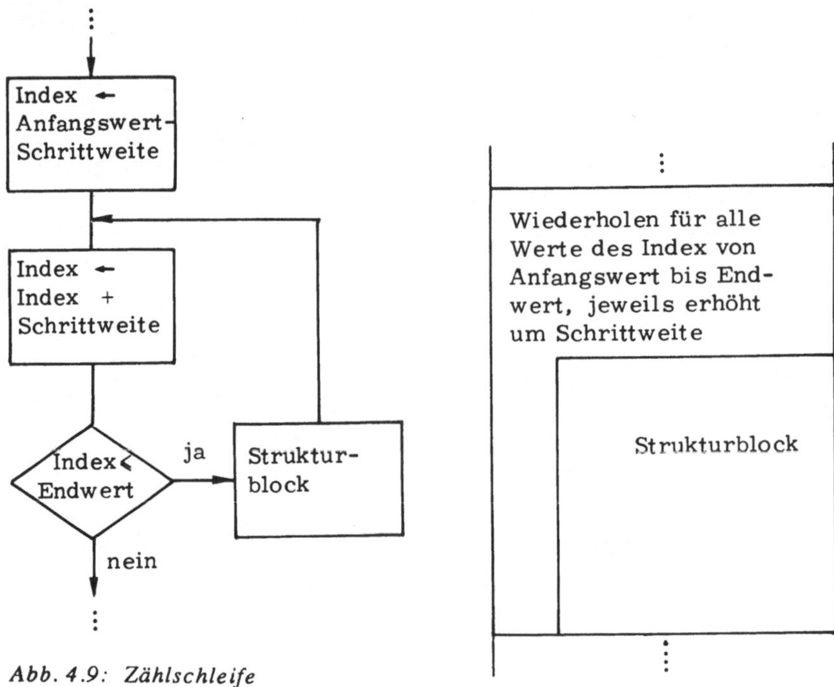

Abb. 4.9: Zählschleife

Wie Abbildung 4.9 erkennen läßt, ist die verbale Formulierung des Schleifenbefehls im Struktogramm etwas umständlich.

In dem Beispiel der Abbildung 4.10 verwenden wir für diesen Sachverhalt deshalb eine verkürzte Schreibweise:

> DO Index = Anfangswert (Schrittweite) Endwert.

Anmerkung

Die verkürzte Schreibweise lehnt sich an die Ausdrucksmöglichkeiten in manchen höheren Programmiersprachen an (z. B. Fortran, Pl/1). Dort existieren ähnlich aufgebaute Formen des DO-Befehls zur Darstellung einer Zählschleife. In anderen Sprachen (z. B. Pascal, Basic) wird das Sprachelement FOR verwendet. Für Zählschleifen findet man deshalb häufig die Bezeichnung *DO-Schleifen* oder *FOR-Schleifen*.

Dem Beispiel liegt folgendes Problem zugrunde: Im Rahmen eines größeren Algorithmus sollen u. a. Textzeilen eingelesen und ausgedruckt werden. Beim Ausdrucken ist jede Zeile mit einer Zeilennummer — von 1 bis 55 aufsteigend — zu versehen. Die Laufvariable nennen wir deshalb ZEILEN-NR. Die Variablen sind:

    dcl   ZEILEN-NR   numerisch ganzzahlig
            TEXTZEILE   alphanumerisch

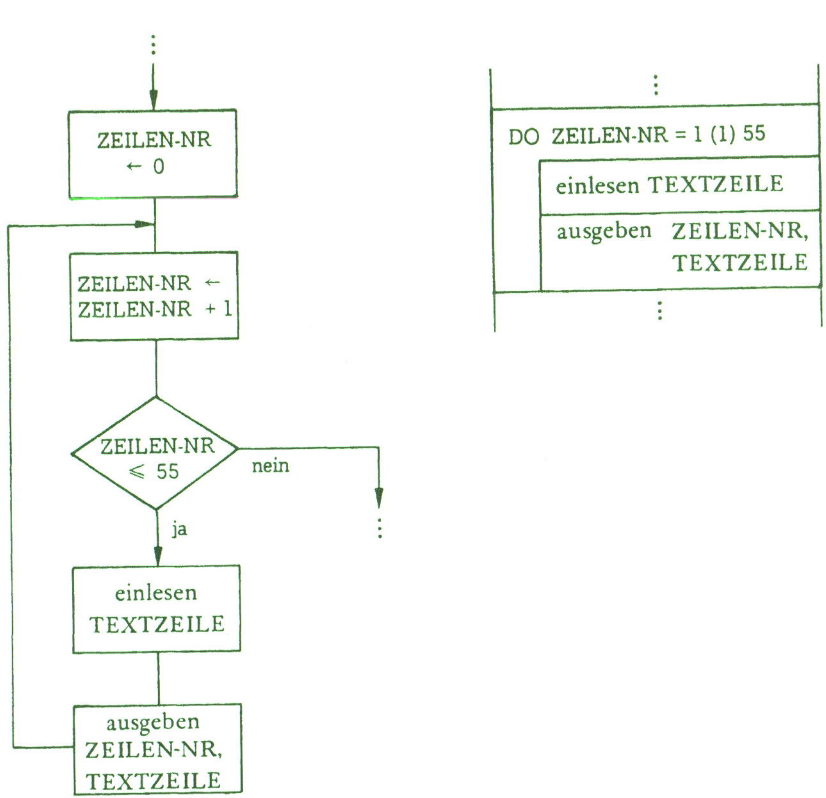

Abb. 4.10: Zeilennumerierung mit einer Zählschleife

4.1.3.3 Until-Schleife

Im Gegensatz zur While-Schleife wird bei einer *Until-Schleife* der eingebettete Strukturblock so oft bzw. so lange immer wieder ausgeführt, *bis* eine angegebene Bedingung erfüllt ist. Der wesentliche Unterschied liegt darin, daß die Schleife durchlaufen wird, solange die Bedingung *nicht* erfüllt ist, und die Schleife nicht mehr durchlaufen wird, sobald die Bedingung zutrifft.

Da die Überprüfung der Bedingung am Ende des Strukturblocks erfolgt, nennt man das

Until-Konstrukt auch *postchecked loop* oder, wie in der DIN-Norm, *post-tested itera-tion*. Aus dieser Tatsache folgt ein weiterer wichtiger Unterschied: Selbst wenn die Be-dingung von vornherein nicht erfüllt ist, wird der Strukturblock einmal ausgeführt.

Abbildung 4.11 zeigt die graphische Darstellung. Zur Erläuterung greifen wir das Zei-lennumerierungsproblem noch einmal auf und formulieren dieses in Abbildung 4.12 mit Hilfe einer Until-Schleife.

Da die Erhöhung der Laufvariablen ZEILEN-NR hier am Ende der Schleife vorgenom-men wird, muß ZEILEN-NR vor dem ersten Durchlauf den Anfangswert 1 erhalten.

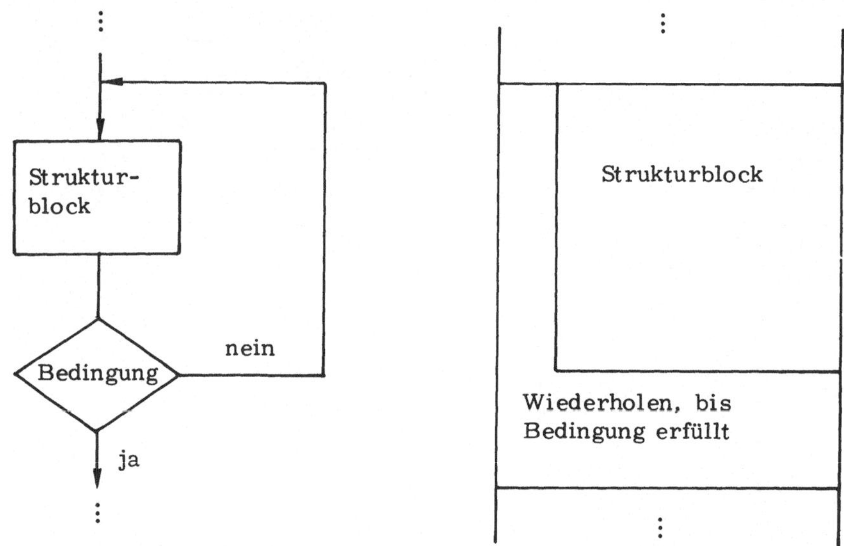

Abb. 4.11: Until-Schleife (Wiederholung mit nachfolgender Bedingungsprüfung)

Anmerkung

Von den bekannten Programmiersprachen besitzt nur Pascal ein besonderes Sprachelement zur Formulierung des postchecked loop. In anderen Sprachen muß hierzu der GO-TO-Befehl herangezogen werden.

4.1.3.4 Cycle-Schleife mit Unterbrechung

Von der Problemstellung her kann es erforderlich sein, Schleifen zu konstruieren, bei denen nicht am Anfang oder Ende, sondern an einer anderen Stelle des Strukturblocks

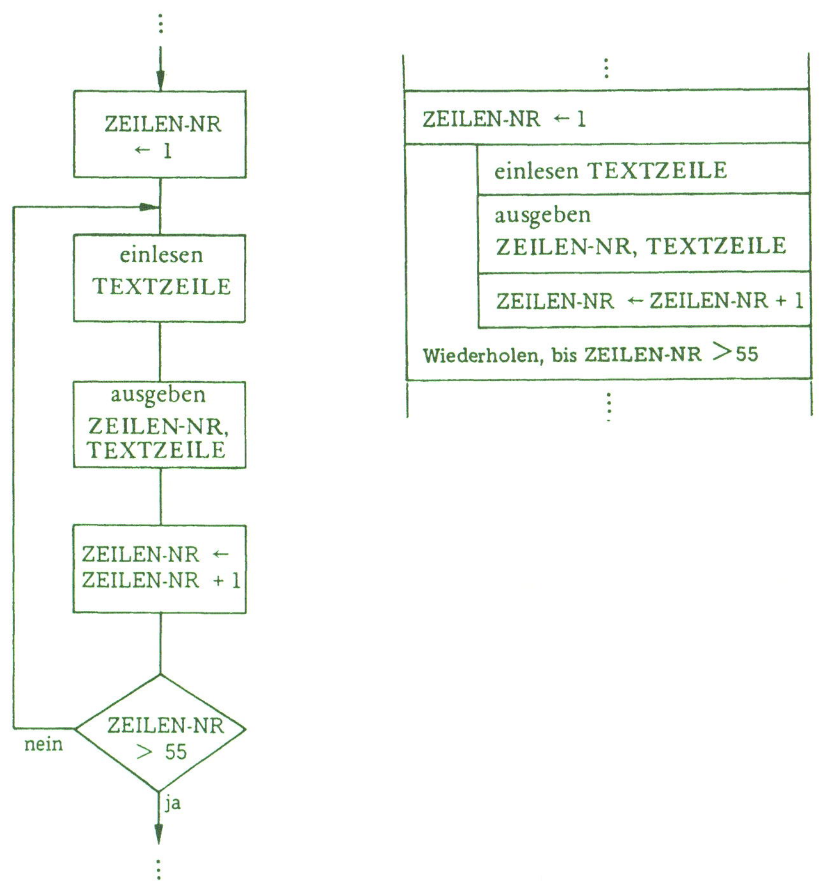

Abb. 4.12: In eine Until-Schleife umformulierte Zählschleife

eine Bedingung überprüft wird, die die Beendigung der Schleifenausführung nach sich ziehen kann. Schleifen dieser Art werden auch *Cycle-Schleifen mit Unterbrechnung* oder *Break-Schleifen* genannt.

Zur Abbildung einer solchen Schleife im Programmablaufplan braucht nur eine geeignete Anordnung der bekannten PA-Symbole realisiert zu werden. Für die Darstellung im Struktogramm werden zwei neue Symbole eingeführt: einmal für die *Schleife ohne Bedingungsprüfung* am Anfang (wie bei der While-Schleife) oder am Ende (wie bei der Until-Schleife) und zum andern für das *Verlassen des Schleifenrumpfs* aus dem Schleifeninnern heraus. Abbildung 4.13 zeigt die beiden Symbole aus der DIN-Norm für Struktogramme[4].

Die beiden Möglichkeiten der Ablaufsteuerung dürfen nicht unkritisch verwendet werden. Die erste – Schleife ohne Bedingungsprüfung – impliziert nämlich, daß man eine Endlosschleife bildet, was im allgemeinen nicht beabsichtigt ist. Die letztere – Sprung aus dem Innern einer beliebigen (!) Schleife heraus – kann zu ähnlicher Unübersichtlichkeit wie ein Go-to-Befehl führen.

4   Vgl. Normenausschuß [DIN 66261], S. 3

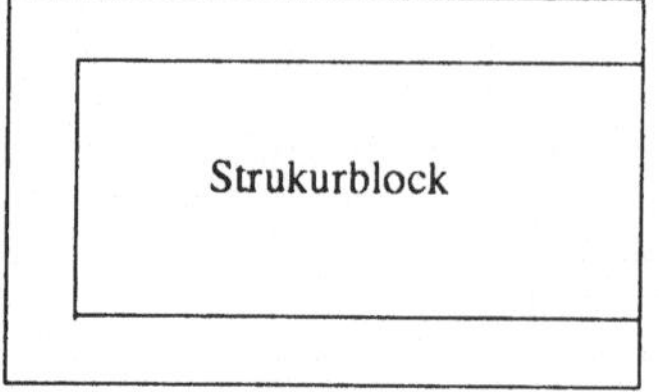

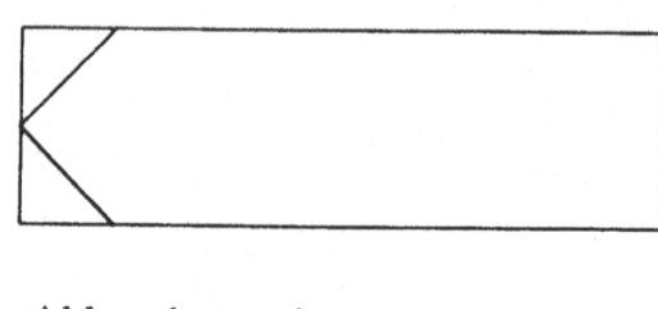

Wiederholung ohne
Bedingungsprüfung

Abb. 4.13: Symbole für Schleife ohne Bedingungsprüfung und Schleifenunterbrechung

Wichtig ist deshalb der disziplinierte Umgang mit den beiden Konstrukten. Eine sinnvolle Schleifenform entsteht, wenn man beide in der Weise kombiniert, daß die Bedingung *ausschließlich* an der Stelle im Schleifenrumpf angesiedelt wird, von der aus die Schleife verlassen werden soll. Das heißt, die Schleifenbedingung sollte nicht auf mehrere Stellen (z. B. auf eine While-Anweisung am Anfang und eine weitere Stelle im Schleifeninnern) verteilt werden.

Unter Berücksichtigung dieser Restriktion erhält man die in Abbildung 4.14 gezeigte Schleifenkonstruktion. In Abweichung von der DIN-Norm schreiben wir zur Erläuterung „Wiederholen" in das Schleifensymbol und in der oberen Form die Bedingung für den Schleifenaustritt in das Kästchen der Abbruchanweisung. Die obere Form ist kompakter und übersichtlicher.

In Einklang mit der DIN-Norm steht die untere Darstellung. Diese hat jedoch den Nachteil, daß die Schleifenaustrittsbedingung genau so aussieht wie jede andere Verzweigung; bei großen Schleifen kann dies die Übersichtlichkeit etwas beeinträchtigen. Wir werden die zweite Form nur wählen, wenn mit dem Schleifenaustritt auch ein Programmabbruch verbunden ist.

Ein typischer Anwendungsfall für dieses Steuerkonstrukt ist das Einlesen von Daten in einer Schleife, bis eine Endekennzeichnung erkannt wird. Der $Strukturblock_1$ enthält hier den Eingabebefehl, in der Bedingung wird das Endekriterium überprüft, und die eigentliche Verarbeitung erfolgt in dem $Strukturblock_2$. Abbildung 4.15 stellt das Beispiel der Abbildung 4.8 mit Hilfe einer Cycle-Schleife dar. Diese Realisierung ist wesentlich eleganter. Es muß jedoch darauf hingewiesen werden, daß die meisten Programmiersprachen keine Sprachelemente besitzen, die eine unmittelbare Codierung des Steuerkonstrukts gestatten.

Anmerkung

Manche Programiersprachen, z. B. Cobol und Pl/1, räumen dem Programmierer weitere Möglichkeiten zur Formulierung von Programmschleifen ein. Diese sind mit der Strukturierten Programmierung nicht vereinbar und auch nicht unbedingt sinnvoll; da sie dem Prinzip, den Programmablauf zu vereinfachen und transparent zu machen, eher entgegenlaufen.

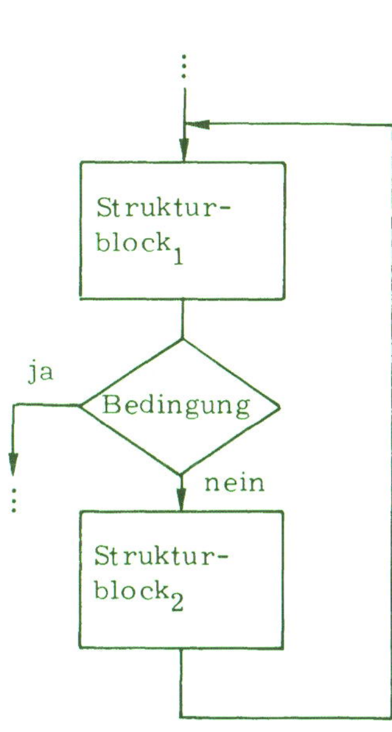

Abb. 4.14: Cycle-Schleife mit Unterbrechung

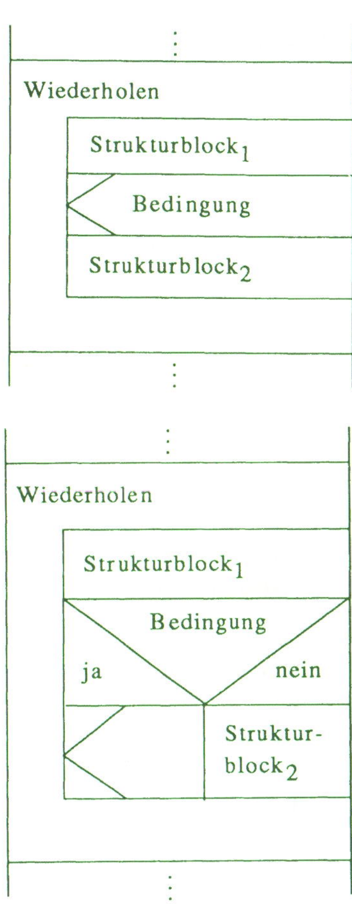

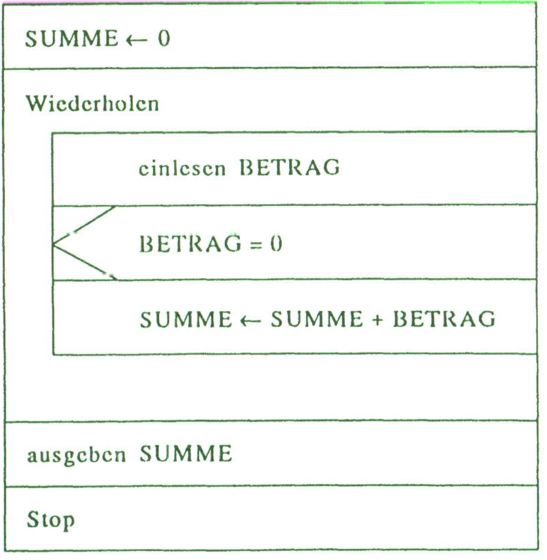

*Abb. 4.15: Leseschleife als
Cycle-Schleife mit Unterbrechung*

4.1.4 Beispiel zur Verwendung der Steuerkonstrukte

Nachdem nun die Elementarkonstruktionen zur Bildung von Algorithmen bekannt sind, soll ihre Verwendung an einem Beispiel erläutert werden.

Die Lösung stellen wir im PA und im Struktogramm dar. Vor allem im PA ist darauf zu achten, daß tatsächlich nur die Steuerkonstrukte Sequenz, Selektion und Repetition benutzt werden und jeder Strukturblock nur einen Eingang und einen Ausgang hat. Diese im Struktogramm selbstverständliche Regel ist im PA nicht ohne weiteres durchzuhalten. (Wir hatten bereits darauf hingewiesen, daß ein PA deshalb leicht zu unübersichtlicher Programmierung verführt.)

Berechnet und ausgedruckt werden soll für ein gegebenes Anfangskapital AKAP und verschiedene Zinssätze P das verzinste Kapital KAP am Ende jedes Jahres. Dies soll bei jedem Zinssatz P für insgesamt N Jahre erfolgen.

Die Daten werden am Bildschirmgerät eingegeben. Bei der ersten Eingabe erwartet das Programm das Anfangskapital (AKAP) und die Anzahl der Jahre (N), bei jeder weiteren Eingabe je einen Zinssatz (P). Das Kapital am Ende des I-ten Jahres errechnet sich aus der Formel

$$KAP = AKAP \left(1 + \frac{P}{100}\right)^{I}.$$

Die Berechnung wird für einen Zinssatz P jeweils für alle Jahre I von 1 bis N durchgeführt, dann der nächste Zinssatz eingelesen und die Berechnung wiederholt etc., bis alle Zinssätze abgearbeitet sind; als Endebedingung für die Eingabe soll ein (fiktiver) Zinssatz von 0 % dienen; d. h., das Programm endet, wenn einmal der Wert null für P eingegeben wird.

Die Eingabedaten sind auf ihre Plausibilität hin zu überprüfen. Wir kontrollieren, ob N und AKAP positiv sind und P jeweils zwischen 0 und 100 liegt. Bei negativem Anfangskapital, negativer Anzahl der Jahre oder einem Zinssatz außerhalb des Intervalls 0–100 % soll ein Fehlerhinweis ausgedruckt werden.

Die Abbildungen 4.16 (S. 87) und 4.17 (S. 88) zeigen den Lösungsweg. In dem PA sind drei Strukturblöcke durch gestrichelte Linien hervorgehoben. Die Regel „ein Eingang/ein Ausgang" ist durch fett gezeichnete Pfeile angedeutet. Man sieht, daß die Regel überall eingehalten wird, was jedoch im Struktogramm wesentlich leichter erkennbar ist als im PA!

VERZINSUNG

dcl	AKAP, KAP, P	numerisch reell
	I, N	numerisch ganzzahlig

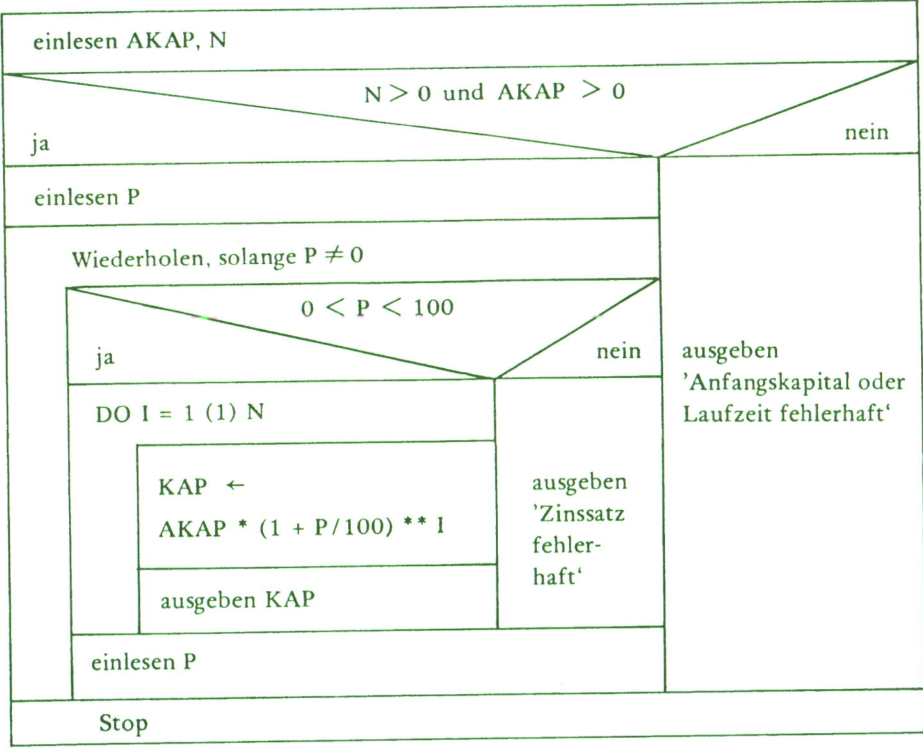

Abb. 4.16· Struktogramm zum Beispiel „Verzinsung"

4.2 Programmsegmentierung

In Kapitel 3 waren das Modularitätsprinzip und das Prinzip der stufenweisen Verfeinerung als logische Konzepte vorgestellt worden, um ein Gesamtproblem auf der gedanklichen Ebene in detailliertere Einzelprobleme zu zerlegen. In diesem Abschnitt soll nun

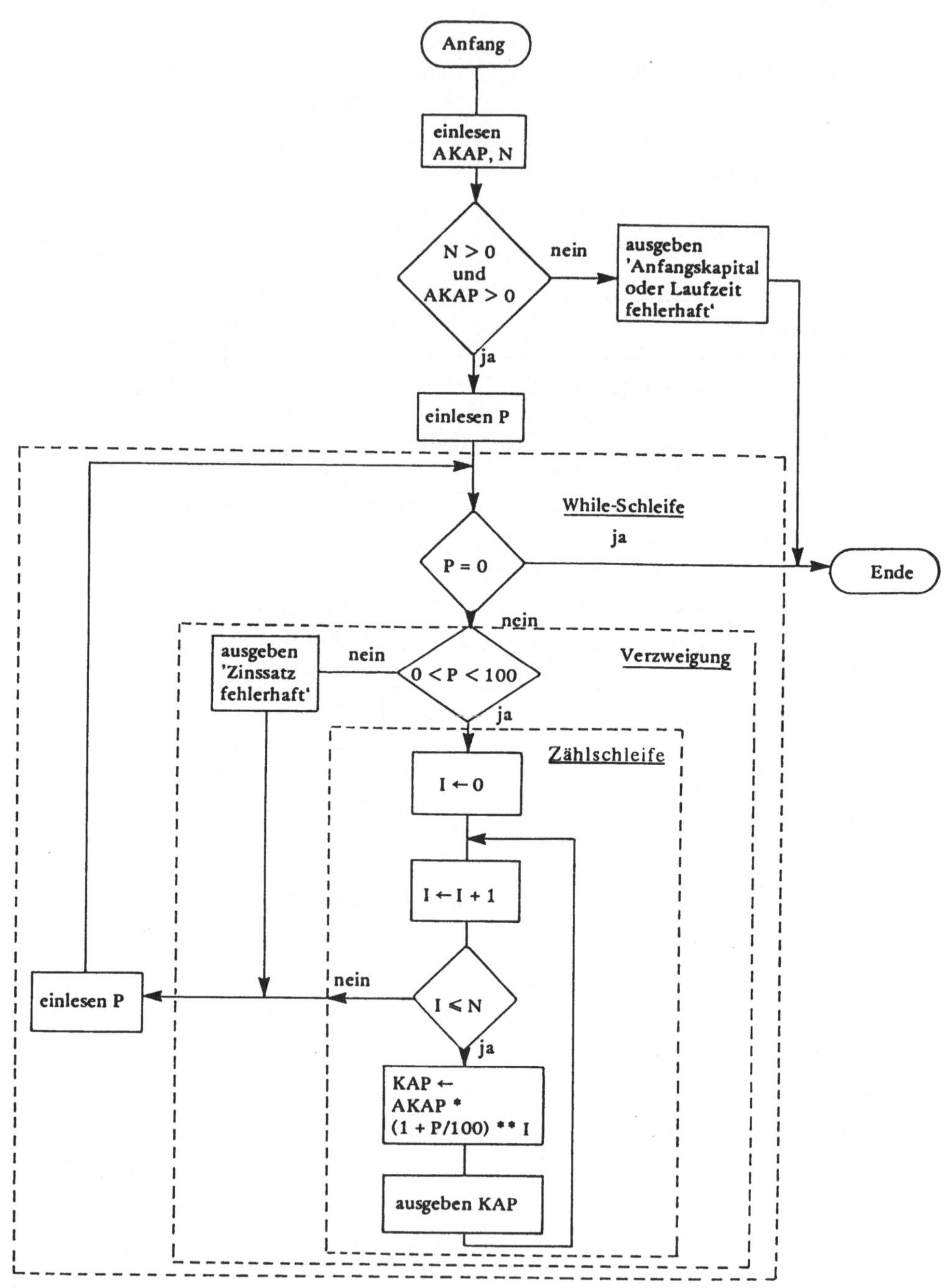

Abb. 4.17: Strukturierter Programmablaufplan zum Beispiel „Verzinsung"

auf Möglichkeiten der physischen Abgrenzung von Modulen und bestimmten kleineren Programmkomponenten eingegangen werden. Dabei steht die Frage im Vordergrund, wie diese Programmteile in einer Programmiersprache tatsächlich realisiert werden.

Einen Programmteil, der durch eine besondere — programmiersprachenspezifische — Kennzeichnung ausgewiesen ist, nennen wir einen *Block*. Eine bloße Sequenz von Anweisungen stellt demnach noch keinen Block dar. Nach ihrer Verwendung sind zwei Arten von Blöcken zu unterscheiden:

— Blöcke, die innerhalb des Programmtexts liegen und wie einzelne Befehle abgearbeitet werden, wenn die Ausführungsreihenfolge auf sie stößt (Begin-Blöcke)

— Blöcke, die aus dem algorithmischen Teil des (Haupt-)Programms ausgelagert sind (Unterprogramme)

4.2.1 Begin-Blöcke

Blöcke, die in den normalen Programmtext eingelagert sind, werden als physisch zusammenhängende Befehlsfolgen gebildet. Zur Kennzeichnung dienen besondere Anweisungen (z. B. „begin" und „end" in Ada und Pl/1); manche Programmiersprachen sehen die Möglichkeit der internen Blockbildung nicht vor, so daß man sich mit Ersatzkonstruktionen behelfen muß.

Begin-Blöcke benutzt man nicht nur wegen ihrer Strukturierungsfunktion, sondern vor allem, um den Gültigkeitsbereich von Vereinbarungen zu beschränken. Variablennamen, die in einem solchen Block vereinbart werden, können nur innerhalb des Blocks verwendet werden; außerhalb sind sie nicht bekannt. In großen Programmen trägt dies wesentlich zur Verwirklichung des Modularitätsprinzips bei.

In Abbildung 4.18 wird das Prinzip der eingelagerten Blöcke schematisch an Hand eines Programms verdeutlicht, das aus Blöcken zusammengesetzt ist. Das Hauptprogramm stellt selbst einen Block dar.

Anmerkung

Es ist zu beachten, daß die Begriffe Block und Strukturblock nicht identisch sind. Zwar genügt in einem strukturierten Programm jeder eingelagerte Block den Anforderungen eines Strukturblocks, jedoch ist umgekehrt nicht jeder Strukturblock ein (explizit gekennzeichneter) Block.

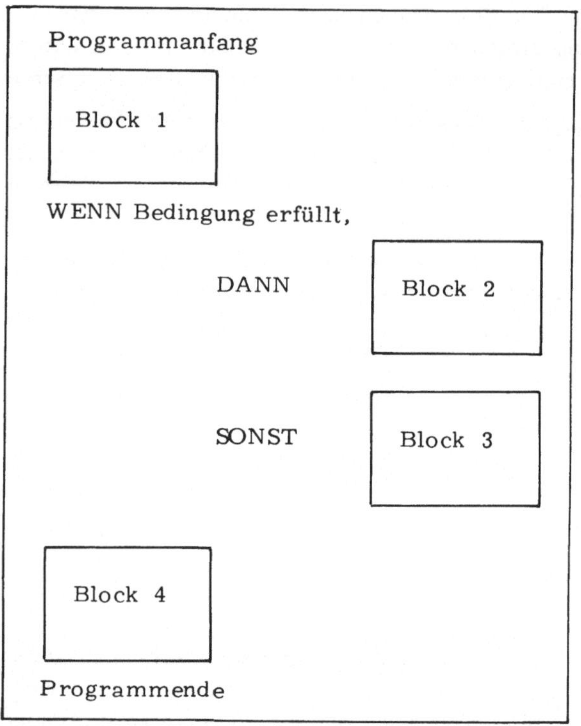

Abb. 4.18: Schematische Darstellung eingelagerter Blöcke

4.2.2 Unterprogramme

Unterprogramme sind Blöcke, die aus dem algorithmischen Teil des Hauptprogramms ausgeklammert sind. Die Aufgabe, die das Unterprogramm ausführt, wird im Hauptprogramm nur durch einen Bezeichner (Name des Unterprogramms) angesprochen; die Befehlsfolge, die sich dahinter verbirgt, ist an eine andere Stelle ausgelagert.

Wir hatten das Prinzip des Auslagerns bereits bei der stufenweisen Verfeinerung kennengelernt. Die Verfeinerung besteht ja darin, daß komplexere Teilaufgaben zunächst nur mit ihren Namen aufgeführt werden. Die Namensnennung verweist auf eine Programmkomponente tieferer Ebene — in größeren Programmsystemen auf ein anderes Modul — und wird als Unterprogrammaufruf realisiert.

Unterprogramme bieten neben der Strukturierungsmöglichkeit einen weiteren Vorteil, der in der traditionellen Programmierung als wichtigstes Argument ins Feld geführt wurde. Bei vielen Problemen sind gleichartige Teilaufgaben an verschiedenen Punkten des Programms immer wieder zu lösen. Anstatt die entsprechende Befehlsfolge jedesmal erneut niederzuschreiben, lagert man sie in ein Unterprogramm aus und verweist bei Bedarf durch einen Aufruf auf das Unterprogramm.

Beispiel

Angenommen, in einem Programm seien mehrfach quadratische Gleichungen zu lösen. Wird die Berechnung lokalisiert und als Unterprogramm formuliert, so kann an verschiedenen Stellen des Hauptprogramms auf das eine Unterprogram Bezug genommen werden. Abbildung 4.19 gibt die Blockbildung schematisch wieder. Neben dem Unterprogramm QUADRAT zur Lösung einer quadratischen Gleichung wird ein weiteres Unterprogramm UP aufgerufen.

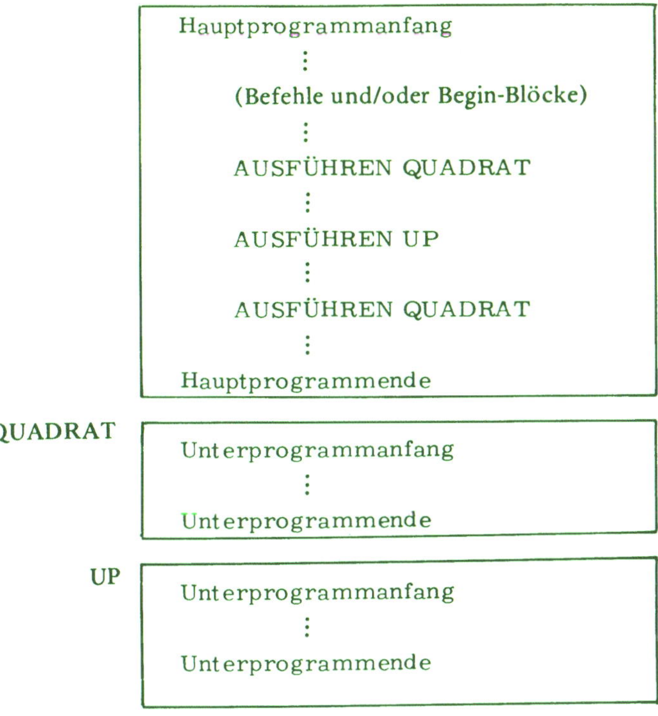

Abb. 4.19: Schematische Darstellung ausgelagerter Blöcke

Anmerkung

In manchen Programmiersprachen (z. B. in Pascal) sind auch Unterprogramme physisch im Text des Hauptprogramms, vor dem algorithmischen Teil, angesiedelt. Die dynamische Wirkung ist jedoch die gleiche wie oben: Der Ablauf im Hauptprogramm wird durch einen Unterprogrammaufruf unterbrochen und erst nach Abarbeitung des Unterprogramms fortgesetzt.

4.2.2.1 Parametrisierung von Unterprogrammen

Wenn ein Unterprogramm aufgerufen wird, dann führt es immer die gleiche Aufgabe aus. Nun sind aber die zum Aufruf führenden Anlässe in den wenigsten Fällen identisch, d. h., die Daten, die in einem Unterprogramm verarbeitet werden sollen, sind meist bei jedem Aufruf verschieden.

Bezogen auf das letzte Beispiel bedeutet dies, daß in den beiden Aufrufen von QUADRAT sicherlich nicht zweimal dieselbe quadratische Gleichung gelöst werden soll, sondern vielleicht einmal die Gleichung

$$2 \cdot X^2 + 4 \cdot X + 1 = 0,$$

beim zweiten Mal die Gleichung

$$0.5 \cdot X^2 + 2 \cdot X - 1 = 0.$$

Der formale Lösungsvorgang ist in beiden Fällen der gleiche, die Daten unterscheiden sich jedoch. In dieser Situation ist es naheliegend, das Unterprogramm in allgemeiner Form mit Hilfe von *formalen Parametern* zu definieren, so daß eine allgemeine Gleichung

$$A \cdot X^2 + B \cdot X + C = 0$$

gelöst wird. Erst bei Aktivierung des Unterprogramms werden dann die aktuellen Daten übergeben; diese nennt man *aktuelle Parameter*. Beim Unterprogrammaufruf werden die formalen durch die aktuellen Parameter ersetzt, und das Unterprogramm wird mit den aktuellen Werten ausgeführt.

In unserem Beispiel würde etwa QUADRAT mit Hilfe der formalen Parameter A, B und C formuliert, die beim ersten Aufruf durch 2, 4 bzw. 1 und beim zweiten Aufruf durch 0.5, 2 bzw. -1 ersetzt würden.

Anmerkung

Unterprogramme wie auch Begin-Blöcke kann man schachteln; d. h., ein Unterprogramm kann selbst wieder Unterprogramme aufrufen, ein Begin-Block andere Blöcke enthalten. Eine ganz spezielle Form der Schachtelung wird im übernächsten Abschnitt behandelt. In vielen Programmiersprachen besteht ferner die Möglichkeit, Unterprogramme von verschiedenen Hauptprogrammen aus aufzurufen.

4.2.2.2 Arten von Unterprogrammen

Nach der Art, wie Unterprogrammaufrufe in den Programmiersprachen realisiert sind, unterscheidet man Funktionsunterprogramme und Prozeduren (Unterprogramme im engeren Sinne).

Ein *Funktionsunterprogramm* dient in der Regel dazu, einen Wert zu berechnen, und wird in der gleichen Form aufgerufen, wie man in der Mathematik Funktionen notiert — durch Nennung des Funktionsnamens, gefolgt von den Argumenten in

Klammer. Die Funktion wird *implizit* aufgerufen, wenn ihr Name als Operand in einem Befehl erscheint.

Beispiel

Wenn SQRT(X) als Funktionsunterprogramm definiert ist, das die Quadratwurzel („Square root") aus dem Argument X zieht, dann würde durch den zweiten der beiden Befehle

$Z \leftarrow 9$

$Y \leftarrow Z * SQRT (Z)$

das Funktionsunterprogramm mit dem aktuellen Parameter Z(= 9) aufgerufen und ausgeführt, so daß Y den Wert 27 erhielte.

Eine *Prozedur* hat im allgemeinen Aufgaben, die über die Bestimmung eines einzelnen Wertes hinausgehen. Sie wird in vielen älteren Programmiersprachen mit einem besonderen Befehl aufgerufen, der meist CALL heißt; die aktuellen Parameter werden auch hier in Klammern eingeschlossen:

CALL Prozedur (aktuelle Parameter).

In den bisherigen Beispielen zur schrittweisen Verfeinerung haben wir Prozeduren verwendet; der Aufruf, den wir in der Form

ausführen *upn*

geschrieben hatten, würde bei der Programmierung als CALL-Befehl realisiert.

Ein Beispiel zur Verwendung von Funktionsunterprogrammen enthält der nächste Abschnitt.

Anmerkung

In Cobol existiert neben dem CALL-Befehl eine für die schrittweise Verfeinerung besonders gut geeignete Art des Unterprogrammaufrufs, die mit einem PERFORM-Befehl veranlaßt wird. Cobol kennt ferner keine Funktionsunterprogramme.

In Pascal und Ada werden Prozeduren nur durch Nennung des Prozedurnamens aktiviert (keine expliziter CALL-Befehl).

4.2.2.3 Rekursive Unterprogramme

Die *Rekursion* ist eine Form der wiederholten Ausführung eines Programmteils, die sich jedoch grundlegend von der früher behandelten Repetition unterscheidet.

Der Begriff Rekursion ist im Zusammenhang mit dem Aufruf von Unterprogrammen zu sehen; ein Unterprogramm ist rekursiv, wenn es sich selbst aufruft. In Abbildung 4.20 verwendet das Unterprogramm UP1 das Unterprogramm UP2. UP2 ist rekursiv, weil es sich selbst auch wieder aufruft.

UP1   UP2

Hauptprogramm- anfang ⋮ CALL UP1 (aktuelle Parameter) ⋮ Hauptprogramm- ende	Unterprogramm- anfang ⋮ CALL UP2 (aktuelle Parameter) ⋮ Unterprogramm- ende	Unterprogramm- anfang ⋮ CALL UP2 (aktuelle Parameter) ⋮ Unterprogramm- ende

Abb. 4.20: Rekursiver Unterprogrammaufruf

Ein Standardbeispiel zur rekursiven Verwendung eines Unterprogramms ist die Berechnung der Fakultät einer Zahl N, die wir als (iterativ zu lösende) Aufgabe bereits in Kapitel 2 formuliert hatten. Die Fakultät ist in der Mathematik rekursiv definiert als

$$N! = 1 \qquad \text{für } N = 0$$
$$N! = N \cdot (N-1)! \qquad \text{für beliebige natürliche Zahlen N.}$$

Für $N = 5$ ergäbe sich danach

$$5! = 5 \cdot 4! = 5 \cdot 4 \cdot 3! = 5 \cdot 4 \cdot 3 \cdot 2!$$
$$= 5 \cdot 4 \cdot 3 \cdot 2 \cdot 1! = 5 \cdot 4 \cdot 3 \cdot 2 \cdot 1 \cdot 0! = 120.$$

In dem Beispiel der Abbildung 4.21 soll die Fakultät für einen Wert N berechnet und ausgedruckt werden, der zuvor eingelesen wird. Zur Erkennung eines evtl. negativen Wertes ist eine Plausibilitätskontrolle vorzusehen.

Erläuterung der Abbildung 4.21

FAK stellt ein Funktionsunterprogramm dar. Der Druckbefehl des Hauptprogramms enthält den Funktionsnamen FAK (mit aktuellem Parameter N) und impliziert den Aufruf des Unterprogramms.

Angenommen, der eingelesene Wert von N sei 5. Dann ist in den geschachtelten Verzweigungen des Unterprogramms FAK zunächst der 3. Fall relevant. Der Befehl

$$FAK(N) \leftarrow N * FAK(N-1)$$

veranlaßt selbst wieder den Aufruf von FAK (mit dem aktuellen Parameter 4) etc. Damit ergeben sich nacheinander die Zuweisungen

$$FAK(5) \leftarrow 5 \ * \ FAK(4)$$

$$FAK(4) \leftarrow 4 \ * \ FAK(3)$$

$$FAK(3) \leftarrow 3 \ * \ FAK(2)$$

$$FAK(2) \leftarrow 2 \ * \ FAK(1)$$

$$FAK(1) \leftarrow 1 \ * \ FAK(0)$$

$$FAK(0) \leftarrow 1$$

Hauptprogramm

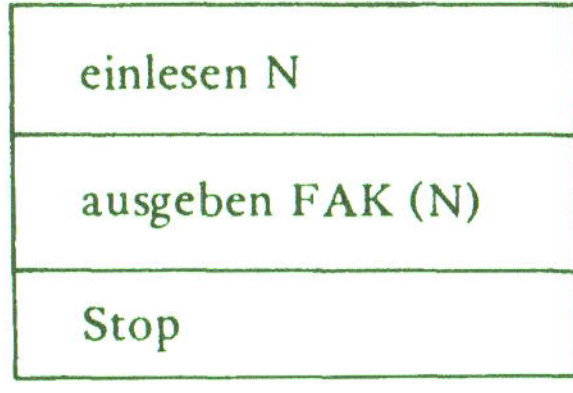

FAK (N)

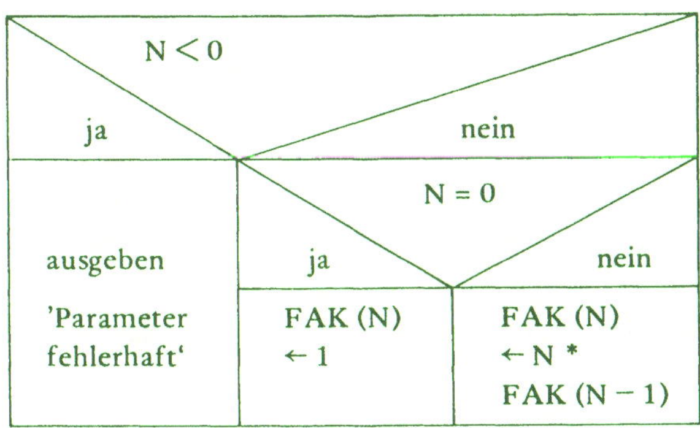

Abb. 4.21: Rekursive Fakultätsberechnung

Bei der rekursiven Programmierung kommt der *Terminierung* des Algorithmus besondere Bedeutung zu. Terminierung bedeutet, daß der rekursive (Teil-) Algorithmus bzw. das rekursive Unterprogramm in endlicher Zeit zum Ende gelangt, d. h., daß es nur endlich viele Aufrufe des Algorithmus selbst oder anderer rekursiver Algorithmen gibt. Aus diesem Grund besitzen alle rekursiven Algorithmen einen oder mehrere sogenannte *terminale Zweige,* in denen kein weiterer Aufruf des rekursiven Unterprogramm stattfindet.

Im Beispiel ist dies bei N = 0 der Fall. Die rekursiv definierte Fakultätsfunktion wird dann nicht erneut aufgerufen. Desweiteren ist sicherzustellen, daß ein terminaler Zweig erreicht wird. Auch hier gibt die Fakultätsfunktion ein gutes Beispiel. Mit jedem rekursiven Aufruf wird der Parameter N um 1 erniedrigt, so daß N irgendwann den Wert 0 erreicht und die Rekursion im terminalen Zweig ein Ende findet.

Exkurs: Programmsegmentierung zur Speicherplatzeinsparung

Eine vor allem früher häufig verwendete Form der Programmsegmentierung hatte die Reduktion des Speicherbedarfs zum Ziel.

Ein Programm, das ausgeführt werden soll, muß sich im internen Arbeitsspeicher der Rechenanlage befinden. Von dort ruft das Steuerwerk einen Befehl nach dem andern ab und veranlaßt die Ausführung. Je größer ein Programm ist, desto mehr Speicherplatz benötigt es.

Bei großen Programmen kann das Problem auftreten, daß der vorhandene Speicherbereich nicht ausreicht. Man segmentiert deshalb das Programm in der Weise, daß nicht das gesamte Programm, sondern nur die jeweils benötigten Teile im Arbeitsspeicher gehalten werden. Die restlichen Teile lagert man auf ein externes Speichermedium (meist Magnetplatte) aus und lädt sie bei Bedarf nach.

Die Aufteilung des Programms in Segmente, die einzeln nachgeladen werden können, muß der Programmierer selbst vornehmen. Die logische Verbindung der Segmente kann auf zwei Arten realisiert werden, durch Verkettung oder Überlagerung[5].

(1) Verkettung

Nach dem Verkettungsprinzip zergliedert man ein großes Programm in unabhängige Teilprogramme, die *nacheinander* ablaufen können.

Die sequentielle Ausführung ist nur dann möglich, wenn zwischen den Segmenten keine Verbindungen (außer evtl. gemeinsam benutzten Datenbereichen) bestehen. Es dürfen also beispielsweise keine Sprungbefehle oder Unterprogrammaufrufe auf Befehlsfolgen verweisen, die in einem anderen Segment enthalten sind.

Wenn die Ausführung eines Teilprogrammes beendet ist, wird das nächste Segment aufgerufen, in den Arbeitsspeicher geladen und ausgeführt etc.

(2) Überlagerung

Bei vielen Problemen ist die Aufteilung in unabhängige Segmente nicht realisierbar, da gewisse Programmteile immer oder zumindest gleichzeitig mit anderen zur Verfügung stehen müssen. Deshalb gliedert man solche Programme in einen *Rumpfteil (arbeitsspeicherresidenter Teil)*, der ständig im internen Speicher gehalten wird, und *Überlagerungssegmente (Overlays)*, die nicht alle gleichzeitig benötigt werden und deshalb auf externe Speicher ausgelagert werden.

Die Aufteilung kann so organisiert sein, daß Overlays Unterprogramme enthalten. Kommt dann in einem Segment der Aufruf eines Unterprogramms vor, das sich gerade nicht im internen Speicher befindet, so wird das Segment, welches das Unterprogramm enthält, auf dem externen Speichermedium aufgesucht und von dem externen in den internen Speicher übertragen. Dort wird es in einem Bereich abgespeichert, in dem sich ein anderes, nicht gleichzeitig benötigtes Segment befindet; das andere Segment wird „überlagert", und das jetzt eingelagerte Segment kann ausgeführt werden.

> **Anmerkung**
>
> Die vom Programmierer vorzunehmende Segmentierung eines Programms hat auf Großrechenanlagen weitgehend an Bedeutung verloren. Die Gründe liegen darin, daß heutige Arbeitsspeicher meist größer sind bzw. bei modernen Rechnern Speicherverwaltungssysteme eingesetzt werden, die das Segmentieren, Ein- und Auslagern automatisch veranlassen (*virtuelle Speicherung*)[6].

5 Vgl. Katzan [Computer Systems], S. 266 ff.
6 Eine Beschreibung des virtuellen Speicherkonzeptes ist bei Zimmermann [Datenverarbeitung II], S. 80 ff., zu finden.

Aufgaben und Fragen zu Kapitel 4

(1) Beschreiben Sie die in der Strukturierten Programmierung verwendeten Steuerkonstrukte!

(2) Lösen Sie die Berechnung der Summe

$$S = 1 + 3^2 + 5^2 + 7^2 + \ldots + N^2$$

mit Hilfe einer iterativen Schleife in einem PA oder Struktogramm! Der Wert N
soll vorher eingelesen werden.

(3) Wandeln Sie das nachfolgende Struktogramm in eine Form um, in der nur die
Steuerkonstrukte Sequenz, Verzweigung und While-Schleife vorkommen!

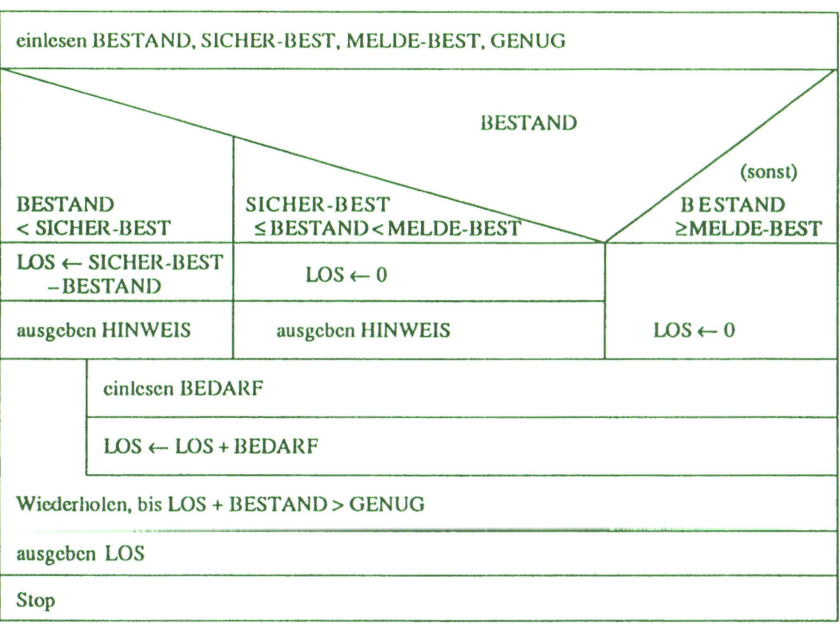

(4) Überführen Sie den gegebenen, unstrukturierten PA in eine Darstellung, welche
nur die in diesem Kapitel beschriebenen Steuerkonstrukte enthält. (Elementarblöcke sind mit Ziffern, Bedingungen mit Buchstaben bezeichnet.)

Hinweis:

Erstellen Sie zunächst ein Struktogramm und schreiben Sie dieses dann als PA.

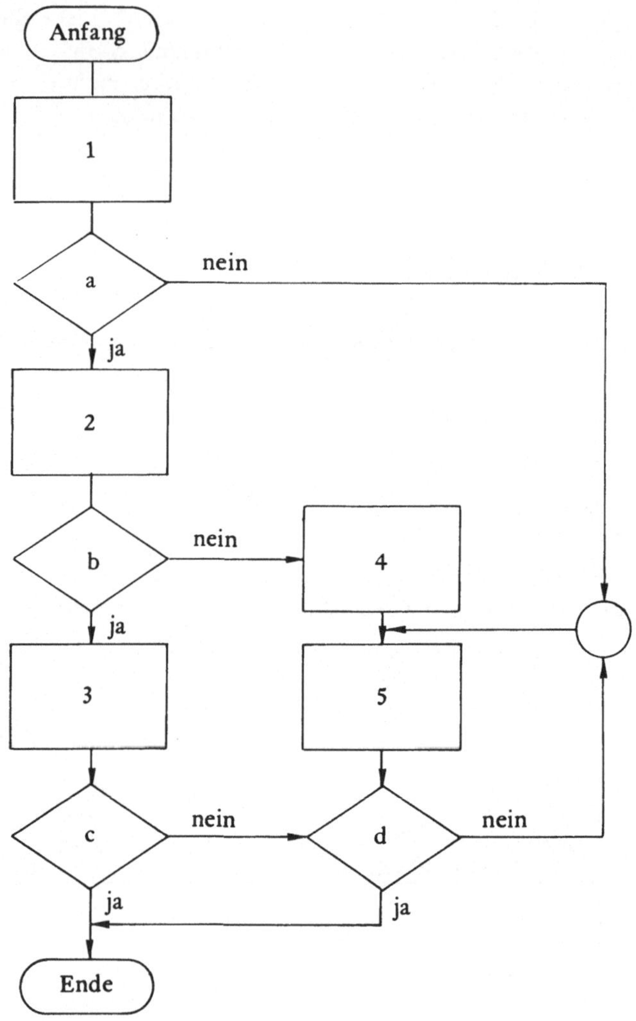

(5) **X** sei die Basis einer natürlichen Zahl. Entwickeln Sie ein Struktogramm, in dem für alle Basen X = 2, . . ., 10 berechnet und ausgedruckt wird, wann die Fakultät größer als die Potenz von X wird; d. h., für alle Werte von X = 2, . . ., 10 soll derjenige Wert I bestimmt werden, für den zum ersten Mal gilt

$$X^I < I!$$

(Beispiel:

Für X = 2 ergibt sich I = 4, da $2^3 > 3!$ und $2^4 < 4!$)

(6) Grenzen Sie eine Prozedur gegen ein Funktionsunterprogramm ab!

(7) Welchen Zweck verfolgt die Parametrisierung eines Unterprogramms?

(8) Wann sind unter dem Aspekt der stufenweisen Vereinerung Begin-Blöcke, wann Unterprogramme zu verwenden?

5. Spezielle Algorithmen

Die allgemeingültigen Grundlagen der Programmentwicklung, die Gegenstand der bisherigen Ausführungen waren, sollen nun auf einige spezielle, in der täglichen Programmierpraxis immer wiederkehrende Probleme angewendet werden.

Zunächst gehen wir auf zwei Fragestellungen ein, die sich der Manipulation von Daten im internen Arbeitsspeicher des Rechners widmen (Verarbeitung von Arrays und Sortieren). Anschließend werden zwei für die betriebliche Datenverarbeitung charakteristische Algorithmen behandelt, bei denen die Verarbeitung von externen Datenbeständen (Dateien) im Mittelpunkt steht; es sind dies Fortschreibung und Gruppenkontrolle.

5.1 Verarbeitung von Arrays

In diesem Abschnitt werden Probleme erörtert, die durch Operationen mit *gleichartigen* Variablen und ihre Zusammenfassung zu Arrays gekennzeichnet sind.

Zur Motivation betrachten wir ein kleines Beispiel: Gegeben seien fünf Zahlen, aus denen die größte herauszusuchen ist. Bezeichnen wir die fünf Variablen mit A, B, C, D, E und das gesuchte Maximum mit MAX, dann kann man das Problem wie in Abbildung 5.1 lösen. Der Leser möge den Ablauf für fünf beliebig gewählte Zahlenwerte nachvollziehen.

An der Abbildung fällt zweierlei auf: Erstens sind die sich wiederholenden Strukturblöcke bis auf die Variablennamen B, C, D und E identisch. Zum zweiten erkennt man, daß die Vorgehensweise offensichtlich nur bei wenigen Variablen sinnvoll ist. Hätten wir statt fünf beispielsweise 500 Zahlen zu vergleichen, so müßten wir 500 verschiedene Variablennamen verwenden und 500 Übertragungs- sowie 499 Vergleichsbefehle niederschreiben!

Diese umständliche Art der Problemlösung läßt sich entscheidend vereinfachen, wenn man die gleichartigen Variablen in einem Array zusammenfaßt.

Ein Array ist, wie in Kapitel 1 erläutert wurde, eine Zusammenfassung von Variablen des gleichen Datentyps unter einem gemeinsamen Namen. Die Elemente eines Arrays werden durch Indexangaben identifiziert, die als Konstante, Variable und allgemeiner als Indexausdrücke auftreten können.

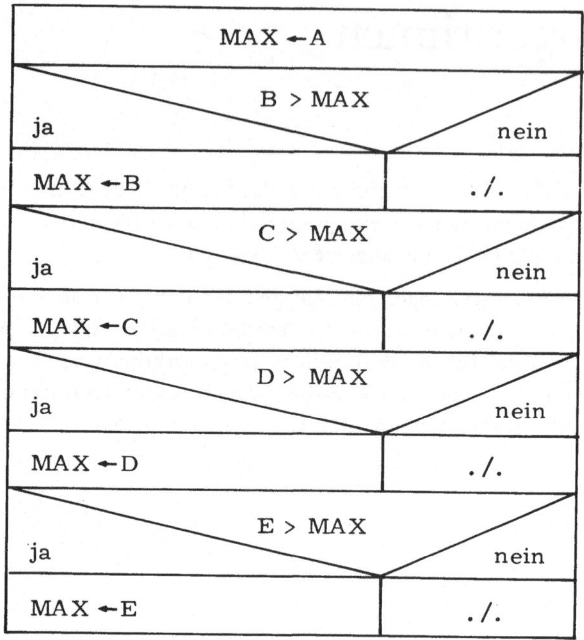

Abb. 5.1: Maximumbestimmung aus fünf Zahlen A, B, C, D, E

5.1.1 Eindimensionale Arrays

Die Elemente eines Arrays werden in der gleichen Weise wie andere Variable als Befehlsoperanden verwendet. Sie können in Eingabe-, Ausgabe- und Zuweisungsbefehlen sowie in arithmetischen und logischen Ausdrücken auftreten.

Ebenso wie eine einfache Variable repräsentiert ein Array einen bestimmten Bereich im Arbeitsspeicher. Will man auf ein *Element* des Arrays zugreifen, so wird der genaue Speicherplatz innerhalb des Arrays durch den Index lokalisiert. Abbildung 5.2 zeigt den Inhalt des eindimensionalen Arrays X nach Ausführung der im linken Teil angegebenen iterativen Schleife.

dcl   X (1:8)   numerisch ganzzahlig
    I   numerisch ganzzahlig

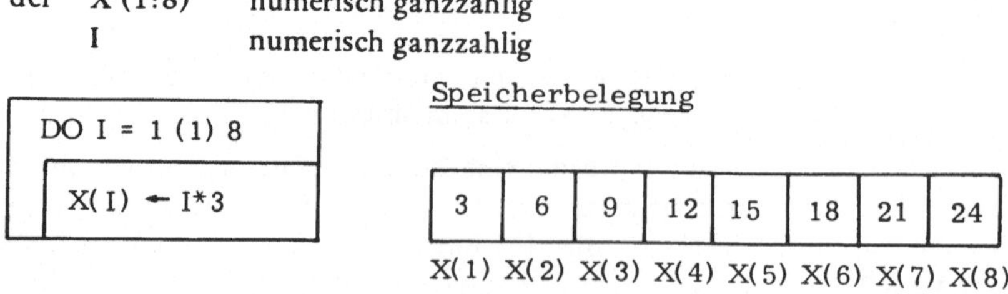

Abb. 5.2: Eindimensionaler Array mit 8 Elementen

Die Bestimmung der größten aus fünf Zahlen kann nun wesentlich vereinfacht werden.
Statt wie in Abbildung 5.1 fünf verschiedene Variablennamen zu vergeben, verwenden
wir jetzt einen Array Y mit fünf Elementen und lösen das Problem, indem wir den Array sukzessiv vom ersten bis zum fünften Element durchsuchen (vgl. Abbildung 5.3):

MAXIMUM

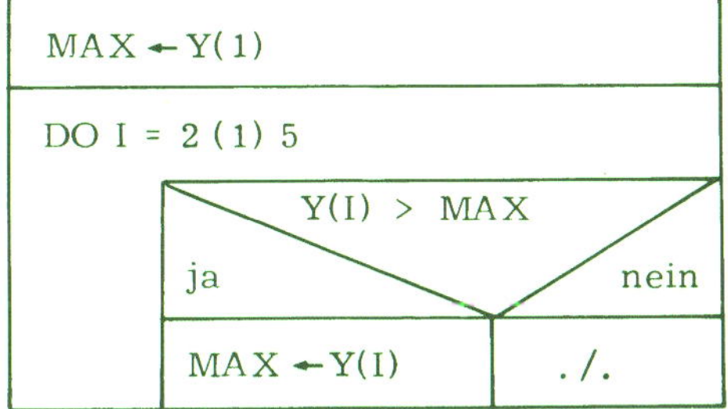

Abb. 5.3: *Maximumbestimmung in einem Array*

Die sich wiederholenden Vergleichs- und Übertragungsbefehle brauchen nicht mehrfach niedergeschrieben zu werden. Es genügt, wenn man sie einmal notiert und sie in
einer Schleife für die verschiedenen Werte des Index I ausführen läßt. Auf die gleiche
Weise könnte das Maximum aus beliebig vielen Zahlen bestimmt werden, ohne daß der
Algorithmus vergrößert wurde. Nur die Obergrenze 5 im Schleifenbefehl und in der Dimensionsangabe der Arrayvereinbarung müßte hierzu durch einen anderen Wert ersetzt werden.

Ein kleines Zahlenbeispiel soll den Ablauf verdeutlichen. Die fünf zu vergleichenden Zahlen seien

17	12	25	25	20
Y(1)	Y(2)	Y(3)	Y(4)	Y(5)

MAX erhält zunächst den Wert 17 (durch MAX ← Y(1)). Im ersten Schleifendurchlauf
(für I = 2) bleibt MAX unverändert, da 17 > Y(2). Im zweiten Durchlauf wird MAX =
25, da Y(3) > 17; im dritten und vierten Durchlauf ändert sich MAX nicht mehr. MAX
hat nacheinander also folgende Werte:

	MAX
Initialisierung	17
1. Durchlauf	17
2. Durchlauf	25
3. Durchlauf	25
4. Durchlauf	25

In einem zweiten Beispiel betrachten wir ein Unternehmen, zu dessen Verkaufsprogramm 150 Arten von Artikeln gehören, die *von 1 bis 150 durchnumeriert* sind.

Bei jedem Verkaufsvorgang werden Artikelnummer, Menge und Preis auf einem Datenträger festgehalten. Für jeden Artikel soll der Umsatz im Abrechnungszeitraum berechnet und ausgedruckt werden.

Wir kumulieren die Umsätze jeder Artikelart in einem Array UMSATZ und bezeichnen die Artikelnummer mit ART. UMSATZ (1) nimmt also die Umsätze der ersten Artikelnummer auf, UMSATZ (2) die Umsätze der zweiten Artikelnummer etc. Da es sich um eine Kumulierung handelt, müssen alle Elementvariablen von UMSATZ zunächst den Wert 0 erhalten; dies erfolgt im ersten Strukturblock. Abbildung 5.4 zeigt den Gesamtablauf.

ARTIKELUMSAETZE

```
dcl   Umsatz (1: 150)        numerisch reell
      I                      numerisch ganzzahlig

      1   VERKAUFSDATEN
          2  ART             numerisch ganzzahlig
          2  MENGE           numerisch reell
          2  PREIS           numerisch reell
```

<table>
<tr><td colspan="2">DO I = 1 (1) 150</td></tr>
<tr><td></td><td>UMSATZ (I) ← 0</td></tr>
<tr><td colspan="2">Wiederholen, solange nicht EOF erreicht</td></tr>
<tr><td></td><td>einlesen VERKAUFSDATEN</td></tr>
<tr><td></td><td>UMSATZ(ART) ← UMSATZ(ART) + MENGE * PREIS</td></tr>
<tr><td colspan="2">DO I = 1 (1) 150</td></tr>
<tr><td></td><td>ausgeben UMSATZ (I)</td></tr>
</table>

Abb. 5.4: Kumulierung in einem Array

Im dritten Beispiel soll ein Algorithmus vorgestellt werden, der als Methode des *binären Suchens* bekannt ist. Ausgangspunkt ist ein eindimensionaler Array V:

    dcl   V(1:1000)   numerisch ganzzahlig

V enthalte 1000 *aufsteigend sortierte* Zahlen. Gesucht wird dasjenige Element des Arrays, welches gleich einem Wert C ist.

Eine Lösungsmöglichkeit bestünde darin, den Vektor sequentiell vom ersten Element an zu durchsuchen, bis der Wert C gefunden ist. Im ungünstigsten Fall müßten dabei jedoch 1000 Vergleiche angestellt werden, wenn nämlich zufällig das 1000. Element den Wert C hat oder wenn der Wert C nicht enthalten ist. Macht man sich die Information zunutze, daß die Zahlenfolge monoton steigt, so kann der Suchvorgang verkürzt werden. Überprüft man zuerst das in der Vektormitte liegende Element V(500), so gibt es drei Möglichkeiten:

(1) $V(500) < C$; der gesuchte Wert muß dann zwischen dem 501. und 1000. Element liegen.

(2) $V(500) > C$; der gesuchte Wert muß zwischen dem 1. und 499. Element liegen.

(3) $V(500) = C$; das 500. ist das gesuchte Element.

Die Alternativen (1) und (2) werden in analoger Weise weiteruntersucht. Im nächsten Schritt überprüft man das in der Mitte des jeweils verbleibenden Teilvektors liegende Element V(750) bzw. V(250).

Der Vorgang der fortschreitenden Intervallhalbierung wiederholt sich solange, bis das Element mit dem Wert C gefunden ist oder erkannt wird, daß der Wert C in dem Array nicht vorkommt.

Das Kernstück des Algorithmus besteht in der Berechnung der Indices derjenigen Arrayelemente, die weiteruntersucht werden müssen. Für jede Intervallhalbierung ist entweder der obere oder der untere Index neu festzusetzen.

Benennt man den jeweiligen unteren bzw. oberen Index mit UNTEN bzw. OBEN, dann ist das Verfahren spätestens beendet, wenn sich nach einer Neuberechnung des unteren bzw. oberen Index $UNTEN > OBEN$ ergibt (d. h., C ist nicht enthalten).

In dem Until-Steuerkonstrukt der Abbildung 5.5 wird deshalb die Bedingung so formuliert, daß die Repetition endet, wenn entweder in V (MITTE) = C das gesuchte Element gefunden ist oder $UNTEN > OBEN$ wird.

Zum besseren Verständnis soll der in Abbildung 5.5 dargestellte Ablauf anhand eines Zahlenbeispiels nachvollzogen werden.

Ein Ausschnitt aus dem Vektor V sei

· · ·	1204	1208	1277	1301	· · ·
	V(295)	V(296)	V(297)	V(298)	

BINAERSUCHE

dcl   V (1: 1000)   numerisch ganzzahlig
        MITTE, UNTEN, OBEN, C   numerisch ganzzahlig

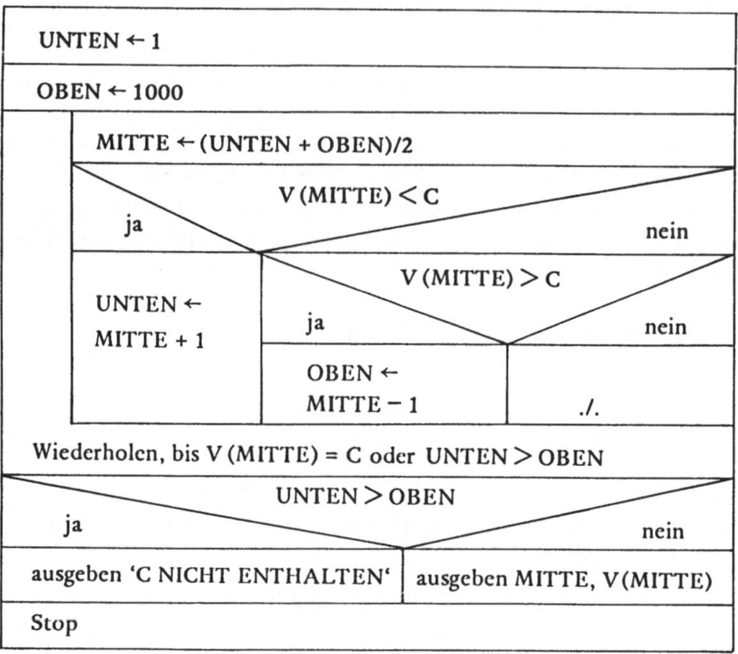

Abb. 5.5: Binäre Suche in einem Array

Gesucht ist das Element mit dem Wert C = 1208. Die verschiedenen Indices nehmen nacheinander folgende Werte an:

UNTEN	OBEN	MITTE[1]
1	1000	
		500
	499	250
251		375
	374	
		312
	311	281
282		
		296

Mit dem 296. Element des Arrays ist der gesuchte Wert gefunden, da V(296) = C. In diesem speziellen Fall mußten also nur sechs Elemente mit C verglichen werden, während bei sequentieller Suche 296 Elemente hätten überprüft werden müssen!

1 Wir unterstellen hier, daß das Divisionsergebnis stets ein ganzzahliger Wert ist. Dies steht in Einklang mit der Realisierung der ganzzahligen Division in den gängigen Programmiersprachen: ein gebrochener Wert wird dort durch Abschneiden der Nachkommastellen stets in einen ganzzahligen überführt.

5.1.2 Mehrdimensionale Arrays

Ein Array ist mehrdimensional, wenn seine Elemente aufgrund mehrerer Dimensions-
angaben unterschieden werden. Die eindeutige Identifizierung eines bestimmten Arrayelements erfordert so viele Indices, wie Dimensionen vorhanden sind.

Aus Gründen der Anschaulichkeit beschränken wir uns im weiteren auf zweidimensio-
nale Arrays (Matrizen). Eine MxN-Matrix A mit M Zeilen und N Spalten läßt sich
schematisch wie folgt darstellen:

A(1, 1)	A(1, 2)	. . .	A(1, N)
A(2, 1)	A(2, 2)	. . .	A(2, N)
⋮	⋮		⋮
A(M, 1)	A(M, 2)	. . .	A(M, N)

Zur Argumentation verwenden wir einen kleinen Array namens UMSATZ, der zwei
Dimensionen hat; die erste Dimension verweist auf das Quartal innerhalb eines Jahres,
die zweite auf die Artikelart. Insgesamt seien sechs verschiedene Artikel vorhanden.

Ein Element UMSATZ (I, J) gibt dann den im I-ten Quartal erzielten Umsatz der Artikelart J an. Zur Vereinfachung werden hier nur Beträge in Tausend DM eingetragen, so daß die Vereinbarung

   dcl   UMSATZ (1 : 4, 1 : 6)   numerisch ganzzahlig

lautet. Die Matrix habe den Inhalt:

Artikel J Quartal I	1	2	3	4	5	6
1	10	5	3	0	2	7
2	4	0	4	3	5	6
3	3	1	4	5	5	4
4	10	8	10	11	9	10

Operationen mit mehrdimensionalen Arrays implizieren meist die Verwendung von Zählschleifen. Will man beispielsweise den gesamten Umsatz Z des ersten Quartals berechnen, so müssen die Zahlen der ersten Zeile addiert werden. Abbildung 5.6a zeigt, wie die Schleife zu konstruieren ist.

Den in den vier Quartalen erzielten Umsatz S der Artikelart 3 erhält man durch Addition der dritten Spalte (vgl. Abbildung 5.6b). Der Gesamtumsatz G aller Produktarten innerhalb des Jahres ergibt sich, wenn man sämtliche Arrayelemente aufsummiert. Abbildung 5.6c verdeutlicht, daß in diesem Fall zwei Schleifen benötigt werden.

Bei der Schachtelung von Schleifen wird, wie der letzte Fall zeigt, die innere Schleife jeweils ganz abgearbeitet, bevor der äußere Schleifenindex erhöht wird. Die Arrayelemente werden also in folgender Reihenfolge aufsummiert:

        UMSATZ (1,1)
        UMSATZ (2,1)
        UMSATZ (3,1)
        UMSATZ (4,1)
        UMSATZ (1,2)
        UMSATZ (2,2)
        UMSATZ (3,2)
        UMSATZ (4,2)
        UMSATZ (1,3)
            .
            .
            .
        UMSATZ (4,6)

MATRIXOPERATIONEN

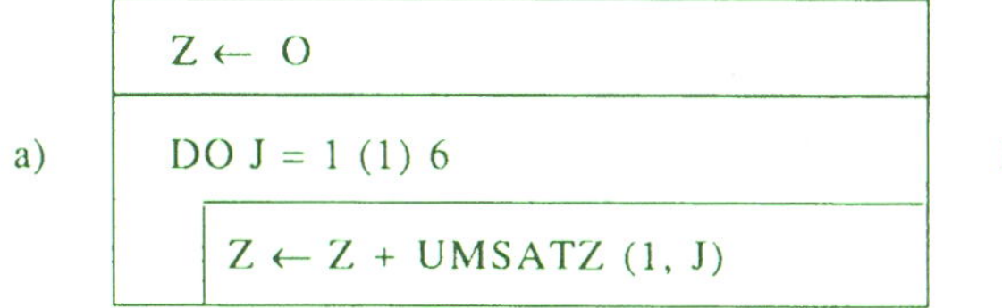

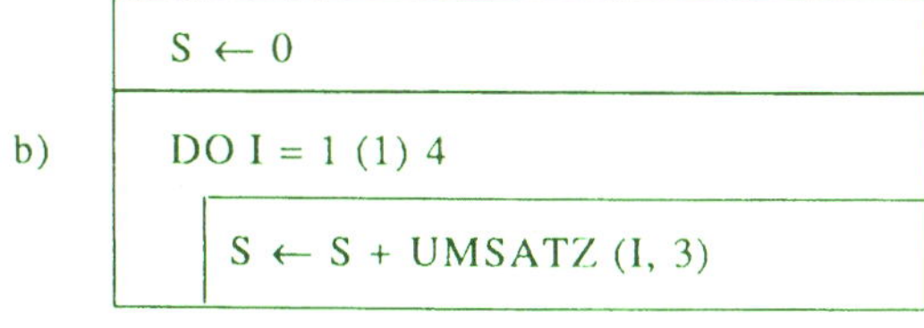

Abb. 5.6: *Zeilen- und spaltenweise Operationen in einer Matrix*

In den Beispielen der Abbildung 5.6 wurden nur Operationen in einem Array durchgeführt. Es können natürlich auch mehrere Arrays betroffen sein. Nehmen wir an, eine
andere 4x6-Matrix KOSTEN enthalte die jeder Artikelart in jedem Quartal zurechenba-
ren Kosten. Dann ergeben sich die Deckungsbeiträge DB pro Artikelart und Quartal
durch elementweise Subtraktion (vgl. Abbildung 5.7).

MATRIXSUBTRAKTION

```
dcl   DB (1:4, 1:6), UMSATZ (1:4, 1:6),
      KOSTEN (1:4, 1:6)              numerisch ganzzahlig
      I, J                          numerisch ganzzahlig

┌──────────────────────────────────────────────────┐
│ DO I = 1 (1) 4                                     │
│   ┌──────────────────────────────────────────────┐│
│   │ DO J = 1 (1) 6                                ││
│   │   ┌──────────────────────────────────────────┐│
│   │   │ DB(I, J) ← UMSATZ(I, J) – KOSTEN (I, J)  ││
│   └───┴──────────────────────────────────────────┘│
└──────────────────────────────────────────────────┘
```

Abb. 5.7: *Subtraktion von zwei Matrizen*

Ein Beispiel aus der Mathematik soll die Ausführungen über mehrdimensionale Tabellen abschließen. Gegeben sei eine MxN-Matrix X und ein N-komponentiger Vektor Y. Zu berechnen ist der M-komponentige Vektor Z = X · Y, für dessen Komponenten Z_I gilt:

$$Z_I = \sum_{J=1}^{N} X_{IJ} \cdot Y_J \qquad \text{für alle } I = I, \ldots, M.$$

Die Summenschreibweise kann unmittelbar in eine iterative Schleife überführt werden. Die Berechnung wiederholt sich für alle I = 1, . . ., M; die (innere) Schleife mit der Laufvariablen J wird deshalb in eine zweite (äußere) Schleife eingebettet. Da sich die Z_I durch Kumulierung ergeben, müssen ihnen zuvor die Anfangswerte 0 zugewiesen werden (vgl. Abbildung 5.8). Der Leser ist gehalten, den Ablauf anhand eines Zahlenbeispiels nachzuvollziehen.

ARRAYMULTIPLIKATION

```
dcl   I, J, M, N                        numerisch ganzzahlig
      Z (1:M), Y (1:N), X (1:M, 1:N) numerisch reell
```

```
DO I = 1 (1) M
    Z (I) ← 0
    DO J = 1 (1) N
        Z (I) ← Z (I) + X (I, J) * Y (J)
```

Abb. 5.8: Multiplikation Matrix mal Vektor

5.2 Sortieren

Sortieren ist ein Vorgang, durch welchen Daten in eine nach einem Sortierkriterium (Sortierschlüssel) aufsteigende oder absteigende Reihenfolge gebracht werden. Setzen sich die Sortierschlüssel aus beliebigen Zeichen (Buchstaben, Ziffern, Sonderzeichen) zusammen, so spricht man von *alphanumerischer Sortierung*; sind die Sortierschlüssel Zahlen, so wird *numerisch* sortiert.

Je nachdem, ob sich die Daten im internen Arbeitsspeicher oder auf externen Speichermedien befinden, unterscheidet man zwischen *internem* und *externem Sortieren*. Das externe Sortieren ist eine der häufigsten Aufgaben in der kommerziellen Datenverarbeitung. Externe Sortieralgorithmen braucht der Anwendungsprogrammierer jedoch meist nicht selbst zu entwickeln. Sie werden von den Computerherstellern als Standardprogramme mit dem Betriebssystem bereitgestellt.

Manche Programmiersprachen (z. B. Cobol) enthalten darüber hinaus spezielle Befehle, die die Sortierung externer Datenbestände veranlassen.

Das Problem der Sortierung von Daten im Arbeitsspeicher tritt im Zusammenhang mit der Verarbeitung von Arrays auf. Vektoren werden häufig in auf- oder absteigender Ordnung benötigt. Interne Sortieralgorithmen muß der Programmierer selbst erstellen.

Das Sortieren eines Vektors kann auf die verschiedensten Arten realisiert werden, die mehr oder minder effizient sind. Wir präsentieren zwei sehr einfache Algorithmen: Sortieren durch Minimumbestimmung und Sortieren durch sukzessives Vertauschen.

5.2.1 Sortieren durch Bestimmung des minimalen Elements

Betrachtet wird ein beliebiger Vektor X von N Zahlen, die aufsteigend sortiert werden sollen. Das Prinzip der Sortierung durch Minimumbestimmung besteht darin, zunächst das kleinste Element des Vektors zu suchen und an die erste Position zu stellen; dann wird das Minimum der restlichen N-1 Elemente ermittelt und an die zweite Position gesetzt, anschließend das Minimum der verbleibenden N-2 Elemente an die dritte Position gerückt etc., bis alle Elemente in der richtigen Reihenfolge angeordnet sind.

Abbildung 5.9 zeigt, wie der Algorithmus konstruiert wird. Der Index I der äußeren Schleife bezeichnet die I-te Position des Vektors, die gerade besetzt werden soll (die Position I = 1 mit dem kleinsten, die Position I = 2 mit dem zweitkleinsten, die Position I = 3 mit dem drittkleinsten Element etc.).

MINIMUMSORTIERUNG

dcl   I, K, N   numerisch ganzzahlig
        X(1:N)   numerisch reell
        HILF   numerisch reell

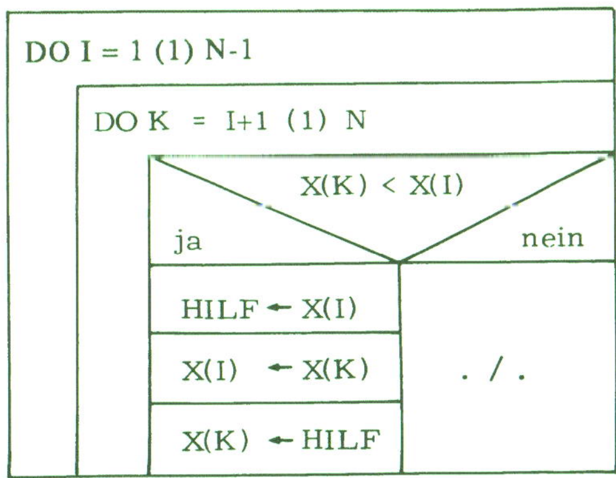

Abb. 5.9: Sortieren durch Minimumbestimmung

Die innere Schleife umfaßt die Vergleiche, welche hierfür anzustellen sind; verglichen wird das Element X(I) des ursprünglichen Vektors mit allen restlichen Elementen X(I+1) bis X(N). Ist irgendein X(K) < X(I), wird es an die I-te Stelle übertragen; folgt in einem späteren Vergleich ein anderes, noch kleineres X(K), so wird dieses auf Position I gesetzt.

Bei der Übertragung eines Elementes an die I-te Stelle ist zu beachten, daß ja bereits — im ursprünglichen Vektor — ein I-tes Element existiert. Durch den Befehl

$$X(I) \leftarrow X(K)$$

erhielte zwar X(I) den Wert von X(K), der alte Inhalt von X(I) würde jedoch überschrieben, ginge also verloren. Zur Vermeidung dieser unerwünschten Folge wird der Inhalt von X(I) deshalb zuvor in einer Variablen HILF sichergestellt und anschließend an der K-ten Position des Vektors abgespeichert. Im Endeffekt hat man damit ein Vertauschen der beiden Elemente erreicht.

Der Ablauf ist am besten zu verstehen, wenn man ihn anhand eines Zahlenbeispiels nachvollzieht.

Legen wir den Vektor X mit N = 5 Komponenten

75	50	35	120	80
X(1)	X(2)	X(3)	X(4)	X(5)

zugrunde, so nehmen die Indices und Elementvariablen die in Abbildung 5.10 angegebenen Werte an. Eine Zeile enthält dabei die aktuellen Werte *nach* einem Durchlaufen der inneren Schleife.

I	K	X(1)	X(2)	X(3)	X(4)	X(5)
1	2	50	75	35	120	80
1	3	35	75	50	120	80
1	4	35	75	50	120	80
1	5	35	75	50	120	80
2	3	35	50	75	120	80
2	4	35	50	75	120	80
2	5	35	50	75	120	80
3	4	35	50	75	120	80
3	5	35	50	75	120	80
4	5	35	50	75	80	120

Abb. 5.10: Beispiel zum Sortieren durch Minimumbestimmung

5.2.2 Sortieren durch Vertauschen benachbarter Elemente („Bubble-Sort")

Die Methode der Sortierung durch Minimumbestimmung ist einfach zu handhaben, weist jedoch den Nachteil auf, daß bei größeren Vektoren sehr viele Vergleiche durchgeführt werden müssen (insgesamt $\frac{N(N-1)}{2}$), bei 1000 Elementen immerhin 499 500. Diese Zahl ist unabhängig von der speziellen Datenkonstellation.

Ein Sortieralgorithmus, bei dem man je nach Anordnung der Daten im Ausgangsvektor u. U. mit weniger Vergleichen auskommt, basiert auf dem Prinzip, nur jeweils benachbarte Elemente zu betrachten. Zunächst wird das letzte Element X(N) mit dem vorletzten X(N−1) verglichen. Ist X(N) < X(N−1), werden die beiden Elemente vertauscht. Der Vorgang wiederholt sich für das Paar X(N−1) und X(N−2), dann für X(N−2) und X(N−3) etc., bis X(2) und X(1) verglichen sind.

Auf diese Weise wandert das kleinste Element durch sukzessives Vertauschen auf die erste Position. Im nächsten Durchgang braucht man somit X(1) nicht mehr zu berücksichtigen. Überprüft werden nun jeweils zwei benachbarte der Elemente X(N) bis X(2), was die Besetzung der zweiten Position zur Folge hat. Ebenso geht man bei den restlichen Elementen X(N) bis X(3) vor etc.

BUBBLE-SORT

dcl   I, K, N   numerisch ganzzahlig
       SORTIER-ENDE   logisch
       X(1:N)   numerisch reell
       HILF   numerisch reell

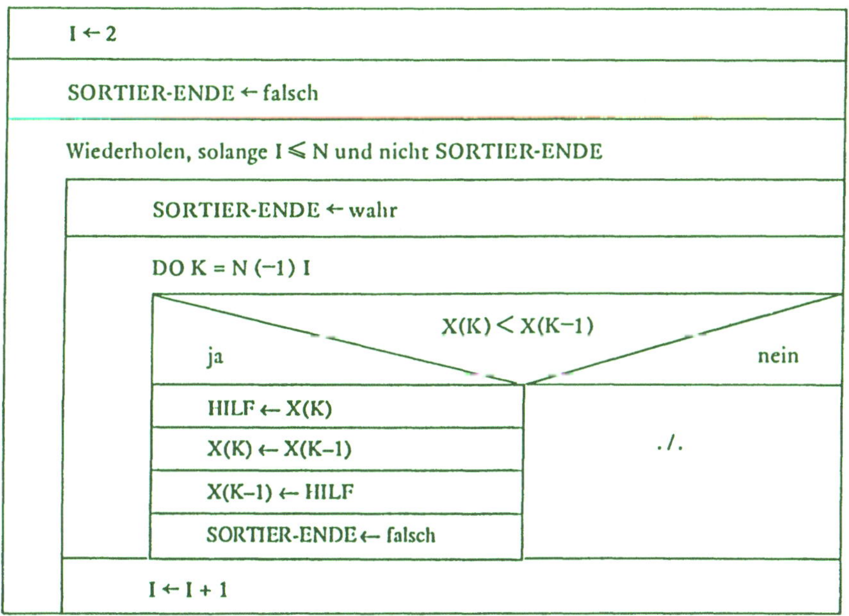

Abb. 5.11: Sortieren durch Vertauschen benachbarter Elemente

Die Vorgehensweise ähnelt dem Sortieren durch Minimumbestimmung, da auch nacheinander das kleinste, zweitkleinste, drittkleinste etc. Element ermittelt wird. Sie unterscheidet sich jedoch insofern, als durch das Vertauschen benachbarter Elemente nicht nur die kleinen Elemente nach unten, sondern auch die großen nach oben wandern, so daß der Endzustand u. U. früher erreicht wird.

Die Sortierung ist beendet, wenn ein Durchgang kein Vertauschen mehr erfordert, d. h., wenn alle Elemente sich in der richtigen Reihenfolge befinden. Um dies zu erkennen, vereinbaren wir eine logische Variable SORTIER-ENDE. Diese Variable soll anzeigen, ob die Sortierung schon beendet werden kann. Wir weisen ihr vor jedem Durchgang den logischen Wert ‚wahr‘ zu. Wird anschließend eine Vertauschung ausgeführt, erhält SORTIER-ENDE den Wert ‚falsch‘. Ist dagegen keine Vertauschung mehr notwendig, wird SORTIER-ENDE nicht verändert, behält also den Wert ‚wahr‘.

Diese Zusammenhänge machen wir uns in Abbildung 5.11 zunutze, indem wir die logische Variable in die Schleifenbedingung mitaufnehmen. Da es sich um eine WHILE-Bedingung handelt, wird kein weiterer Sortierdurchgang mehr ausgeführt, wenn einmal SORTIER-ENDE ‚wahr‘ ist. Aus demselben Grund muß, wie im zweiten Befehl geschehen, SORTIER-ENDE den Anfangswert ‚falsch‘ erhalten, da die Schleife sonst gar nicht zur Ausführung gelangte.

Zur Erläuterung des Sortierprinzips und der Verwendung der logischen Variablen wollen wir den gleichen Vektor wie im letzten Beispiel

75	50	35	120	80
X(1)	X(2)	X(3)	X(4)	X(5)

nach der Methode des Vertauschens benachbarter Elemente sortieren. Die vollständig ausgefüllten Zeilen der Abbildung 5.12 zeigen die Werte der Variablen jeweils *nach* einem Durchlauf der inneren Schleife, die anderen Zeilen geben Veränderungen der logischen Variablen und der äußeren Laufvariablen I außerhalb der inneren Schleife wieder.

Die Sortierung ist nach dem dritten Durchgang (I = 4) beendet, da in diesem Durchgang die logische Variable nicht mehr verändert, d. h. keine Änderung der Reihenfolge mehr vorgenommen, wurde.

Bei der Datenkonstellation des Beispiels mußten neun Vergleiche angestellt werden gegenüber zehn Vergleichen bei Sortierung durch Minimumbestimmung. Bei größeren Problemen kann mit einer relativ höheren Ersparnis gerechnet werden. Dies gilt allerdings nur für die Zahl der Vergleiche. Die Zahl der Vertauschungsoperationen ist nicht wesentlich anders als bei dem ersten Algorithmus.

SORTIER-ENDE	I	K	X(1)	X(2)	X(3)	X(4)	X(5)
falsch	2						
wahr	2						
falsch	2	5	75	50	35	80	120
falsch	2	4	75	50	35	80	120
falsch	2	3	75	35	50	80	120
falsch	2	2	35	75	50	80	120
wahr	3						
wahr	3	5	35	75	50	80	120
wahr	3	4	35	75	50	80	120
falsch	3	3	35	50	75	80	120
wahr	4						
wahr	4	5	35	50	75	80	120
wahr	4	4	35	50	75	80	120

Abb. 5.12: Beispiel zum Sortieren durch Vertauschen benachbarter Elemente

Anmerkung

Die Methode des Sortierens durch Vertauschen benachbarter Elemente ist in der Literatur auch unter dem Namen „Bubble-Sort" bekannt.

5.3 Fortschreibung einer Datei

Gegenstand der folgenden Abschnitte sind Probleme der Verarbeitung von sequentiellen Dateien.

Eine *Datei* ist, wie in Kapitel 1 erläutert wurde, ein Datenbestand, der auf einem externen Speichermedium untergebracht ist und i. a. aus Datensätzen (Records) besteht. Die Dateien, die in diesem und in den folgenden Abschnitten behandelt werden, sind *sortiert*; d. h., die Datensätze sind nach einem Ordnungsbegriff in aufsteigender oder absteigender Reihenfolge angeordnet.

Als *Fortschreibung* wird das Aktualisieren einer Datei bezeichnet. Die Datei, die mit Hilfe von aktuellen Daten auf den neuesten Stand gebracht werden soll, nennt man *Stammdatei*; die Daten, welche die Änderung der Stammdatei veranlassen, sind in einer sogenannten *Bewegungsdatei* enthalten.

Ein bekanntes Fortschreibungsproblem ist die Kontoführung einer Bank bei Stapelverarbeitung. Die *Stammsätze* (Datensätze der Stammdatei) umfassen neben dem *Ordnungsbegriff* Kontonummer vor allem den Kontostand, daneben Name, Adresse und andere kundenbezogene Daten. In den *Bewegungssätzen* (Datensätzen der Bewegungsdatei) sind jeweils die aktuellen Kontobewegungen für eine Kontonummer festgehalten. Mit Hilfe der Kontonummer kann dann in der Stammdatei der Kontostand aktualisiert werden.

Als weiteres Beispiel sei das Problem der Lagerbestandsführung genannt. In der Stammdatei eines Warenlagers, die sich aus Datensätzen des Inhalts „Artikelnummer, gelagerte Menge, Artikelbezeichnung" zusammensetzt, werden Lagerzugänge und -abgänge durch Verarbeitung der Bewegungssätze berücksichtigt; ein Bewegungssatz muß den Ordnungsbegriff Artikelnummer und die zu addierende oder subtrahierende Menge enthalten.

Die Fortschreibung einer Stammdatei beschränkt sich nicht auf die Änderung bereits existierender Datensätze. Erweiterte Aufgabenstellungen sind gegeben, wenn neue Stammsätze angelegt werden, wie es bei Neueröffnung von Konten der Fall ist, oder bestehende Datensätze gelöscht werden müssen (Beispiel: Kontoauflösung). Die 3 Fälle werden nacheinander behandelt.

5.3.1 Änderung von Datensätzen

Wir betrachten Probleme der Art, wie sie in Abbildung 5.13 skizziert sind. Es existieren zwei Dateien, eine Bewegungs- und eine Stammdatei; das runde Symbol deutet an, daß es sich um sequentielle Dateien handelt. Beide Dateien sind nach einem Ordnungsbegriff aufsteigend sortiert. Auf dem Wege der Fortschreibung soll eine neue, aktualisierte Stammdatei erstellt werden. Bei Plausibilitätskontrollen erkannte Fehler sollen in einer Fehlerliste erscheinen.

Zum Verständnis des in Abbildung 5.14 wiedergegebenen Struktogramms soll der prinzipielle Aufbau einer sequentiellen Datei noch einmal kurz erläutert werden. Die Datensätze sind hintereinander angeordnet. Durch einen Eingabebefehl wird der jeweils nächste Satz eingelesen. Auf den letzten Satz, der relevante Daten enthält, folgt eine Kennzeichnung, welche das Ende der Datei anzeigt. Auf diese Kennzeichnung nehmen wir wie früher unter dem Namen EOF („end of file") Bezug.

Der Fortschreibungsalgorithmus wird im folgenden in zwei Versionen präsentiert. Diese unterscheiden sich durch die Art und Weise, wie die Dateiendebehandlung erfolgt. Zunächst soll die Konstruktion beschrieben werden, die man verwendet, wenn das Dateiende erst bei einem weiteren – vergeblichen – Leseversuch erkannt wird. Bezogen auf die Erläuterungen zu Abbildung 2.5 in Abschnitt 2.2.2 handelt es sich also um den Fall (b). Anschließend wird der Algorithmus für den Fall dargestellt, daß die Information „Dateiende erreicht" bereits beim Lesen des letzten Datensatzes vorhanden ist.

Das Struktogramm erklärt sich weitgehend selbst. Es zeigt den Grobalgorithmus; eine Verfeinerung bis auf die Ebene der detaillierten Zuweisungen und Vereinbarungen wurde nicht vorgenommen. Die zentralen Schritte sind die Vergleiche der Ordnungsbegriffe, welche zunächst in der inneren While-Schleife (3) und dann in der Verzweigung (6) vorgenommen werden. Da die Ordnungsbegriffe in beiden Dateien aufsteigend sortiert sind, existiert für den zuletzt eingelesenen Stammsatz kein Bewegungssatz, wenn der Ordnungsbegriff der Stammdatei kleiner als der der Bewegungsdatei ist; der alte Stammsatz braucht in diesem Falle nicht aktualisiert zu werden, sondern kann unverändert in die neue Stammdatei übernommen werden.

Ist der Ordnungsbegriff der Stammdatei gleich dem der Bewegungsdatei, so liegt ein Stammsatz vor, der aktualisiert werden muß. Die Sortierung impliziert, daß der Ordnungsbegriff des zuletzt eingelesenen Stammsatzes nicht größer als der des zuletzt eingelesenen Bewegungssatzes sein kann. Tritt der Fall dennoch auf, so sind die Ordnungsbegriffe der Bewegungsdatei fehlerhaft; das Programm wird mit dem Ausdruck eines entsprechenden Hinweises abgebrochen (Nein-Zweig der Selektion (6)).

Ein Fehler liegt außerdem vor, wenn keine Sätze der Stammdatei mehr vorhanden sind, obwohl noch nicht alle Bewegungssätze verarbeitet sind (Ja-Zweig der Selektion (5); auf dieses spezielle Problem kommen wir im nächsten Abschnitt zurück). Die umgekehrte Situation entspricht dagegen dem Normalfall. Nach Verarbeitung des letzten Bewegungssatzes können durchaus

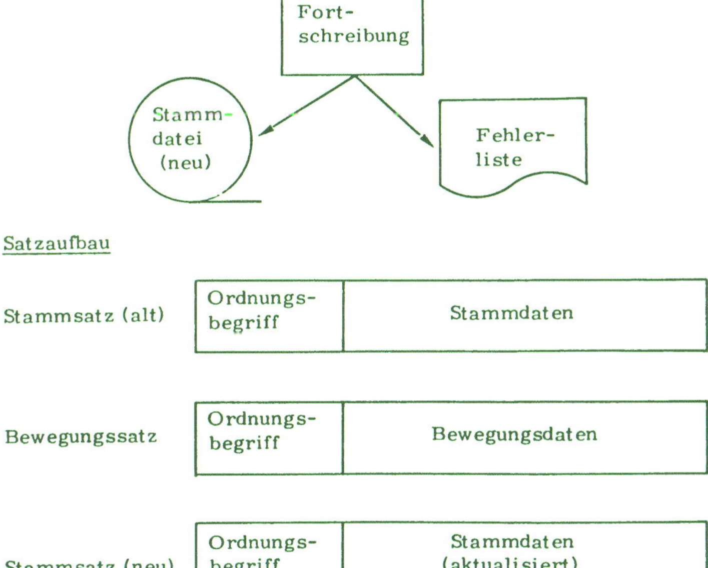

<u>Satzaufbau</u>

Stammsatz (alt)	Ordnungs- begriff	Stammdaten

Bewegungssatz	Ordnungs- begriff	Bewegungsdaten

Stammsatz (neu)	Ordnungs- begriff	Stammdaten (aktualisiert)

Abb. 5.13: Schematische Darstellung der Fortschreibung

| einlesen Bewegungssatz aus Bewegungsdatei | (0) |

| Wiederholen, solange nicht EOF der Bewegungsdatei erreicht | (1) |

| einlesen Stammsatz (alt) aus Stammdatei (alt) | (2) |

Wiederholen, solange Ordnungsbegriff des Stammsatzes (alt) < Ordnungsbegriff des Bewegungssatzes und nicht EOF der Stammdatei (alt) erreicht — (3)

Stammsatz (neu) ← Stammsatz (alt)

ausgeben Stammsatz (neu) in Stammdatei (neu)

einlesen Stammsatz (alt) aus Stammdatei (alt) — (4)

EOF der Stammdatei (alt) erreicht — (5)

ja / nein

ausgeben 'Datenfehler'

Stop (Programmabbruch)

./.

Ordnungsbegriff des Stammsatzes (alt) = Ordnungsbegriff des Bewegungssatzes — (6)

ja / nein

Stammsatz (alt) mittels Bewegungssatz aktualisieren

ausgeben Stammsatz in Stammdatei (neu)

einlesen Bewegungssatz aus Bewegungsdatei

ausgeben 'Datenfehler'

Stop (Programmabbruch)

einlesen Stammsatz (alt) aus Stammdatei (alt) — (7)

Wiederholen, solange nicht EOF der Stammdatei (alt) erreicht — (8)

Stammsatz (neu) ← Stammsatz (alt)

ausgeben Stammsatz (neu) in Stammdatei (neu)

einlesen Stammsatz (alt) aus Stammdatei (alt)

Abb. 5.14: Struktogramm zur Fortschreibung einer Stammdatei – Fall (a)

noch Stammsätze existieren, bei denen keine Bewegungen zu verbuchen sind. Sie werden unverändert in die neue Stammdatei geschrieben (in Abbildung 5.14 in der letzte While Schleife).

Die allgemeinen Ausführungen sollen durch ein Beispiel untermalt werden. Wir nehmen an, die Studentendatei einer Universität sei aufsteigend nach Matrikelnummern geordnet. Jeder Datensatz enthalte die Matrikelnummer, Name, Adresse und weitere Daten für je einen Studenten:

```
dcl   1 STAMMSATZ-ALT

      2 MAT-NR              numerisch ganzzahlig
      2 NAME                alphanumerisch
      2 ADRESSE             alphanumerisch
      2 WEITERE-DATEN       . . .
```

Bei der Rückmeldung geben die Studenten evtl. Adressenänderungen an, die in eine Änderungsdatei (Bewegungsdatei) übertragen werden. Ein Bewegungssatz hat folgende Vereinbarung:

```
dcl   1 BEWEGUNGSSATZ

      2 MAT-NR              numerisch ganzzahlig
      2 ADRESSE             alphanumerisch
```

Mit Hilfe der Änderungsdatei soll nach Ende der Rückmeldefrist die Studentendatei auf den neuesten Stand gebracht werden. Ein STAMMSATZ-NEU der fortgeschriebenen Datei ist dann genau so strukturiert wie der STAMMSATZ-ALT.

Um den Ablauf nachvollziehen zu können, beschränken wir das Beispiel auf acht Stamm- und drei Bewegungssätze. In dem Datenverzeichnis der Abbildung 5.15 entspricht eine Zeile jeweils einem Datensatz.

Zunächst wird der erste Bewegungssatz, dann der erste Stammsatz gelesen. An dem Ordnungsbegriff MAT-NR wird festgestellt, daß zu dem Studenten MAIER kein Bewegungssatz existiert, da MAT-NR des Stammsatzes < MAT-NR des Bewegungssatzes (10 < 20). Der Stammsatz kann also im Strukturblock (3) unverändert in die neue Stammdatei geschrieben werden. Anschließend wird der nächste Stammsatz gelesen.

Da nun der Ordnungsbegriff des Stammsatzes ebenfalls den Wert 20 hat, ist die für die Ausführung der While-Schleife (3) geforderte Bedingung nicht mehr erfüllt. Das in der Selektion (5) überprüfte Ende der Stammdatei ist auch nicht eingetreten, so daß schließlich die im Ja-Teil der Verzweigung (6) enthaltenen Anweisungen zur Ausführung gelangen. Der Stammsatz für die Studentin SCHMIDT wird mit der geänderten Adresse in die neue Stammdatei geschrieben.

Da der Bewegungssatz verarbeitet ist, wird ein neuer Bewegungssatz und ein neuer Stammsatz eingelesen. Wegen der Gleichheit der Matrikelnummern erfolgt wieder eine Aktualisierung etc.

Abbildung 5.15c zeigt das Ergebnis der Fortschreibung.

a) <u>Studentendatei (Stammdatei alt)</u>

MAT-NR	NAME	ADRESSE		WEITERE DATEN
10	MAIER HANS	BERLIN 21,	TURMSTR. 7	...
20	SCHMIDT UTE	BERLIN 12,	BAUMSTR. 5	...
30	MUELLER BEATE	BERLIN 45,	HEIMWEG 3	...
40	SCHULZ FRANZ	BERLIN 10,	KLEINWEG 7	...
50	BAECKER FRITZ	HELMSTEDT,	DORFSTR. 12	...
60	FISCHER EMMA	BERLIN 33,	DORFWEG 3	...
70	SCHNUP KARL	HAMBURG 2,	PLATZSTR. 7	...
80	BIERLE EGON	BERLIN 21,	KNASTR. 22	...
EOF				

b) <u>Änderungsdatei (Bewegungsdatei)</u>

MAT-NR	ADRESSE
20	BERLIN 47, SPIELPLATZ 8
30	BERLIN 45, HEIMWEG 4
60	BERLIN 21, TURMSTR. 7
EOF	

c) <u>Studentendatei (Stammdatei neu)</u>

MAT-NR	NAME	ADRESSE		WEITERE DATEN
10	MAIER HANS	BERLIN 21,	TURMSTR. 7	...
20	SCHMIDT UTE	BERLIN 47,	SPIELPLATZ 8	...
30	MUELLER BEATE	BERLIN 45,	HEIMWEG 4	...
40	SCHULZ FRANZ	BERLIN 10,	KLEINWEG 7	...
50	BAECKER FRITZ	HELMSTEDT,	DORFSTR. 12	...
60	FISCHER EMMA	BERLIN 21,	TURMSTR. 7	...
70	SCHNUP KARL	HAMBURG 2,	PLATZSTR. 7	...
80	BIERLE EGON	BERLIN 21,	KNASTR. 22	...
EOF				

Abb. 5.15: Dateiinhalte des Fortschreibungsbeispiels

118

Der auf die Verarbeitung des Bewegungssatzes mit der MAT-NR 60 folgende Ablauf soll noch kurz skizziert werden. Am Ende der While-Schleife (1) wird der Versuch unternommen, einen weiteren Bewegungssatz einzulesen, der jedoch die Kennzeichnung EOF enthält. Die Schleifenbedingung ist deshalb nicht mehr erfüllt; der Ablauf setzt sich mit den Strukturblöcken (7) und (8) fort. Es wird der Stammsatz mit MAT-NR 70 eingelesen, unverändert in die neue Stammdatei eingetragen, dann der Stammsatz mit MAT-NR 80 gelesen und in die neue Stammdatei geschrieben. Der nächste Leseversuch trifft auf die EOF-Marke der Studentendatei, was die Ausführung des Programms beendet.

In Abbildung 5.16 ist als Alternative der Algorithmus angegeben, den man konstruiert, wenn die Information, daß das Ende der Datei erreicht wurde, bereits mit dem Lesen des letzten Datensatzes verfügbar ist (Fall (a) in Abschnitt 2.2.2).

Unterschiede liegen vor allem darin, daß die While-Schleifen (1) und (8) nach dem Muster der Abbildung 2.5a aufgebaut sind. Die in Abbildung 5.14 den While-Schleifen vorangestellten Strukturblöcke (0) und (7) entfallen in Abbildung 5.16, und die Eingabebefehle im Schleifeninnern werden an den Anfang des jeweiligen Schleifenrumpfs gesetzt.

Die Schleifenbedingung der While-Schleife (3), in welcher der Ordnungsbegriff eines Stammsatzes überprüft werden soll, macht das vorherige Einlesen eines Stammsatzes notwendig. Da nun eine andere Form der Dateiendeerkennung zugrundeliegt, müssen die Einleseblöcke (2) und (4) der Abbildung 5.14 sowie die Bedingung der Schleife (3) modifiziert werden.

Zu diesem Zweck führen wir die logische Variable ENDE-FLAG ein. Sie wird in den Struktur-blöcken (2') und (4') der Abbildung 5.16 bei jedem Einlesevorgang aktualisiert und in der Schleifenbedingung anstelle der EOF-Abfrage auf ihren Wahrheitswert hin überprüft. Durch diesen Kunstgriff bleibt gewissermaßen eine Schleifenstruktur wie bei der nicht vorausschauenden Dateiendebehandlung bestehen. Betrachtet man die Eingabebefehle (2) und (4) in Abbildung 5.14, so wurden sie im Grunde genommen in Abbildung 5.16 nur erweitert: um die EOF-Überprüfungen und die Wertzuweisungen an ENDE-FLAG. Die Eingabebefehle stehen nun im Nein-Zweig der Selektionen (2') und (4').

Obwohl also – bezogen auf die Ausführungen in Abschnitt 2.2.2 über die Dateiendeinformation – der Fall (a) vorliegt, wurde die Schleife analog zu Abbildung 2.5b konstruiert. Der Grund ist der, daß in der Schleifenbedingung zusätzlich noch ein Wert („Ordnungsbegriff") überprüft werden muß, der jedoch erst dann vorliegt, wenn *zuvor* einmal eine Eingabe erfolgt ist.

5.3.2 Hinzufügen und Löschen von Datensätzen

Wir wenden uns nun dem Problem zu, eine Datei um zusätzliche Datensätze zu erweitern bzw. nicht mehr benötigte Datensätze zu löschen. Um die Ausführungen möglichst einfach zu halten, schränken wir das Erweiterungsproblem auf den Fall ein, daß die Ordnungsbegriffe der neuen Datensätze größer sind als der Ordnungsbegriff des letzten, bereits vorhandenen Stammsatzes. Unter dieser Voraussetzung brauchen Sätze nur am Ende der Stammdatei angefügt zu werden.

Wiederholen, solange nicht EOF der Bewegungsdatei erreicht (1)

einlesen Bewegungssatz aus Bewegungsdatei

EOF der Stammdatei (alt) erreicht (2')
ja — nein

ENDE-FLAG ← wahr | ENDE-FLAG ← falsch
| einlesen Stammsatz (alt) aus Stammdatei (alt)

Wiederholen, solange Ordnungsbegriff des Stammsatzes (alt) < Ordnungsbegriff des Bewegungssatzes und nicht ENDE-FLAG (3)

Stammsatz (neu) ← Stammsatz (alt)

ausgeben Stammsatz (neu) in Stammdatei (neu)

EOF der Stammdatei (alt) erreicht (4')
ja — nein

ENDE-FLAG ← wahr | ENDE-FLAG ← falsch
| einlesen Stammsatz (alt) aus Stammdatei (alt)

EOF der Stammdatei (alt) erreicht (5)
ja — nein

ausgeben 'Datenfehler' | ./.
Stop (Programmabbruch) |

Ordnungsbegriff des Stammsatzes (alt) = Ordnungsbegriff des Bewegungssatzes (6)
ja — nein

Stammsatz (alt) mittels Bewegungssatz aktualisieren | ausgeben 'Datenfehler'
ausgeben Stammsatz in Stammdatei (neu) | Stop (Programmabbruch)

Wiederholen, solange nicht EOF der Stammdatei (alt) erreicht (8)

einlesen Stammsatz (alt) aus Stammdatei (alt)

Stammsatz (neu) ← Stammsatz (alt)

ausgeben Stammsatz (neu) in Stammdatei (neu)

Abb. 5.16: Struktogramm zur Fortschreibung einer Stammdatei – Fall (b)

120

Die zur Aktualisierung der Stammdatei benötigten Daten sind wieder in einer Bewegungsdatei enthalten, die jetzt aus drei Arten von Datensätzen besteht:

— Datensätze, die das Ändern bereits existierender Stammsätze bewirken,

— Datensätze, welche das Löschen vorhandener Stammsätze veranlassen,

— Datensätze, die neue Stammsätze schaffen und wegen der oben angegebenen Prämissen im letzten Teil der Bewegungsdatei stehen.

Den Algorithmus stellen wir als Alternative zum vorigen Abschnitt in Form eines PA dar, da gerade in der kommerziellen Datenverarbeitung der PA noch weite Verbreitung besitzt. Hinsichtlich der unterschiedlichen Algorithmenkonstruktionen in Abbildung 5.14 und 5.16 beschränken wir uns auf den Fall, der der Abbildung 5.14 zugrunde liegt. Der in Abbildung 5.17 gezeigte Ablauf ist bis auf die noch zu erläuternden Teilaufgaben „Hinzufügen" (Aufruf: ERWEITERN) und „Löschen" (Abfrage: Löschkennzeichnung) identisch mit Abbildung 5.14. Er setzt sich aus den gleichen Steuerkonstrukten zusammen, die hier mit Hilfe der PA-Symbole notiert wurden. Das Hinzufügen und die Verarbeitung der restlichen Stammsätze ist in zwei Unterprogramme ausgelagert.

Bei der in Abbildung 5.14 behandelten Fragestellung, die sich auf das Ändern *vorhandener* Stammsätze beschränkte, wurde es als Fehler betrachtet, wenn das Ende der Stammdatei vor dem Ende der Bewegungsdatei eintrat (Strukturblock 5). Da die Funktion des *Hinzufügens* aber gerade diesen Fall impliziert, muß nun hierfür ein Ablauf vorgesehen werden.

In Abbildung 5.17 ist das Hinzufügen im Unterprogramm ERWEITERN realisiert. Wird anhand der EOF-Marke das Ende der alten Stammdatei erkannt, können die restlichen Bewegungssätze unverändert als neue Stammsätze in die neue Stammdatei geschrieben werden.

Das *Löschen* von Sätzen ist nur dann möglich, wenn die betreffenden Sätze in der Stammdatei vorhanden sind. Die Information, ob ein Satz gelöscht werden soll, wird ebenfalls der Bewegungsdatei entnommen. Für jeden zu eliminierenden Stammsatz enthält die Bewegungsdatei einen Bewegungssatz mit dem entsprechenden Ordnungsbegriff und einer besonderen Löschkennzeichnung.

Die Logik des Auffindens eines solchen Stammsatzes ist damit die gleiche wie beim Ändern von Stammsätzen. Bei Gleichheit der Ordnungsbegriffe muß dann nur noch aufgrund der Löschkennzeichnung entschieden werden, ob der gefundene Stammsatz zu ändern oder zu löschen ist.

Der Vorgang des Änderns wurde bereits beschrieben. Das Löschen ist denkbar einfach: Der betreffende Stammsatz wird übergegangen, d. h. nicht in die neue Version der Stammdatei übernommen. Im PA äußert sich dies darin, daß auf das Erkennen der Löschkennzeichnung kein Schreibbefehl folgt, sondern direkt mit dem Lesen des nächsten Bewegungs- und Stammsatzes fortgefahren wird.

Zur Erläuterung der Zusammenhänge erweitern wir das Beispiel des vorigen Abschnitts auf den Fall, daß sich neue Studenten immatrikulieren und andere Studenten die Universität verlassen. Für die Neuimmatrikulierten sind Datensätze in die Studentendatei einzutragen, während die Stammsätze der Exmatrikulierten gelöscht werden müssen.

Als alte Stammdatei verwenden wir wieder die Studentendatei der Abbildung 5.15a.

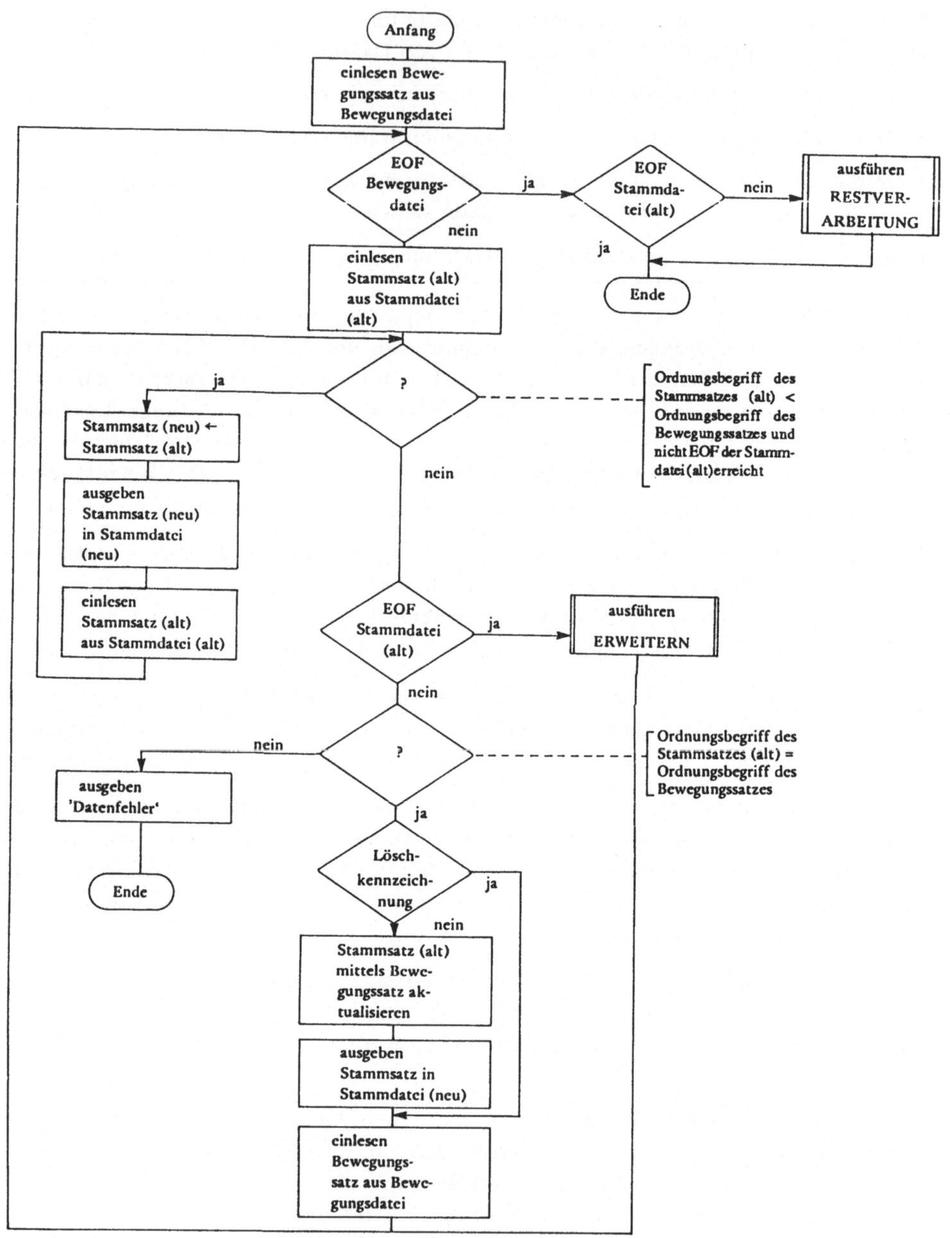

Abb. 5.17: Programmablaufplan zu den verschiedenen Fortschreibungsarten

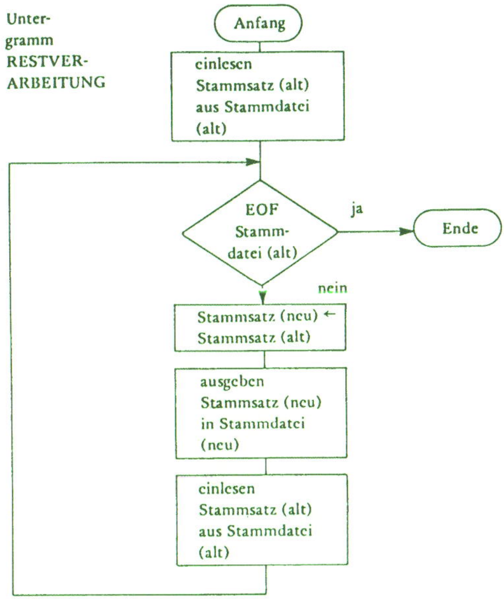

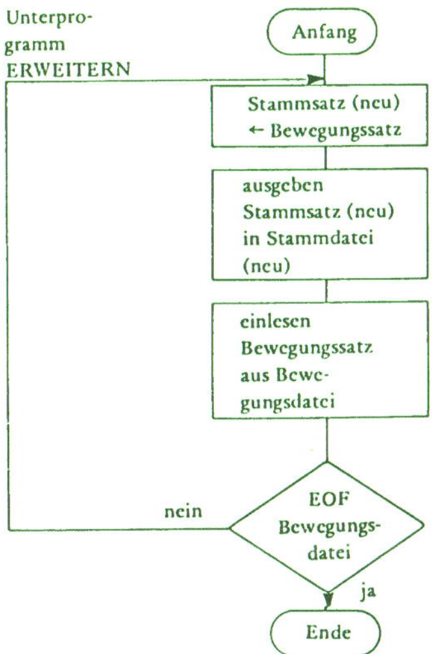

(Teil 2 der Abb. 5.17)

Die Bewegungsdatei, die in Abbildung 5.18a angegeben ist, weist drei Satzarten auf:

(1) Bewegungssätze, die Adressenänderungen in bereits vorhandenen Stammsätzen veranlassen.

(2) Bewegungssätze, die eine Löschkennzeichnung enthalten und die Eliminierung von Stammsätzen bewirken. Als Löschkennzeichnung möge die Zeichenfolge 'XXXXX' dienen.

(3) Bewegungssätze, die als neue Stammsätze in die Stammdatei aufgenommen werden; dies sind die Sätze 90, 100 und 110.

Vollzieht man den PA nach, so ergibt sich die neue Version der Stammdatei, wie sie in Teil b der Abbildung 5.18 dargestellt ist.

a) <u>Änderungsdatei (Bewegungsdatei)</u>

MAT-NR	ADRESSE		NAME	DATEN
20	BERLIN 47,	SPIELPLATZ 8		
30	BERLIN 45,	HEIMWEG 4		
40	XXXXX			
60	BERLIN 21,	TURMSTR. 7		
70	XXXXX			
90	POTSDAM,	ZUGANG 1	OST OTTO	...
100	BERLIN 62,	ZUGANG 2	BECK KURT	...
110	BERLIN 10,	RUECKWEG 11	MULL JAKOB	...
EOF				

b) <u>Studentendatei (Stammdatei neu)</u>

MAT-NR	NAME	ADRESSE		DATEN
10	MAIER HANS	BERLIN 21,	TURMSTR. 7	...
20	SCHMIDT UTE	BERLIN 47,	SPIELPLATZ 8	...
30	MUELLER BEATE	BERLIN 45,	HEIMWEG 4	...
50	BAECKER FRITZ	HELMSTEDT,	DORFSTR. 12	...
60	FISCHER EMMA	BERLIN 21,	TURMSTR. 7	...
80	BIERLE EGON	BERLIN 21,	KNASTR. 22	...
90	OST OTTO	POTSDAM,	ZUGANG 1	...
100	BECK KURT	BERLIN 62,	ZUGANG 2	...
110	MULL JAKOB	BERLIN 10,	RUECKWEG 11	...
EOF				

Abb. 5.18: Dateiinhalte des erweiterten Fortschreibungsbeispiels

5.4 Gruppenwechsel

Gruppenwechselprobleme gehören zu den typischen Aufgaben kommerzieller Datenverarbeitung, die bereits in früheren Jahrzehnten automatisiert und mit Hilfe der konventionellen Lochkartenanlagen gelöst wurden.

Wie bei der Fortschreibung spielen hier Ordnungsbegriffe eine zentrale Rolle. Die zu verarbeitenden Datensätze enthalten einen oder mehrere Ordnungsbegriffe. Sätze mit dem gleichen Ordnungsbegriff bilden eine *Gruppe*. Zu einem Ordnungsbegriff können also mehrere Datensätze existieren. Die Datensätze sind nach dem Ordnungsbegriff sortiert.

Die Daten je einer Gruppe sind in der von der Aufgabenstellung her gegebenen Weise gemeinsam zu verarbeiten. Ein wesentliches Problem besteht deshalb darin, anhand der Ordnungsbegriffe zu erkennen, welche Daten zu einer Gruppe gehören, und den Wechsel der Gruppe bei Übergang zu einem anderen Ordnungsbegriff richtig durchzuführen.

Je nachdem, ob ein Datensatz durch einen oder mehrere Ordnungsbegriffe identifiziert wird, unterscheidet man zwischen *einstufigem* und *mehrstufigem Gruppenwechsel*.

5.4.1 Einstufiger Gruppenwechsel

Die bei einstufigem Gruppenwechsel zu beachtenden Zusammenhänge sollen an einem Beispiel erörtert werden: Der Vertreter Redeviel besuche im Auftrag eines Großhandelsunternehmens einen festen Kundenstamm. Für jeden Verkaufsvorgang werden neben weiteren Daten die Kundennummer (KUNDEN-NR) und der erzielte Einzelumsatz (UMSATZ) auf einem Datenträger festgehalten.

Am Ende des Abrechnungszeitraums soll nun unter der Hauptüberschrift „VERKAUFSABRECHNUNG REDEVIEL“ eine Liste gedruckt werden, welche die Einzelumsätze und die SUMME der Einzelumsätze pro Kundennummer unter je einer Zwischenüberschrift „UMSAETZE FUER KUNDENNUMMER ...“ ausweist. Als letzte Zeile soll ferner der gesamte Umsatz als GESAMTSUMME erscheinen.

Die Kundennummer repräsentiert hier den Ordnungsbegriff. Die Datensätze seien nach Kundennummern sortiert und mögen den in Abbildung 5.19 angegebenen Inhalt haben.

Zeile	Ordnungsbegriff Kundennummer (KUNDEN-NR)	Einzelumsatz (UMSATZ)
1	100	170
2	100	210
3	100	75
4	110	430
5	120	205
6	120	220
7	130	150
8	130	170
9	EOF	

Abb. 5.19: Datenverzeichnis des Gruppenwechselbeispiels

Eine Zeile entspricht einem Satz. Sätze mit gleichem Ordnungsbegriff bilden eine Gruppe. In dem Beispiel müssen also jeweils die Umsätze in den Zeilen

1, 2, 3

4

5, 6

7, 8

addiert werden. Als Kennzeichnung für das Ende der Datei dient wieder die Marke EOF.

Bezüglich der Dateibehandlung gehen wir wieder von dem Fall (a) aus[2]. Die Leseschleife muß analog zum Einlesen der Stammdatei (alt) in Abbildung 5.16 konstruiert werden, da auch jetzt – in der inneren While-Schleife (3) – eine Bedingung auftritt, in welcher ein zuvor eingelesener Wert (KUNDEN-NR in VERKAUFSVORGANG) überprüft werden soll. Das dazu erforderliche „Einlesen VERKAUFSVORGANG aus VERKAUFSDATEI" kann aber nur dann erfolgen, wenn noch nicht „EOF der VERKAUFSDATEI erreicht" ist. Für den Fall, daß die VERKAUFSDATEI leer ist, muß für das korrekte Funktionieren des Algorithmus also auch hier eine Überprüfung des Dateiendes *vor* dem ersten Einlesen durchgeführt werden.

UMSATZLISTE

```
dcl   1   VERKAUFSVORGANG
          2   KUNDEN-NR          numerisch ganzzahlig
          2   UMSATZ             numerisch reel
          2   WEITERE-DATEN

      VERKAUFSDATEI              file

      SUMME, GESAMTSUMME  numerisch reell

      MERK                       numerisch ganzzahlig

      ENDE-FLAG                  logisch
```

2   Vgl. dazu Abschnitt 2.2.2.

126

<table>
<tr><td colspan="2">ausgeben 'VERKAUFSABRECHNUNG REDEVIEL' (Hauptüberschrift)</td></tr>
<tr><td colspan="2">GESAMTSUMME ← 0</td></tr>
<tr><td colspan="2">EOF der VERKAUFSDATEI erreicht
ja   nein</td></tr>
<tr><td>ENDE-FLAG ← wahr</td><td>ENDE-FLAG ← falsch
einlesen VERKAUFSVORGANG aus VERKAUFSDATEI</td></tr>
<tr><td colspan="2">Wiederholen, solange nicht ENDE-FLAG   (1)
  MERK ← KUNDEN-NR in VERKAUFSVORGANG   (2)
  ausgeben 'UMSAETZE FUER KUNDENNUMMER', KUNDEN-NR in VERKAUFSVORGANG (Gruppenüberschrift)
  SUMME ← 0
  Wiederholen, solange KUNDEN-NR in VERKAUFSVORGANG = MERK und nicht ENDE-FLAG   (3)
    SUMME ← SUMME + UMSATZ in VERKAUFSVORGANG
    ausgeben UMSATZ in VERKAUFSVORGANG
    EOF der VERKAUFSDATEI erreicht   ja / nein
    ENDE-FLAG ← wahr | ENDE-FLAG ← falsch / einlesen VERKAUFSVORGANG aus VERKAUFSDATEI (4)
  ausgeben 'SUMME:', SUMME   (5)
  GESAMTSUMME ← GESAMTSUMME + SUMME   (6)</td></tr>
<tr><td colspan="2">ausgeben 'GESAMTSUMME:', GESAMTSUMME   (7)</td></tr>
<tr><td colspan="2">Stop</td></tr>
</table>

Abb. 5.20: Struktogramm zum einstufigen Gruppenwechsel

MERK wird als Hilfsfeld zur Zwischenspeicherung der Kundennummer verwendet. Jedesmal, wenn die Bearbeitung einer neuen Gruppe beginnt, erhält MERK den Ordnungsbegriff der Gruppe zugewiesen (Strukturblock (2)). Überprüft man anschließend nach jedem Eingabebefehl (4), ob die gelesene (neue) Kundennummer noch gleich der in MERK zwischengespeicherten (alten) Kundennummer ist, so erkennt man, wann ein Gruppenwechsel vorliegt. Die Überprüfung erfolgt in der Bedingung der Repetition (3); sind die beiden Kundennummern gleich (und wurde nicht das Dateiende erreicht), wird die Schleife ausgeführt und SUMME nach dem Kumulierungsprinzip um UMSATZ erhöht.

Ist dagegen KUNDEN-NR in VERKAUFSVORGANG $\neq$ MERK, wurde ein Datensatz
der nächsten Gruppe gelesen. Die alte Gruppe muß deshalb abgeschlossen werden, bevor die neue Gruppe eröffnet wird; dies geschieht in den Blöcken (5) und (6). In unserem Beispiel bestehen die Abschlußarbeiten darin, die SUMME für die alte Kundennummer auszudrucken und zu der GESAMTSUMME zu addieren.

Vollzieht man den Ablauf mit Hilfe der Beispieldaten nach, so hat die ausgedruckte Liste die in Abbildung 5.21 wiedergegebene Gestalt.

```
VERKAUFSABRECHNUNG  REDEVIEL

    UMSAETZE  FUER  KUNDENNUMMER  100

            170
            210
             75

    SUMME:    455


    UMSAETZE  FUER  KUNDENNUMMER  110

            430

    SUMME:    430


    UMSAETZE  FUER  KUNDENNUMMER  120

            205
            220

    SUMME:    425


    UMSAETZE  FUER  KUNDENNUMMER  130

            150
            170

    SUMME:    320

GESAMTSUMME: 1630
```

Abb. 5.21: Druckliste des Gruppenwechselbeispiels

Das Eröffnen der neuen Gruppe wird in den ersten drei Befehlen der Schleife (1)
vorgenommen. Es beinhaltet die Zwischenspeicherung des Ordnungsbegriffs in MERK,
den Druck der Gruppenüberschrift und das Nullsetzen von SUMME, da jetzt die Einzelumsätze der neuen Gruppe kumuliert werden.

Nach der Verarbeitung des letzten Datensatzes im Strukturblock (3) ist die letzte Gruppe noch abzuschließen; die SUMME der Einzelumsätze muß gedruckt und zu der GESAMTSUMME addiert werden, die ebenfalls auszugeben ist. Da nun die Variable ENDE-FLAG den Wert „wahr" hat, wird die Schleife nicht mehr durchlaufen. Es folgt die Sequenz der Blöcke (5) und (6). Die umfassende Schleife (1) kommt wegen des Werts von ENDE-FLAG nun zu keiner weiteren Ausführung; mit dem sich anschließenden Block (7) endet das Programm.

5.4.2 Mehrstufiger Gruppenwechsel

Die Gruppenwechselproblematik erweitert sich, wenn der Datenbestand mehrere Ordnungsbegriffe aufweist, die in einer hierarchischen Beziehung zueinander stehen. Die Ordnungsbegriffe identifizieren dann Gruppen auf verschiedenen Ebenen: Hauptgruppen, Obergruppen, Untergruppen etc.

Läge der Vertreterabrechnung beispielsweise ein Großhandelsunternehmen zugrunde, welches aus Filialen besteht, die jeweils mehrere Vertreter beschäftigen, so wären zur Identifizierung eines bestimmten Kunden drei Ordnungsbegriffe denkbar:

Filialnummer	Vertreternummer	Kundennummer

Der zusammengesetzte Ordnungsbegriff 5 — 17 — 100 würde dann auf den Kunden Nr. 100 des 17. Vertreters in der 5. Filiale verweisen. Die zu einer Filiale gehörenden Daten stellen hier eine Hauptgruppe dar; die Hauptgruppe besteht aus Obergruppen für die verschiedenen Vertreter, die wiederum aus Untergruppen (pro Kunde) gebildet werden.

Das Prinzip eines mehrstufigen Gruppenwechsels ist die Kontrolle der Ordnungsbegriffe jeder hierarchischen Ebene. Wechselt die *Untergruppe*, so müssen Abschlußarbeiten für die alte Untergruppe (und Eröffnungsarbeiten für die neue Untergruppe) durchgeführt werden. Wechselt die *Obergruppe*, so muß sowohl die letzte Untergruppe als auch die alte Obergruppe abgeschlossen werden.

Wechselt die *Hauptgruppe*, sind Untergruppe, Obergruppe und Hauptgruppe abzuschließen.

Bei mehr als drei Hierarchieebenen setzt sich die Logik in entsprechender Weise fort. Aus Gründen der Übersichtlichkeit beschränken wir uns auf zwei Ordnungsbegriffe. Das Problem der Vertreterabrechnung aus dem vorigen Abschnitt wird dahingehend erweitert, daß das betrachtete Unternehmen mehrere Vertreter beschäftigt. Bei jedem Verkaufsvorgang wird die Nummer des Vertreters, die Nummer des Kunden und der einzelne UMSATZ in einem Datensatz festgehalten. VERTRETER-NR ist der übergeordnete, KUNDEN-NR der untergeordnete ORDNUNGSBEGRIFF.

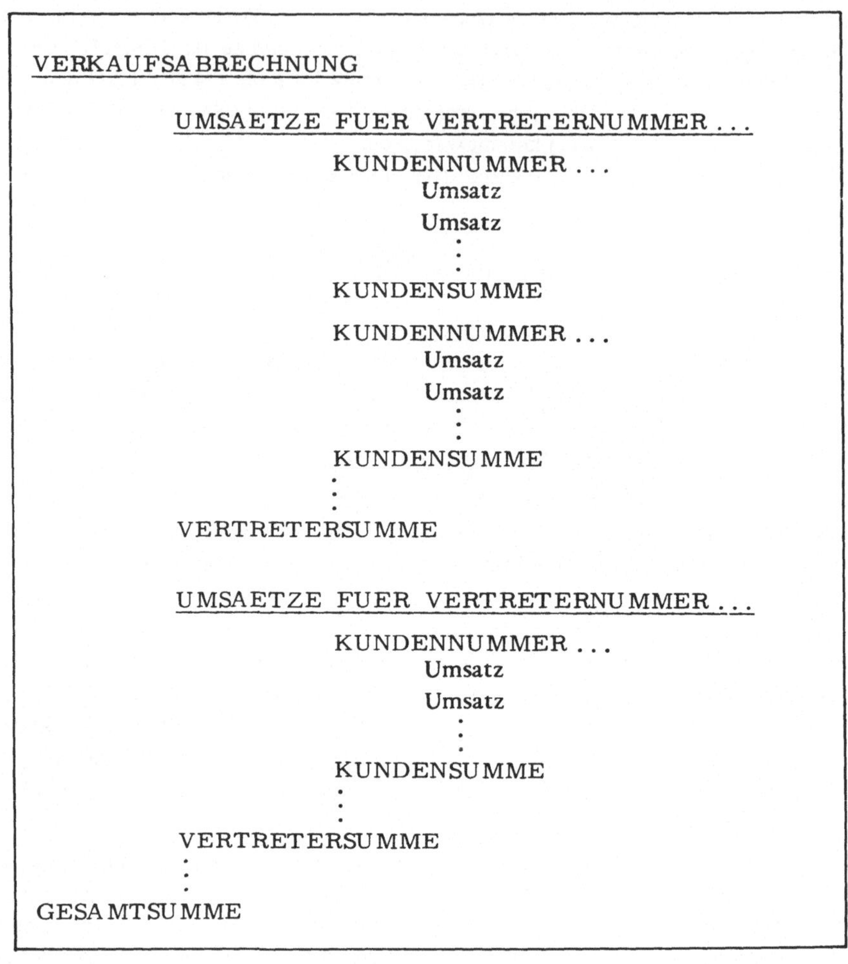

Abb. 5.22: Schema der Abrechnungsliste bei zweistufigem Gruppenwechsel

Die Abrechnungsliste soll nun außer der Hauptüberschrift („VERKAUFSABRECH-NUNG") Überschriften für die Obergruppen („UMSAETZE FUER VERTRETER-NUMMER ...") und die Untergruppen („KUNDENNUMMER ...") enthalten. Neben den Einzelumsätzen sollen die Summen pro Kunde (K-SUMME), die Summen pro Vertreter (V-SUMME) und wie zuvor die GESAMTSUMME ausgedruckt werden. Das Schema der zu erstellenden Abrechnungsliste ist in Abbildung 5.22 gezeigt.

Beim Algorithmenentwurf sind nun sowohl der Unter- als auch der Obergruppenwechsel zu kontrollieren. Wegen des damit verbundenen größeren Problemumfanges haben wir den Algorithmus in Abbildung 5.23 und 5.24 top-down entwickelt. Auf eine Qualifizierung der Record-Komponenten wurde verzichtet, da die Komponentennamen eindeutig sind. Die beiden Abbildungen unterschieden sich durch die verschiedenen Formen der Dateiendebehandlung, die in Abschnitt 2.2.2 motiviert wurden.

Der Fall (a), die vorausschauende Dateiendeerkennung, liegt der Abbildung 5.23 zugrunde. Da in den Schleifenbedingungen auch einzulesende Werte überprüft werden müssen, wird wieder der bereits bekannte Kunstgriff mit einer logischen Variablen ENDE-FLAG und der Erweiterung des Einlesevorgangs um eine jeweils vorausgehende Dateiendeprüfung verwendet. Abbildung 5.24 zeigt den für Fall (b) der Dateiendeerkennung modifizierten Algorithmus. Dieser ist offensichtlich etwas eleganter. Die folgenden Erläuterungen können auf beide Algorithmen gleichermaßen bezogen werden.

Die Gruppenkontrolle erfolgt wieder mit Hilfe der zwischengespeicherten Ordnungsbegriffe. Die Vertreternummer wird in V-MERK, die Kundennummer in K-MERK sichergestellt. Nach dem Einlesen eines neuen Datensatzes im Block VERARBEITUNG wird jedesmal überprüft, ob die Ordnungsbegriffe sich geändert haben (die Überprüfung findet im Bedingungsteil der Schleifenbefehle (4) und (6) statt). Vier Fälle sind nun möglich:

(1) KUNDEN-NR und VERTRETER-NR sind gleichgeblieben; in dem Block VERARBEITUNG wird wie beim einstufigen Problem der UMSATZ des Kunden kumuliert.

(2) VERTRETER-NR ist gleichgeblieben, KUNDEN-NR hat sich geändert; es muß ein Untergruppenwechsel durchgeführt werden. Da die Bedingung für die Repetition (6) nicht mehr erfüllt ist, kommt Block (8) zur Ausführung; d. h., die Untergruppe des alten Kunden wird abgeschlossen. Die Bedingung für die Schleife (4) trifft weiterhin zu; in Block (5) wird die neue Untergruppe eröffnet.

(3) Wenn sich die VERTRETER-NR geändert hat, muß zunächst die *Untergruppe* des letzten Kunden des vorigen Vertreters abgeschlossen werden, dann die *Obergruppe* des vorigen Vertreters. Da nun keine der beiden Bedingungen in den Blöcken (6) und (4) zutrifft, werden nacheinander die Blöcke ABSCHLUSS-KUNDE, ABSCHLUSS-VERTRETER, EROEFFNUNG-VERTRETER und EROEFFNUNG-KUNDE durchlaufen; dies bewirkt den Abschluß der alten und die Eröffnung der neuen (Ober- und Unter-)Gruppen.

(4) Wurde die EOF-Marke erreicht (in Abbildung 5.24) bzw. hat ENDE-FLAG den Wert „wahr" (in Abbildung 5.23), so sind der Abschluß der zuletzt bearbeiteten Untergruppe, der zuletzt bearbeiteten Obergruppe und der Gesamtabschluß durchzuführen. Da jetzt keine der Wiederholungsbedingungen mehr erfüllt ist, werden nacheinander die Blöcke (8), (9) und (10) erreicht.

Zum besseren Verständnis der Abbildungen 5.23 und 5.24 sollte der Leser den Ablauf anhand eines numerischen Beispiels nachvollziehen. Am Ende dieses Kapitels ist hierfür eine Aufgabe formuliert.

VERKAUFSABRECHNUNG

```
dcl   1  VERKAUFSVORGANG
         2  ORDNUNGSBEGRIFF
            3  VERTRETER-NR        numerisch ganzzahlig
            3  KUNDEN-NR           numerisch ganzzahlig
         2  UMSATZ                 numerisch reell
         2  WEITERE-DATEN          ...
      VERKAUFSDATEI                file
      K-SUMME, V-SUMME
      GESAMTSUMME                  numerisch reell
      ENDE-FLAG                    logisch
      K-MERK, V-MERK               numerisch ganzzahlig
```

Ausführen EROEFFNUNG-GESAMT	(1)
Wiederholen, solange nicht ENDE-FLAG	(2)
Ausführen EROEFFNUNG-VERTRETER	(3)
Wiederholen, solange VERTRETER-NR = V-MERK und nicht ENDE-FLAG	(4)
Ausführen EROEFFNUNG-KUNDE	(5)

Wiederholen, solange KUNDEN-NR = K-MERK
         und   VERTRETER-NR = V-MERK
         und nicht ENDE-FLAG
	(6)

Ausführen VERARBEITUNG	(7)
Ausführen ABSCHLUSS-KUNDE	(8)
Ausführen ABSCHLUSS-VERTRETER	(9)
Ausführen ABSCHLUSS-GESAMT	(10)
Stop	

EROEFFNUNG-GESAMT

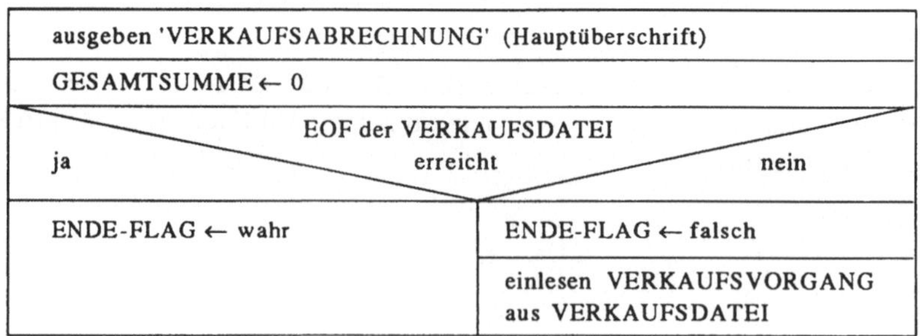

ausgeben 'VERKAUFSABRECHNUNG' (Hauptüberschrift)	
GESAMTSUMME ← 0	
EOF der VERKAUFSDATEI ja erreicht nein	
ENDE-FLAG ← wahr	ENDE-FLAG ← falsch
	einlesen VERKAUFSVORGANG aus VERKAUFSDATEI

EROEFFNUNG-VERTRETER

ausgeben 'UMSAETZE FUER VERTRETERNUMMER', VERTRETER-NR (Obergruppenüberschrift)
V-MERK ← VERTRETER-NR
V-SUMME ← 0

EROEFFNUNG-KUNDE

ausgeben 'KUNDENNUMMER', KUNDEN-NR (Untergruppenüberschrift)
K-MERK ← KUNDEN-NR
K-SUMME ← 0

VERARBEITUNG

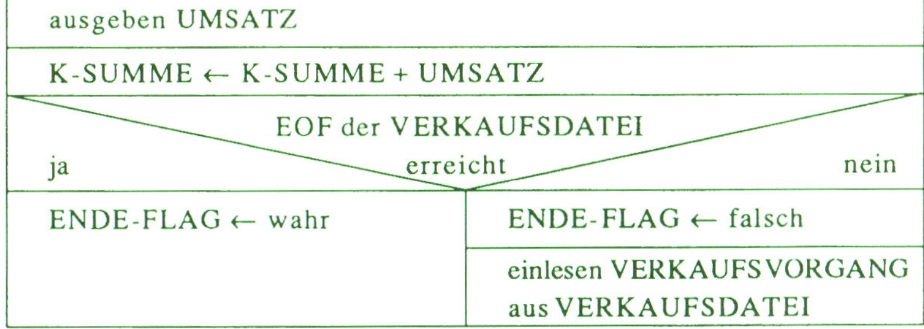

ABSCHLUSS-KUNDE

ausgeben 'KUNDENSUMME:', K-SUMME
V-SUMME ← V-SUMME + K-SUMME

ABSCHLUSS-VERTRETER

ausgeben 'VERTRETERSUMME:', V-SUMME
GESAMTSUMME ← GESAMTSUMME + V-SUMME

ABSCHLUSS-GESAMT

ausgeben 'GESAMTSUMME:', GESAMTSUMME

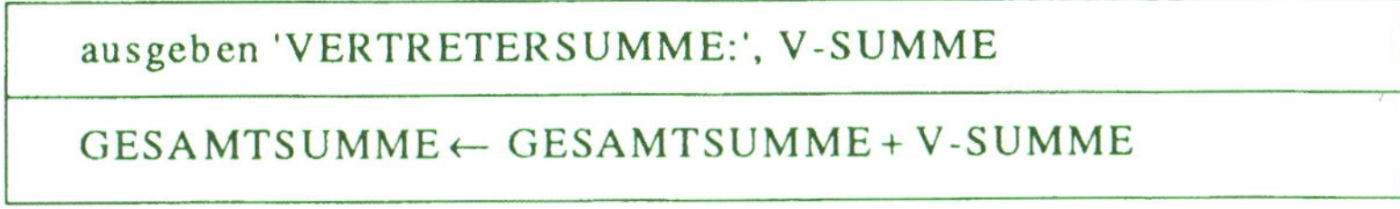

Abb. 5.23: Top-down entwickelte Struktogramme zum mehrstufigen Gruppenwechsel bei vorausschauender Dateiendebehandlung

VERKAUFSABRECHNUNG

```
dcl   1  VERKAUFSVORGANG
         2  ORDNUNGSBEGRIFF
            3  VERTRETER-NR        numerisch ganzzahlig
            3  KUNDEN-NR           numerisch gannzzahlig
         2  UMSATZ                 numerisch reell
         2  WEITERE-DATEN          ...
      VERKAUFSDATEI                file
      K-SUMME, V-SUMME
      GESAMTSUMME                  numerisch reell

      K-MERK, V-MERK               numerisch ganzzahlig
```

Ausführen EROEFFNUNG-GESAMT	(1)
Wiederholen, solange nicht EOF erreicht	(2)
Ausführen EROEFFNUNG-VERTRETER	(3)
Wiederholen, solange VERTRETER-NR = V-MERK und nicht EOF erreicht	(4)
Ausführen EROEFFNUNG-KUNDE	(5)

Wiederholen, solange KUNDEN-NR = K-MERK
      und   VERTRETER-NR = V-MERK
      und nicht EOF erreicht
	(6)

Ausführen VERARBEITUNG	(7)
Ausführen ABSCHLUSS-KUNDE	(8)
Ausführen ABSCHLUSS-VERTRETER	(9)
Ausführen ABSCHLUSS-GESAMT	(10)
Stop	

EROEFFNUNG-GESAMT

ausgeben 'VERKAUFSABRECHNUNG' (Hauptüberschrift)
GESAMTSUMME ← 0
einlesen VERKAUFSVORGANG aus VERKAUFSDATEI

EROEFFNUNG-VERTRETER

ausgeben 'UMSAETZE FUER VERTRETERNUMMER', VERTRETER-NR (Obergruppenüberschrift)
V-MERK ← VERTRETER-NR
V-SUMME ← 0

EROEFFNUNG-KUNDE

ausgeben 'KUNDENNUMMER', KUNDEN-NR (Untergruppenüberschrift)
K-MERK ← KUNDEN-NR
K-SUMME ← 0

VERARBEITUNG

ausgeben UMSATZ
K-SUMME ← K-SUMME + UMSATZ
einlesen VERKAUFSVORGANG aus VERKAUFSDATEI

ABSCHLUSS-KUNDE

ausgeben 'KUNDENSUMME:', K-SUMME
V-SUMME ← V-SUMME + K-SUMME

ABSCHLUSS-VERTRETER

ausgeben 'VERTRETERSUMME:', V-SUMME
GESAMTSUMME ← GESAMTSUMME + V-SUMME

ABSCHLUSS-VERTRETER

ausgeben 'VERTRETERSUMME:', V-SUMME
GESAMTSUMME ← GESAMTSUMME + V-SUMME

ABSCHLUSS-GESAMT

ausgeben 'GESAMTSUMME:', GESAMTSUMME

Abb. 5.24: Top-down entwickelte Struktogramme zum mehrstufigen Gruppenwechsel

5.4.3 Gruppenwechsel bei der Fortschreibung

Gruppenwechselprobleme treten in der Praxis häufig im Zusammenhang mit der Fortschreibung einer Datei auf. Bei der Fortschreibung, wie sie in Abschnitt 5.3 beschrieben wurde, existierte zu einem Ordnungsbegriff höchstens ein Bewegungssatz, so daß keine Gruppenbildung berücksichtigt werden mußte; sind dagegen mehrere Bewegungssätze zu verarbeiten, so ist das Phänomen des Gruppenwechsels zu beachten. Die Bewegungssätze, welche den gleichen Ordnungsbegriff aufweisen, stellen eine Gruppe dar.

Ein typisches Beispiel der Fortschreibung mit Gruppenwechsel ist die periodische Verbuchung von Zu- und Abgängen in einem System der Lagerbestandsführung. Wir betrachten ein Warenlager, in dem eine Reihe verschiedener Artikel gelagert werden. Für jede Artikelart sind Informationen in der Stammdatei gespeichert. Ein Stammsatz enthält als Ordnungsbegriff die Artikelnummer (S-ART), den vorhandenen Lagerbestand (BESTAND) sowie andere artikelbezogene Daten (z. B. Artikelbezeichnung, Abmessungen, Preis etc.):

```
dcl   1 STAMMSATZ-ALT

        2 S-ART              numerisch ganzzahlig
        2 BESTAND            numerisch reell
        2 WEITERE-DATEN      . . .
```

In der Bewegungsdatei sind alle im Kontrollzeitraum erfolgten Lagerbewegungen festgehalten. Für jeden Zugang oder Abgang existiert ein Bewegungssatz, welcher aus der Artikelnummer (B-ART) und der MENGE der Lagerbestandsveränderung besteht (Zugänge haben ein positives, Abgänge ein negatives Vorzeichen):

```
dcl   1 BEWEGUNGSSATZ

        2 B-ART              numerisch ganzzahlig
        2 MENGE              numerisch reell
```

Bewegungs- und Stammsätze sind nach Artikelnummern sortiert.

Die Programmablaufpläne in den Abbildungen 5.25 und 5.26 beschränken sich auf den Fall des Änderns von Datensätzen, die in der alten Stammdatei bereits vorhanden waren. Das Hinzufügen und Löschen von Datensätzen ziehen wir in die Betrachtung nicht mit ein.

Abbildung 5.25 zeigt den Algorithmus für den Fall, daß das Dateiende erst durch einen vergeblichen Leseversuch festgestellt werden kann. Die Struktur der Leseschleifen entspricht damit der Abbildung 2.5b[3].

Der PA entspricht weitgehend der Logik von Abbildung 5.14. Das eigentliche Aktualisieren eines Stammsatzes haben wir aus Gründen der Übersichtlichkeit in ein Unterprogramm (VERARBEITUNG) ausgelagert. Die von Abbildung 5.14 verschiedenen Funktionen werden in diesem Unterprogramm realisiert; der wesentliche Unterschied besteht darin, daß nach der

---

3   Vgl. Abschnitt 2.2.2.

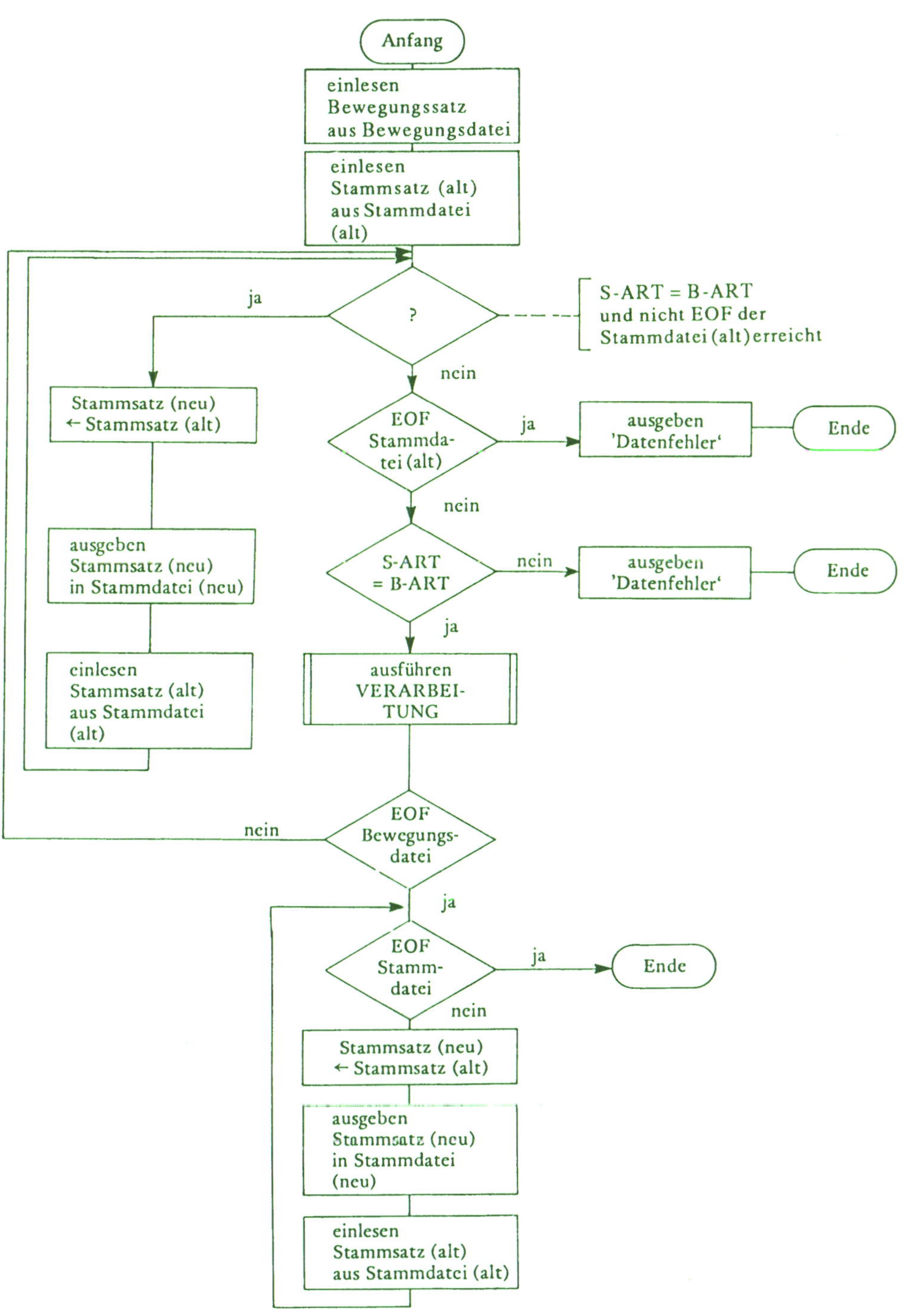

Anfang
einlesen Bewegungssatz aus Bewegungsdatei
einlesen Stammsatz (alt) aus Stammdatei (alt)
?
S-ART = B-ART und nicht EOF der Stammdatei (alt) erreicht
ja
Stammsatz (neu) ← Stammsatz (alt)
ausgeben Stammsatz (neu) in Stammdatei (neu)
einlesen Stammsatz (alt) aus Stammdatei (alt)
nein
EOF Stammdatei (alt)
ja
ausgeben 'Datenfehler'
Ende
nein
S-ART = B-ART
nein
ausgeben 'Datenfehler'
Ende
ja
ausführen VERARBEITUNG
EOF Bewegungsdatei
nein
ja
EOF Stammdatei
ja
Ende
nein
Stammsatz (neu) ← Stammsatz (alt)
ausgeben Stammsatz (neu) in Stammdatei (neu)
einlesen Stammsatz (alt) aus Stammdatei (alt)

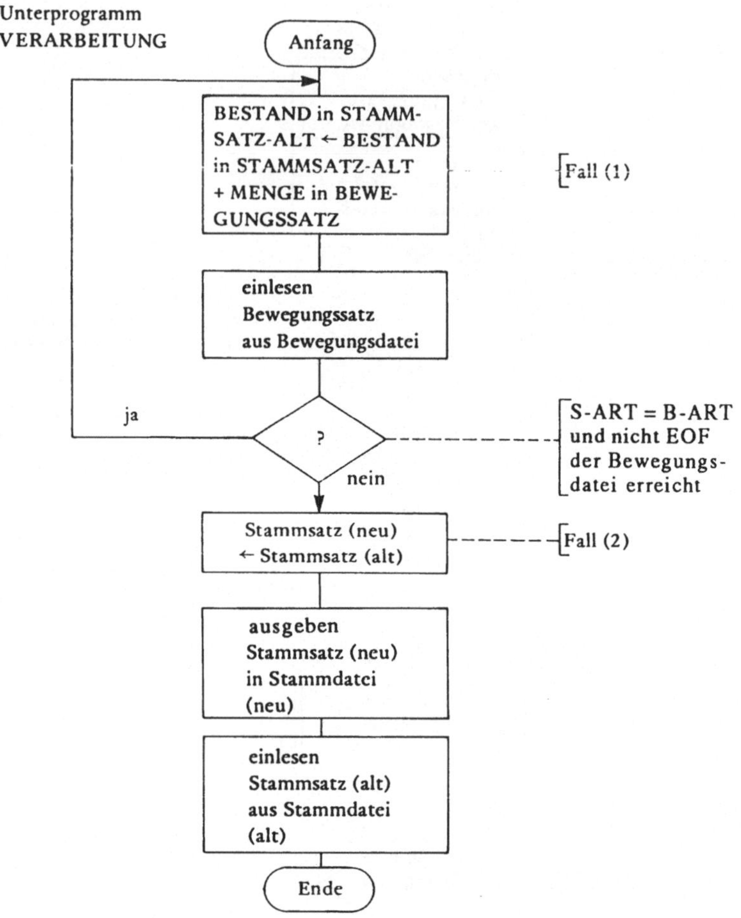

Abb. 5.25: Programmablaufplan zur Fortschreibung mit Gruppenkontrolle

Verarbeitung eines Bewegungssatzes, welcher den gleichen Ordnungsbegriff wie der Stammsatz aufweist, nicht automatisch der nächste Bewegungs- *und* Stammsatz eingelesen werden.

Da zu dem gerade betrachteten Stammsatz eventuell noch weitere Bewegungssätze existieren, wird zunächst nur ein Bewegungssatz gelesen und der Vergleich der Artikelnummern durchgeführt. Der Vergleich kann zwei Ergebnisse haben:

(1) Die Artikelnummern sind gleich; der neue Bewegungssatz bezieht sich auf denselben Stammsatz wie zuvor. Der BESTAND wird weiter aktualisiert — Fall (1).

(2) Die Artikelnummern sind nicht gleich. Der neue Bewegungssatz bezieht sich auf den nächsten Stammsatz, so daß ein Gruppenwechsel vorliegt. Die alte Gruppe wird dadurch abgeschlossen, daß der aktualisierte Stammsatz in die neue Stammdatei geschrieben wird — Fall (2). Nach dem Einlesen des nächsten Stammsatzes setzt sich der Ablauf im Hauptprogramm mit dem Vergleich der Artikelnummern in analoger Weise fort.

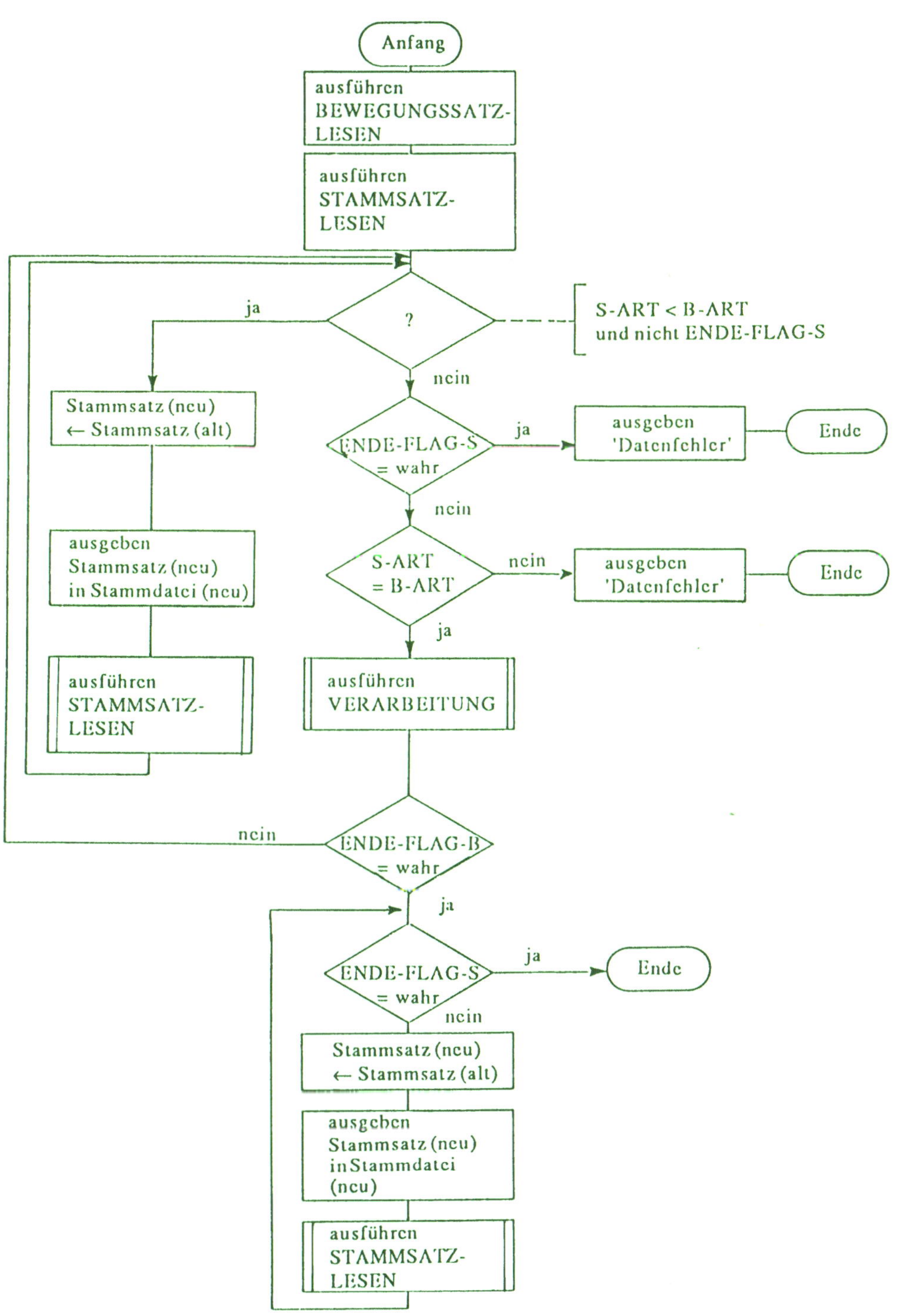

Anfang
ausführen BEWEGUNGSSATZ-LESEN
ausführen STAMMSATZ-LESEN
?
S-ART < B-ART und nicht ENDE-FLAG-S
ja
nein
Stammsatz (neu) ← Stammsatz (alt)
ausgeben Stammsatz (neu) in Stammdatei (neu)
ausführen STAMMSATZ-LESEN
ENDE-FLAG-S = wahr
ja
ausgeben 'Datenfehler'
Ende
nein
S-ART = B-ART
nein
ausgeben 'Datenfehler'
Ende
ja
ausführen VERARBEITUNG
ENDE-FLAG-B = wahr
nein
ja
ENDE-FLAG-S = wahr
ja
Ende
nein
Stammsatz (neu) ← Stammsatz (alt)
ausgeben Stammsatz (neu) in Stammdatei (neu)
ausführen STAMMSATZ-LESEN

Unterprogramm
VERARBEITUNG

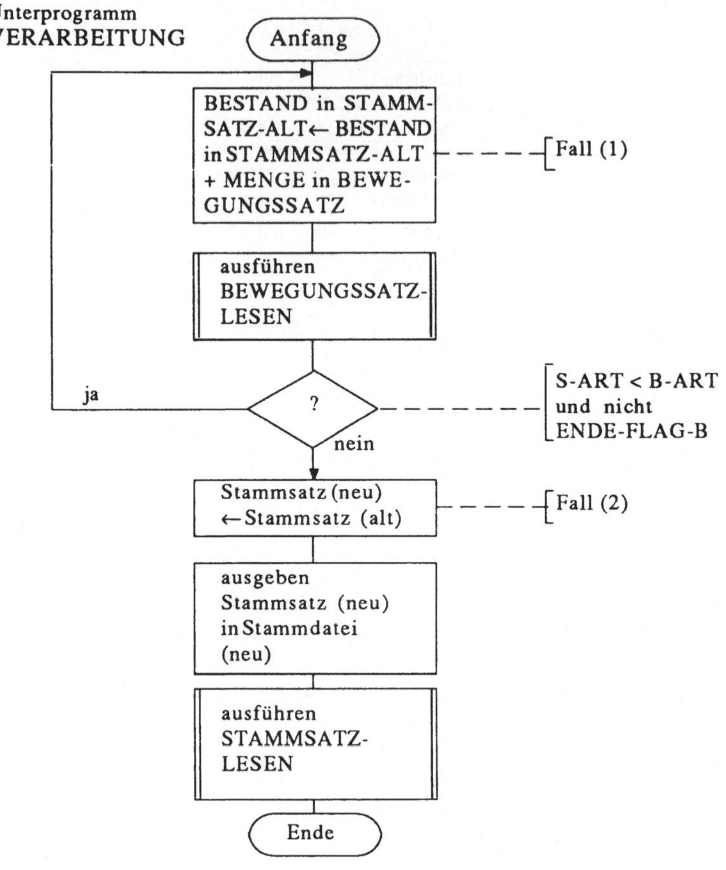

Unterprogramm
STAMMSATZ-LESEN

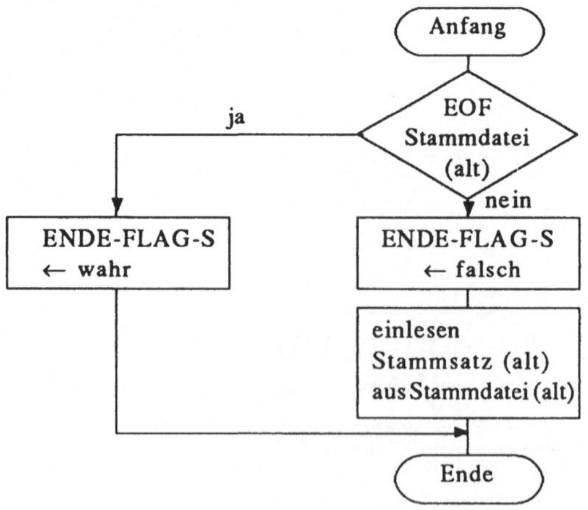

Unterprogramm
BEWEGUNGSSATZ-LESEN

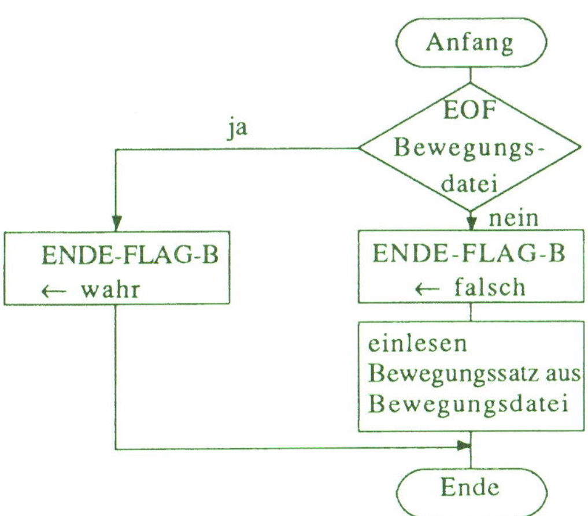

Abb. 5.26: Programmablaufplan zur Fortschreibung mit Gruppenkontrolle bei vorausschauender Dateiendeerkennung

Liest der Eingabebefehl des Unterprogramms die EOF-Marke der Bewegungsdatei ein, muß die letzte Gruppe noch abgeschlossen werden; dies wird wie ein normaler Gruppenabschluß in Fall (2) behandelt. Eventuell noch vorhandene Stammsätze werden wie in Abbildung 5.14 im Hauptprogramm unverändert in die neue Stammdatei geschrieben.

Zur Veranschaulichung ist in Abbildung 5.27 ein kleines Beispiel gegeben. Führt man den PA schrittweise unter Verwendung der alten Stammdatei und der Bewegungsdatei aus, so erhält man die in Teil c dargestellte neue Version der Stammdatei.

In Abbildung 5.26 wird nun der Algorithmus gegenübergestellt, den man erhält, wenn von einer vorausschauenden Dateiendeerkennung auszugehen ist. Die einfache Ablaufstruktur nach dem Muster der Abbildung 2.5a[4] läßt sich trotzdem – wie in früheren Fällen – nicht anwenden, da in den Schleifenbedingungen auch einzulesende Werte benötigt werden.

Gegenüber der Abbildung 5.25 ist die Dateiendebehandlung nun mit Hilfe von logischen Variablen realisiert. Da zwei Dateien vorliegen, wurden diese mit ENDE-FLAG-S für die Stammdatei (alt) und ENDE-FLAG-B für die Bewegungsdatei benannt. Die Eingabebefehle sind durch Unterprogrammaufrufe ersetzt. In den entsprechenden Unterprogrammen BEWEGUNGSSATZ-LESEN und STAMMSATZ-LESEN werden beim Lesen eines Datensatzes auch die Variablen ENDE-FLAG-S bzw. ENDE-FLAG-B aktualisiert.

Betrachtet man die Abbildungen 5.25 und 5.26 nebeneinander, so erkennt man deutlich, daß die Grundstruktur des Algorithmus in *beiden* Fällen die gleiche ist. Beide Lösungen basieren auf dem Muster der Abbildung 2.5b.

4 Vgl. Abschnitt 2.2.2.

a) Stammdatei (alt)

S-ART	BESTAND	WEITERE-DATEN
1000	135	. . .
1010	40	. . .
1020	137	. . .
1030	205	. . .
1040	116	. . .
1050	75	. . .
1060	50	. . .
EOF		

b) Bewegungsdatei

B-ART	MENGE
1010	+ 50
1010	− 22
1010	− 18
1030	− 80
1050	− 15
1050	+ 100
EOF	

c) Stammdatei (neu)

S-ART	BESTAND	WEITERE-DATEN
1000	135	. . .
1010	50	. . .
1020	137	. . .
1030	135	. . .
1040	116	. . .
1050	160	. . .
1060	50	. . .
EOF		

Abb. 5.27: Dateiinhalte zum Fortschreibungsbeispiel mit Gruppenkontrolle

(1) Erstellen Sie ein Struktogramm zur Berechnung der ersten 50 Fibonacci-Zahlen, denen folgendes Problem zugrunde liegt[5]:

Es war einmal ein kleines Kaninchenmädchen. Mit der Zeit wuchs es zu einer Kaninchendame heran, verheiratete sich und bekam ein kleines Kaninchenmädchen. Nun haben wir also eine Kaninchenmama und ein kleines Kaninchenmädchen.

Die Kaninchenmama aber gebar ein weiteres Kaninchenmädchen, während das erste Kaninchenmädchen zu einer Kaninchendame heranwuchs. Nun haben wir also zwei erwachsene Kaninchen und ein Baby.

Jetzt aber bekam jede der Kaninchendamen ein Baby, während sich das Mädchen zur Dame entwickelte. Nun haben wir drei Kaninchendamen und zwei kleine Mädchen.

Jede der drei Kaninchendamen gebar wieder ein Kaninchenmädchen, während die zwei älteren Kaninchenkinder heranwuchsen; so haben wir schließlich fünf Kaninchendamen und drei Kinder usw.

Die jeweiligen Kaninchenzahlen, das sind die Zahlen 1, 1, 2, 3, 5, 8 usw., bilden die Serie der Fibonacci-Zahlen.

Hinweis: Wie man leicht erkennt, wird jedes Element der Folge (außer den beiden ersten) als Summe der zwei vorhergehenden Elemente gebildet.

(2) Lösen Sie die Multiplikation zweier Matrizen $Z = X \cdot Y$ in einem PA oder Struktogramm. Wenn X eine M x N-Matrix und Y eine N x K-Matrix ist, dann ergibt sich ein Element von Z als

$$Z_{IJ} = \sum_{L=1}^{N} X_{IL} \cdot Y_{LJ} \qquad \text{(für alle I=1 bis M und J=1 bis K)}$$

Überprüfen Sie Ihren Ablauf anhand eines Zahlenbeispiels!

(3) Schreiben Sie analog zu der Sortierung durch Minimumbestimmung einen Algorithmus, welcher einen Vektor durch Bestimmung des jeweils maximalen Elements aufsteigend ordnet.

Sortieren Sie den in Abschnitt 5.2.1 verwendeten Vektor $X = (75, 50, 35, 120, 80)$ entsprechend Ihrem Lösungsweg, indem Sie den Algorithmus schrittweise nachvollziehen!

(4) Entwickeln Sie einen PA für die Fortschreibung einer Stammdatei! Neu zu erstellende Stammsätze liegen als Bewegungssätze vor. Berücksichtigen Sie den Fall, daß neue Sätze an beliebiger Stelle der Stammdatei eingefügt werden können. Achten Sie darauf, nur solche Steuerkonstrukte zu verwenden, die in der Strukturierten Programmierung zugelassen sind (vgl. dazu auch Aufgabe 6).

---

5 Aus Vazsonyi [Computerprogramm mit PL/I], S. 199 ff.

Überprüfen Sie die Richtigkeit Ihrer Lösung anhand der Studentendatei in Abbildung 5.18b; schreiben Sie diese mit Hilfe einer Änderungsdatei fort, in der Bewegungssätze mit den Martikelnummern 5, 40, 75, 120 enthalten sind!

(5) Gegeben sei eine Datei mit folgendem Inhalt (eine Zeile entspricht einem Datensatz):

Zeile	VERTRETER-NR	KUNDEN-NR	UMSATZ
1	10	100	25
2	10	100	15
3	10	110	20
4	10	120	13
5	10	120	12
6	20	100	30
7	20	100	20
8	20	100	12
9	20	110	15
10	30	110	20
11	30	110	15
12	30	120	22
13	30	120	15
14	EOF		

Erstellen Sie eine Vertreter-Abrechnungsliste mit Hilfe der Struktogramme, die in Abbildung 5.23 gegeben sind, indem Sie den Ablauf schrittweise nachvollziehen!

Hinweis: Legen Sie sich ein Verzeichnis aller vorkommenden Variablen an, und tragen Sie bei jeder Veränderung den neuen Wert dort ein!

(6) In Abbildung 5.26 sind PA's zur Fortschreibung mit Gruppenkontrolle gegeben. Überführen Sie die PA's in Struktogramme!

6. Beziehungen zwischen Programmen und Dateien

6.1 Die Stellung des einzelnen Programms in der Gesamtaufgabe

Die Ausführungen in den vorhergehenden Kapiteln dieses Buches galten dem Prozeß der logischen Problemlösung bei der Entwicklung eines Programms. Im Vordergrund stand eine bestimmte, abgegrenzte Aufgabe, die in einem einzelnen Programm realisiert werden sollte.

Betrachtet man nun Aufgabenkomplexe, wie sie für die Praxis der Datenverarbeitung charakteristisch sind, so stellt das einzelne Programm oft nur eine Komponente in einem größeren Gesamtsystem dar. Als Beispiele seien die Buchhaltung oder die Fertigungssteuerung in einem Produktionsunternehmen genannt, bei denen viele Programme zusammenwirken müssen.

Die Untersuchung und Strukturierung eines solchen umfassenden Problems ist Gegenstand der *Systemanalyse*. Die Gesamtaufgabe wird in Bestandteile aufgespalten, die jeweils einem Programm entsprechen. Dabei wird genau festgelegt,

— welche Teilaufgabe jedes Einzelprogramm zu lösen hat,

— welche Daten es als Input benötigt,

— welche Ergebnisse es liefert, d. h., welche Outputdaten es bereitstellt.

Bei dateiorientierten Aufgabenkomplexen, wie sie vor allem der kommerziellen Datenverarbeitung zugrunde liegen, ist es oft nicht leicht, den Überblick über die Vielzahl benötigter und erstellter Datenbestände zu behalten.

Aus dem Zusammenwirken der verschiedenen Programme ergibt sich, daß Dateien, die den Output eines Programms repräsentieren, oft von anderen Programmen als Input weiterverarbeitet werden. Zur übersichtlichen Darstellung bedient man sich deshalb graphischer Hilfsmittel, aus denen die Beziehungen zwischen Programmen und Dateien hervorgehen.

6.2 Datenflußpläne

Eine graphische Übersicht, welche die zu einer größeren Gesamtaufgabe gehörenden Programme und Dateien verbindet, ist der *Datenflußplan*. Ein Datenflußplan zeigt, welche Stellen die Daten durchlaufen, d. h., auf welchen externen Datenträgern sie vorliegen, welche Daten Input, welche Daten Output der einzelnen Programme sind und welche Art der Bearbeitung der Daten in den verschiedenen Programmen vorgenommen wird. Er gibt ferner an, welche sonstigen Tätigkeiten innerhalb des Gesamtkomplexes auszuführen sind (z. B. manuelle Eingriffe, Auswechseln eines Datenträgers).

Ein Datenflußplan setzt sich ähnlich wie ein PA aus Sinnbildern zusammen, die in der DIN-Vorschrift 66001 genormt sind. Zum Teil handelt es sich um die gleichen Symbole wie für PA's. Zusätzliche Symbole werden vor allem für die Daten eingeführt[1].

Wir wollen exemplarisch nur einige wichtige Symbole erläutern, soweit sie für unser primäres Anliegen, die logische Problemlösung im einzelnen Programm, von Bedeutung sind.

Daten allgemein

Daten auf Schriftstück
(z. B. Druckliste)

Daten auf Karte
(z. B. Loch-, Magnetkarte)

Daten auf Speicher mit
ausschließlich sequentiellem
Zugriff (z. B. Magnetband)

Daten auf Speicher mit
direktem Zugriff
(z. B. Magnetplatte)

Maschinell erzeugte optische
oder akustische Daten
(z. B. Bildschirmausgabe)

1 Vgl. im einzelnen DIN [Informationsverarbeitung], S. 154 ff.

Das Verarbeitungssymbol „Rechteck" wird auch im Datenflußplan verwendet. Während es im PA meist zur Aufnahme eines einzelnen Befehls dient, steht es im Datenflußplan im allgemeinen für ein Programm.

Hätten wir für die einführenden Beispielsaufgaben der ersten Kapitel, bei denen Daten einzulesen, zu verarbeiten und Ergebnisse auszudrucken waren, Datenflußpläne erstellt, so wären diese von der einfachen Form der Abbildung 6.1 gewesen. In der Abbildung wird angenommen, die Eingabedaten würden vom Benutzer des Programms über die Tastatur eines Bildschirmgeräts eingegeben. (Einen sich weitgehend selbst erklärenden Datenflußplan haben wir im übrigen bereits bei der Besprechung der Fortschreibung in Abbildung 5.13 verwendet, ohne ihn dort als solchen zu kennzeichnen.)

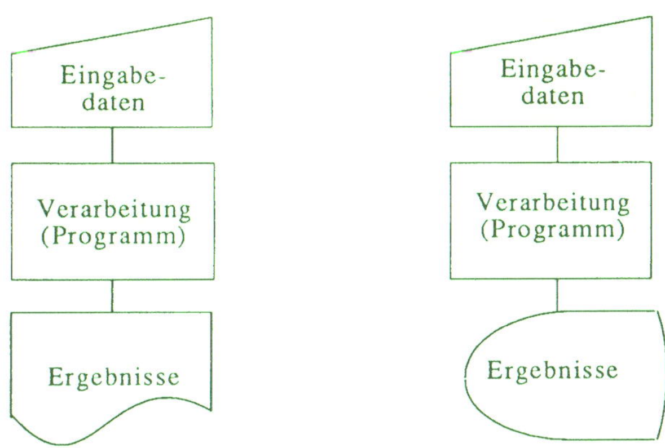

Abb. 6.1: Datenflußpläne mit Tastatureingabe und Drucker- bzw. Bildschirmausgabe

Ein erweitertes Beispiel zur Erzeugung von Bestellungen aufgrund von Lagerentnahmen soll hier die Zusammenhänge verdeutlichen.

In einem Handelsunternehmen mögen die Entnahmen aus dem Artikellager über die Tastatur eines Bildschirmgeräts eingegeben und von einem *Erfassungsprogramm* in eine sequentielle Datei übertragen werden. Diese Datei wird von einem *Bestellprogramm* verarbeitet, welches automatisch Bestellbriefe druckt (z. B. wenn der Lagerbestand eines Artikels den Meldebestand unterschreitet).

Dazu muß es auf die aktuellen Lagerbestände und auf die Adressen der Lieferanten zugreifen, die in der Artikelbestandsdatei bzw. in der Lieferantendatei gespeichert sind. Die erzeugten Bestellungen werden außerdem in eine Bestelldatei geschrieben, damit später die Wareneingänge kontrolliert werden können.

Da die Fortschreibung der Lagerstände hier nicht vom selben Programm erledigt werden soll, geht der Pfeil von der Artikeldatei zum Bestellprogramm nur in eine Richtung (nur Le-

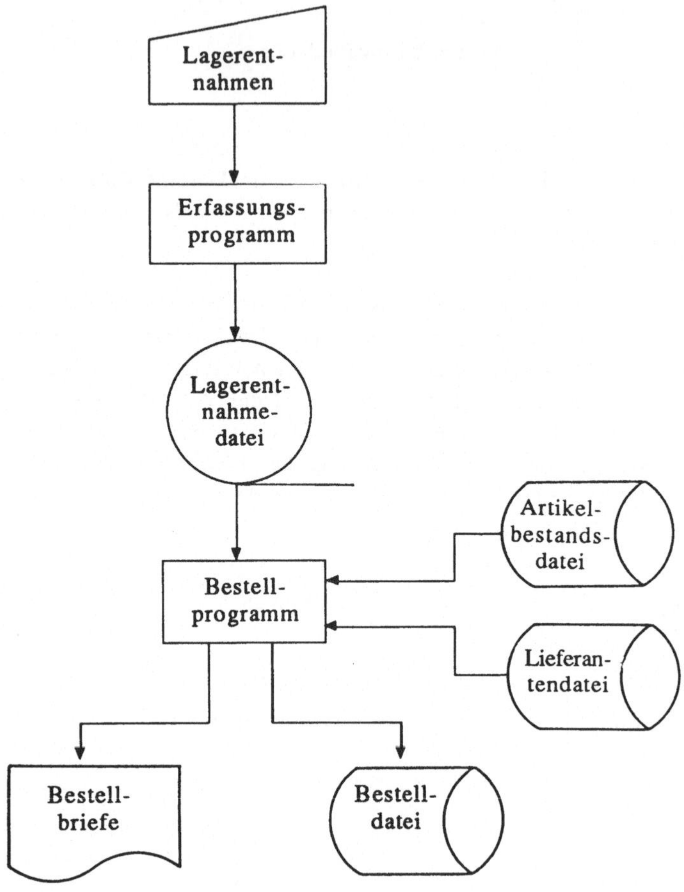

Abb. 6.2: Datenflußplan zur Erzeugung von Bestellungen

sezugriff). Wenn gleichzeitig die Fortschreibung durchgeführt würde, müßte auch ein entgegengesetzter Pfeil eingetragen werden, da dann Daten – nämlich die aktualisierten Lagerbestände – zurück in die Artikelbestandsdatei übertragen würden (Lese- und Schreibzugriff).

Abbildung 6.2 zeigt, welches Aussehen der Datenflußplan für das gesamte Problem hat. Die beiden Rechtecke repräsentieren Programme, zu deren Entwicklung Algorithmen gebildet werden. Dazu kann man Struktogramme oder PA's verwenden, die wir eingehend beschrieben haben. Die Ausführungen dieses Buches bezogen sich also auf jeweils ein Rechteck im Datenflußplan.

148

Anmerkung

Gewisse Verbreitung hat eine Diagrammtechnik erlangt, die den Versuch unternimmt, wesentliche Merkmale der Datenflußpläne und der PA's in sich zu vereinigen, nämlich die Beschreibung des Datenflusses und die Logik der Verarbeitung innerhalb der Programme. Während aus dem Datenflußplan die Algorithmen nicht hervorgehen und andererseits der PA die verwendeten Dateien nur schwer erkennen läßt, sind in den sogenannten HIPO-Diagrammen beide Elemente enthalten[2].

Die HIPO-Technik wird vor allem zur hierarchischen Strukturierung eines Gesamtsystems vorgeschlagen, da sie die Top-down-Vorgehensweise bei der Zerlegung in einzelne Komponenten unterstützt.

Für jede Komponente wird in einem HIPO-Diagramm der Input, die Verarbeitung und der Output verbal skizziert. Darin liegt allerdings auch der entscheidende Nachteil der HIPO-Technik. Kompliziertere Algorithmen lassen sich auf diese Weise kaum beschreiben, so daß in solchen Fällen die Verwendung eines Datenflußplans für den Gesamtzusammenhang und mehrerer PA's oder Struktogramme für die Algorithmenentwicklung vorzuziehen ist.

Aufgaben und Fragen zu Kapitel 6

(1) Grenzen Sie die Begriffe Datenflußplan und Programmablaufplan gegeneinander ab!

(2) Wie wäre der Datenflußplan in Abbildung 6.2 zu ändern, wenn ein weiteres Programm die Fortschreibung realisieren würde?

---

2 Vgl. Hauff [HIPO-Diagramme], S. 44 ff.; Melekian [Neue Methoden und Techniken], S. 149 ff.; HIPO ist eine Abkürzung von „hierarchy" und „input-process-output".

7. Programmiersprachen und Programmierung

7.1 Die Aufgabe einer Programmiersprache

Programme werden erstellt, um Probleme mit Hilfe des Computers zu lösen. Die Entwicklung der Datenvereinbarungen und der Algorithmen, mit denen wir uns in den bisherigen Kapiteln beschäftigt hatten, stellt die Vorstufe zur Programmierung i.e.S. dar.

Die Programmiersprache ist das Medium, dessen man sich bedient, um die mit graphischen Hilfsmitteln (wie z.B. Struktogrammen) oder umgangssprachlich formulierten Algorithmen und Datenvereinbarungen in einer maschinenverständlichen Form auszudrücken. Die wesentliche gedankliche Leistung zum Problemlösen liegt in der Algorithmenentwicklung und der Festlegung geeigneter Datenstrukturen. Die Überführung in die Programmiersprache stellt demgegenüber eine untergeordnete Tätigkeit dar. Diese ist um so einfacher, je sauberer der Algorithmus und die Datenvereinbarungen entworfen wurden, je besser der Programmierer die verwendete Programmiersprache beherrscht und, nicht zuletzt, je besser die Ausdrucksmittel sind, die die Programmiersprache zur Verfügung stellt. Da bezüglich der Voraussetzungen oft vieles im Argen liegt, kann das Programmieren trotz allem zu einer zeitraubenden Tätigkeit werden.

Wenn man die Argumentation weiterführt, läßt sich auch der Begriff des *Programms* neu fassen. Alternativ zu der in Kapitel 1.1 gegebenen Definition kann ein Programm einfach als eine Darstellung des Algorithmus und der Datenvereinbarungen in einer Programmiersprache beschrieben werden. In dieser Definition kommt zum Ausdruck, daß das Schwergewicht bei der Programmentwicklung nicht so sehr auf der Programmierung i.e.S. liegt, sondern auf der Phase des Algorithmenentwurfs.

Eine Programmiersprache ist somit ein Hilfsmittel zur Kommunikation zwischen dem Menschen, der einen Lösungsweg erarbeitet hat, und der Maschine, welche zur Problemlösung eingesetzt werden soll. Neben dem Aspekt der *Mensch-Maschine-Kommunikation* fällt der Programmiersprache aber noch eine weitere Aufgabe zu: sie ist auch ein Hilfsmittel zur Kommunikation zwischen *Menschen*!

Programme in der betrieblichen Praxis haben oft eine sehr lange Lebensdauer. Im Rahmen der *Wartung*[1] müssen stets Korrekturen und Änderungen an bestehenden Programmen durchgeführt werden. Mit der Wartung sind häufig andere Programmierer als die Entwickler der Programme beschäftigt, z.B. wegen Personalwechsels oder aus organisatorischen Gründen. Daraus folgt, daß auch andere Personen als der Autor in der Lage sein müssen, den Text eines Programms zu verstehen. Diese Notwendigkeit kann sich im übrigen bereits in der Entwicklungsphase ergeben, da umfangreiche Programme oder Programmsysteme meist von Teams aus mehreren Personen entwickelt werden.

---

1 Vgl. dazu auch Kapitel 3.1.

Eine Programmiersprache ist eine künstliche Sprache, deren Syntax und Semantik in einer Sprachdefinition festgelegt sind. Als *Syntax* bezeichnet man die *formalen Regeln* über die zulässigen Sprachelemente und die zulässigen Möglichkeiten ihrer Verwendung in einem Programm. Die *Semantik* umfaßt Aussagen über die *Bedeutung* der Sprachelemente und der zulässigen Kombinationen von Sprachelementen in einem Programm.

Programmiersprachen lassen sich nach einer Vielzahl von Kriterien unterscheiden, auf die hier nicht näher eingegangen wird[2]. Die Sprachen, die im weiteren erörtert werden, sind die sog. *höheren* (oder problemorientierten) Programmiersprachen. Diese bezeichnet man auch als Sprachen der 3. Generation oder als *prozedurale* Sprachen.

Der Einteilung der Programmiersprachen in Generationen liegt die historische Entwicklung von Maschinensprachen (1. Generation) über maschinenorientierte Sprachen oder Assemblersprachen (2. Generation) hin zu den höheren Sprachen (3. Generation) zugrunde, die bereits in Kapitel 1.1 erläutert wurde. Die Sprachen der 3. Generation heißen prozedural, weil in ihnen Programm*abläufe* beschrieben werden; d. h., ein Programm in einer prozeduralen Sprache gibt genau den Lösungsweg, der zum gewünschten Ergebnis führen soll, als eine Folge von Einzelschritten an.

Man erkennt an dieser Charakterisierung die Analogie zum Begriff des *Algorithmus*. Tatsächlich ist die Algorithmenentwicklung die Vorstufe zur Programmierung, wenn man eine prozedurale Programmiersprache benutzt.

Einen völlig anderen Lösungsansatz verwendet man, wenn man eine sog. *deklarative* Sprache zur Verfügung hat. Eine solche Sprache erlaubt es dem Programmierer, sich auf die *Beschreibung* des zu lösenden Problems zu beschränken. Um den Lösungsweg selbst braucht er sich nicht zu kümmern; dieser wird automatisch ermittelt. Deklarative Sprachen rechnet man der 4. Generation zu.

Wenngleich der Einsatz deklarativer Sprachen zur Problemlösung vom Prinzip her wünschenswert erscheint, lassen sich beim heutigen Stand sehr viele Probleme mit ihnen nicht oder nicht effizient lösen. Für diese Probleme muß der Programmierer nach wie vor *Algorithmen* selbst entwickeln und dann in einer prozeduralen Sprache programmieren. Die Programmiersprachen der 3. Generation besitzen deshalb in der Praxis immer noch die weiteste Verbreitung. Der Ansatz, der in diesem Buch vermittelt wurde, folgt im übrigen dieser Linie: behandelt wurden bislang Algorithmen, die anschließend mit einer prozeduralen Sprache in maschinenverständliche Form umgesetzt werden können. Die bekanntesten dieser Sprachen sind (in alphabetischer Reihenfolge): Ada, Algol, Basic, C, Cobol, Fortran, Modula-2, Pascal und Pl/1.

<hr>

2 Vgl. dazu z. B. Computer Magazin [Programmiersprachen]; Kurbel [Programmiersprachen].

7.2 Anforderungen an eine Programmiersprache und Umsetzung in Pascal

Mit Hilfe der Programmiersprache soll die Lösung einer Aufgabe in einer von der Maschine interpretierbaren und andererseits auch dem Menschen möglichst verständlichen Form ausgedrückt werden.

Die erste Anforderung ist dadurch gewährleistet, daß für Programme, die in einer bestimmten Programmiersprache geschrieben sind (man bezeichnet diese auch als *Quellprogramme)*, ein Übersetzungsprogramm existiert, welches die Programme in die Maschinensprache überführt. Das Übersetzungsprogramm ist ein Compiler oder ein Interpreter.

Ein *Compiler* erzeugt ein vollständiges Programm in Maschinensprache, welches unmittelbar ablaufen, aber auch abgespeichert und zu einem späteren Zeitpunkt wieder geladen und ausgeführt werden kann, ohne daß eine erneute Übersetzung erforderlich ist. Ein solches Programm heißt *Maschinenprogramm* oder *Objektprogramm*.

Ein *Interpreter* übersetzt dagegen Befehl für Befehl des Quellprogramms und veranlaßt jeweils sofort die Ausführung, ohne daß ein eigenständiges Objektprogramm erzeugt wird. Dies bedeutet, daß bei jedem Programmlauf gleichzeitig auch eine Übersetzung erfolgen muß. Interpretierte Programme sind deshalb im allgemeinen weniger effizient als compilierte Programme.

Der zweite Aspekt hängt wesentlich von der Art und Weise ab, wie der Programmierer die Lösung der Aufgabe angeht und wie er die Lösung in der Programmiersprache niederschreibt. Allgemeine Anforderungen an Programme und Grundsätze für die Gestaltung von Programmen wurden unter diesem Aspekt bereits in Kapitel 3.1 erörtert. Programmiersprachen können danach beurteilt werden, inwieweit sie es dem Programmierer erlauben, möglichst verständliche, fehlerfreie und wartungsfreundliche Programme zu entwickeln.

Eine Methode, die in der Phase des Algorithmenentwurfs bereits sinnvolle Programmstrukturen nahelegt, ist die *Strukturierte Programmierung*, die in den früheren Kapiteln dieses Buchs vermittelt wurde. An eine Programmiersprache wird deshalb die Anforderung gerichtet, daß sie die Umsetzung der „strukturierten Algorithmen" in „strukturierte Programme" unterstützen sowie weitere Ausdrucksmittel zur Erzeugung „guter" Programme bereitstellen muß. Inwieweit dies bei den einzelnen Programmiersprachen erfüllt ist, wird in Kapitel 7.3 diskutiert.

Im folgenden wird nun die Programmierung im engeren Sinne erläutert. Dabei soll aufgezeigt werden, wie die Vorleistungen aus der Phase der Algorithmenentwicklung und der Festlegung der Datenvereinbarungen als Grundlage in die Programmierung eingehen.

Um die konkrete Anschauung zu vermitteln, wird als Beispiel eine reale Programmiersprache benutzt. Es handelt sich um die Sprache *Pascal*, die besonders einfach aufgebaut und leicht zu durchschauen ist. Insbesondere soll erläutert werden, wie die Datenvereinbarungen, die Steuerkonstrukte der Strukturierten Programmierung und die schrittweise Verfeinerung in einer Programmiersprache ausgedrückt werden. Es ist jedoch nicht beabsichtigt, die Sprachelemente von Pascal erschöpfend zu behandeln. Dazu wird der Leser auf die einschlägige Literatur verwiesen[3].

Für die meisten Programmiersprachen existieren internationale Normen, so auch für Pascal. Wir folgen soweit möglich der standardisierten Sprachdefinition und weisen auf einige Abweichungen explizit hin[4].

7.2.1 Umsetzung der Datenvereinbarungen

Bei den Datenvereinbarungen zu den Algorithmen war stets vorausgesetzt worden, daß bestimmte *Standarddatentypen* und *-datenstrukturen* vorgegeben, d. h. in der verwendeten Programmiersprache vordefiniert, sind. Die Standarddatentypen, die wir bislang als

> numerisch ganzzahlig
> numerisch reell
> alphanumerisch
> logisch

bezeichnet hatten, heißen in Pascal

> integer
> real
> char[5]
> boolean,

und die Datenstrukturen

> Array
> Record
> Datei

werden mit den Schlüsselwörtern

> array
> record
> file

bezeichnet.

3 Beschreibungen von Pascal findet man beispielsweise bei Herschel, Pieper [Pascal], Herschel [Turbo Pascal], Däßler, Sommer [Pascal].
4 Der Pascal-Standard ist wiedergegeben in Jensen, Wirth [Pascal], S. 142 ff.
5 Der Typ „char" bezeichnet jedoch nicht Zeichenfolgen, sondern nur einzelne Zeichen; für Zeichenfolgen ist eine Ersatzkonstruktion erforderlich. Wir werden diese im folgenden mit „alfa" benennen. Der Typ „alfa" kann somit als vordefinierte Zeichenfolge einer bestimmten Länge angesehen werden.

Datenvereinbarungen waren in unserer Notation durch die Kennzeichnung „dcl" beschrieben worden. Die Umsetzung in Pascal erfolgt mit Hilfe des Schlüsselworts „var", welches darauf hindeutet, daß Variablennamen vereinbart werden.

Die Bezugnahme auf die Datentypen und -strukturen bei der Vereinbarung einer Variablen kann in Pascal auf zwei Wegen erfolgen, wie auch Abbildung 7.1 erläutert: erstens durch Verwendung eines vordefinierten Typnamens und zweitens durch Definition eines eigenen Namens. Den ersten Weg haben wir bislang in diesem Buch eingeschlagen; der zweite wird weiter unten erläutert.

Hinter diesen Alternativen steht ein erweiterter Begriff des Datentyps, der in Pascal und ähnlichen Programmiersprachen, z. B. Ada und Modula-2, zur Anwendung kommt. Als Datentypen werden nicht nur die einfachen Typen aufgefaßt, deren Werte nicht weiter untergliedert sind; vielmehr können auch strukturierte Werte – etwa die Werte, die eine Arrayvariable annehmen kann – die Grundlage eines Typs bilden[6]. Man spricht dann von *strukturierten Typen*.

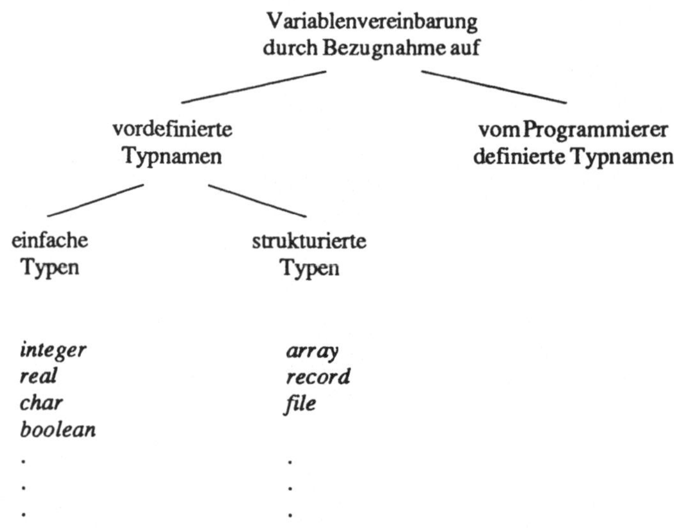

Abb. 7.1: Variablenvereinbarung in Pascal

Konkret bedeutet dies, daß auch Arrays, Records und Dateien als Datentypen behandelt werden. Eine Variable eines strukturierten Typs wird wie eine einfache Variable deklariert. Die Einzelheiten der Pascal-Syntax brauchen hier nicht erläutert zu werden. Es sei allerdings darauf hingewiesen, daß bei Records mehrstufige Strukturen nicht durch Stufennummern, sondern durch *Schachtelung* von Records erzeugt werden. Diesen Ansatz findet man auch in anderen Programmiersprachen wie Ada und C; in manchen Sprachen, z. B. Cobol und Pl/1, werden dagegen Stufennummern verwendet, und wieder andere erlauben gar keine Record-Vereinbarungen (z. B. Fortran, Basic).

---

6   Die Punkte in Abbildung 7.1 sollen andeuten, daß Pascal auch andere als die aufgeführten Typen kennt. Diese werden hier nicht weiter behandelt.

Die folgenden Beispiele zeigen einige Vereinbarungen, die weitgehend selbsterläuternd sind, in der Notation der Programmiersprache Pascal[7]:

Die Arrays X und Y sind jeweils als (10 × 100)-Matrizen vereinbart. PERSONAL-STAMMSATZ stellt einen Record dar, der sich aus PERSONALNUMMER, NAME und LOHNDATEN zusammensetzt, wobei die beiden letzteren selbst Records sind, so daß eine zweistufige Hierarchie entsteht[8].

```
var ANZAHL : integer;
    I, J, K   : integer;
    GEWICHT: real;
    ENDE      : boolean;

    X, Y      : array [1 .. 10, 1 .. 100] of real;

    PERSONALSTAMMSATZ:
         record
              PERSONALNUMMER : integer;
              NAME          : record
                                   NACHNAME : alfa;
                                   VORNAME   : alfa
                              end;
              LOHNDATEN: record
                                   KOSTENSTELLE : alfa;
                                   GRUNDLOHN    : real;
                                   ZUSCHLAG     : real
                              end
         end;
```

Der zweite Weg der Variablenvereinbarung – Bezugnahme auf neu definierte Typnamen – soll nun kurz erläutert werden. Dazu führt der Programmierer in einer sogenannten *Typvereinbarung* eigene Typnamen für Datenstrukturen (evtl. auch für einfache Typen) ein. In allen Variablenvereinbarungen kann dann statt der evtl. wiederholten expliziten Auflistung der Struktur der Typname benutzt werden. An einigen Stellen ist die Verwendung von Typnamen sogar obligatorisch. Typen werden unter dem Schlüsselwort „type" deklariert. Auf das obige Beispiel bezogen könnten etwa die Typnamen MATRIX und PERSONALDATEN deklariert und zur Vereinbarung der Variablen X, Y bzw. PERSONALSTAMMSATZ und MITARBEITER herangezogen werden:

```
type  MATRIX = array [1 .. 10, 1 .. 100] of real;

      PERSONALDATEN =
           record
                PERSONALNUMMER : integer;
                NAME          : record
                                     NACHNAME : alfa;
                                     VORNAME   : alfa
                                end;
```

```
            LOHNDATEN : record
                              KOSTENSTELLE  : alfa;
                              GRUNDLOHN     : real;
                              ZUSCHLAG      : real
                          end
            end;

var   X, Y                    : MATRIX;
      PERSONALSTAMMSATZ : PERSONALDATEN;
      MITARBEITER           : PERSONALDATEN;

      PERSONALDATEI         : file of PERSONALDATEN;
```

PERSONALDATEI ist eine Variable, die für eine sequentielle Datei steht. Ihre Komponenten sind vom Typ PERSONALDATEN; d. h., es handelt sich um Datensätze, die entsprechend der Record-Struktur PERSONALDATEN aufgebaut sind.

Die Schachtelung in dem Record-Typ PERSONALDATEN kann auch vollständig durch Typnamen ausgedrückt werden. Dazu müssen zusätzliche Typnamen eingeführt werden:

```
type  NAMENSTYP        = record
                              NACHNAME            : alfa;
                              VORNAME             : alfa
                          end;

      LOHNTYP          = record
                              KOSTENSTELLE        : alfa;
                              GRUNDLOHN           : alfa;
                              ZUSCHLAG            : real
                          end;

      PERSONALDATEN = record
                              PERSONALNUMMER : integer;
                              NAME                   : NAMENSTYP;
                              LOHNDATEN         : LOHNTYP
                          end;

var   PERSONALSTAMMSATZ : PERSONALDATEN;
```

In der Vereinbarung des Typs PERSONALDATEN wird nun auf die zuvor definierten Typnamen NAMENSTYP und LOHNTYP Bezug genommen. (Ein weitverbreiteter Pascal-Dialekt (Turbo-Pascal) verlangt sogar explizit bei mehrstufigen Records die Verwendung von Typnamen.)

Alle Vereinbarungen von Typen und Variablen müssen im Vereinbarungsteil eines Programms, der vor dem algorithmischen Teil steht, getroffen werden. Die grundsätzliche Struktur eines Pascal-Programms läßt sich damit wie in Abbildung 7.2 charakterisieren. Es besteht aus

− Programmkopf
− Vereinbarungsteil
− Anweisungsteil.

Im Vereinbarungsteil können außer Variablen und Datentypen noch weitere Programmobjekte vereinbart werden. Wir werden darauf später zurückkommen.

Programmkopf	program ...
Vereinbarungsteil	type ... var ...

Anweisungsteil	begin
	  .
	  .
	  .
	end.

Abb. 7.2: Struktur eines Pascal-Programms

Die Syntax einer Programmiersprache enthält in der Regel Vorschriften, wie die Variablennamen
aussehen dürfen. Diese sind in Pascal relativ großzügig, allerdings mit einer Ausnahme: Bindestriche sind nach der international genormten Sprachdefinition nicht zulässig. Wir werden dennoch
von dieser Restriktion gelegentlich abweichen, da die Auflockerung eines langen Namens durch
Trennstriche wesentlich zur Lesbarkeit beiträgt. Fast alle Pascal-Compiler akzeptieren im übrigen
(in Abweichung von der Norm) den tiefliegenden Bindestrich.

Datenvereinbarungen werden in den verschiedenen Programmiersprachen unterschiedlich benannt.
Statt der Kennzeichnung „var" in Pascal verwendet man in Pl/1 beispielsweise das Schlüsselwort
„dcl" (oder „declare"), mit dem wir bislang Vereinbarungen getroffen hatten.

7.2.2 Umsetzung der Steuerkonstrukte

Eine besonders wichtige Anforderung an eine Programmiersprache lautet, daß sie
Sprachelemente besitzen muß, mit denen man die Steuerkonstrukte der Strukturierten Programmierung ausdrücken kann. In dieser Beziehung macht es Pascal dem Programmierer besonders leicht, weil fast alle Steuerkonstrukte in Pascal zur Verfügung
stehen, was in anderen Sprachen nicht der Fall ist.

7.2.2.1 Sequenz

Eine Sequenz wie in Abbildung 4.1 wird in der Regel mit Hilfe einer *Verbundanweisung* formuliert. Diese wird mit dem Schlüsselwort „begin" eingeleitet und mit „end" abgeschlossen.

157

Ein Algorithmus stellt – auf der obersten Betrachtungsebene – nichts anderes als eine Sequenz von Strukturblöcken dar. In einem Pascal-Programm findet sich dieser Aspekt unmittelbar dadurch wieder, daß der Anweisungsteil als Sequenz aufgefaßt und mit „begin" und „end" gekennzeichnet wird (vgl. Abbildung 7.2).

7.2.2.2 Verzweigung

Die Verzweigung läßt sich mit der If-Anweisung ausdrücken:

if *Bedingung* then $\langle S_1\rangle$ else $\langle S_2\rangle$

Die *Bedingung* wird als logischer Ausdruck (vgl. Abschnitt 1.5.2) formuliert. Falls es sich um einen zusammengesetzen logischen Ausdruck handelt, kommen die entsprechenden Operatoren

„and"
„or"
„not"

zur Anwendung.

$\langle S_1\rangle$ und $\langle S_2\rangle$ stehen für Strukturblöcke. Handelt es sich um Elementarblöcke, kann die entsprechende Anweisung direkt notiert werden, z. B.:

```
if  BRUTTOBETRAG < 10000
    then RABATT := 0.1  * BRUTTOBETRAG
    else  RABATT := 0.15 * BRUTTOBETRAG
```

Der Operator := drückt den Zuweisungsbefehl aus, den wir in den Algorithmen mit dem Pfeil ← notiert hatten.

BRUTTOBETRAG < 10000	
ja	nein
RABATT ← 0.1 * BRUTTOBETRAG	RABATT ← 0.15 * BRUTTOBETRAG
RABATT_SUMME_1 ← RABATT_SUMME_1 + RABATT	RABATT_SUMME_2 ← RABATT_SUMME_2 + RABATT

Abb. 7.3: Verzweigung (einfache Alternative)

Steht in $\langle S_1\rangle$ oder $\langle S_2\rangle$ eine Sequenz, wird diese mit „begin" und „end" geklammert. Das Beispiel aus Abbildung 7.3 lautet dann:

```
if  BRUTTOBETRAG < 10000
    then  begin
            RABATT := 0.1  * BRUTTOBETRAG;
            RABATT_SUMME_1 := RABATT_SUMME_1 + RABATT
          end
```

                else   begin
                        RABATT := 0.15 * BRUTTOBETRAG;
                        RABATT_SUMME_2 := RABATT_SUMME_2 + RABATT
                end

Um eine Verzweigung mit einseitiger Alternative auszudrücken, braucht man in der
If-Anweisung nur den Zweig „else $<S_2>$" wegzulassen.

    dcl   OPERAND_1, OPERAND_2, RESULTAT   numerisch reell
           OPERATOR   alphanumerisch

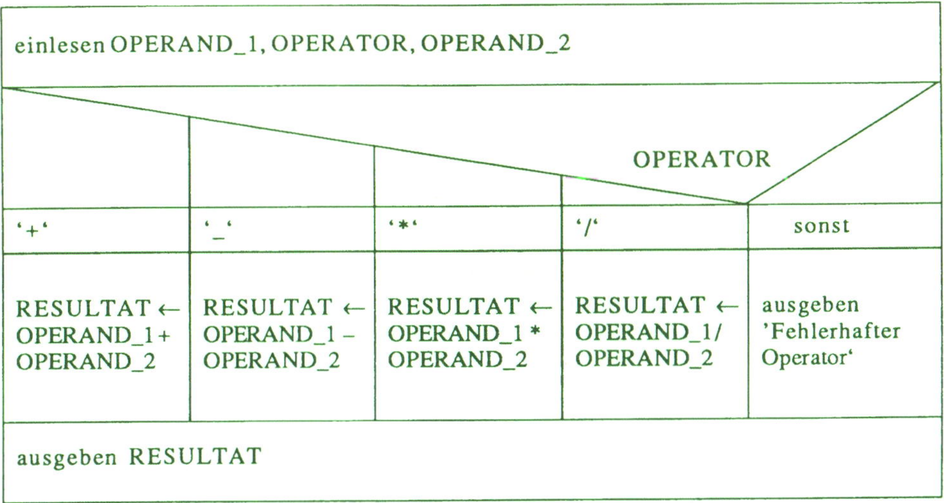

einlesen OPERAND_1, OPERATOR, OPERAND_2				
			OPERATOR	
'+'	'–'	'*'	'/'	sonst
RESULTAT ← OPERAND_1 + OPERAND_2	RESULTAT ← OPERAND_1 – OPERAND_2	RESULTAT ← OPERAND_1 * OPERAND_2	RESULTAT ← OPERAND_1 / OPERAND_2	ausgeben 'Fehlerhafter Operator'
ausgeben RESULTAT				

Abb. 7.4: Fallunterscheidung

7.2.2.3 Fallunterscheidung

Die Unterscheidung mehrerer Fälle anhand einer Fallvariablen, wie sie in Abbildung
4.6 dargestellt ist, kann mit Hilfe der Case-Anweisung fast unmittelbar in Pascal überführt werden.

    case *Fallvariable* of
        c_1 : $<S_1>$;
        c_2 : $<S_2>$;
            .
            .
            .
        c_m: $<S_m>$
    end

$c_1 \ldots c_m$ stehen hier für die möglichen Werte, die die *Fallvariable* annehmen kann.

Ist der Wert der Fallvariablen gleich c_j, wird Strukturblock S_j ausgeführt etc. Abbildung 7.4 zeigt ein Beispiel, in dem eine Zahl, ein Operationssymbol ('+', '–', '*' oder '/') und eine zweite Zahl eingelesen werden; je nach Operationssymbol sind die beiden Zahlen zu addieren, subtrahieren, multiplizieren oder dividieren. In Pascal könnte der Ablauf wie folgt formuliert werden:

```
var  OPERAND_1, OPERAND_2, RESULTAT: real;
     OPERATOR: char;
        .
        .

     readln OPERAND_1, OPERATOR, OPERAND_2);
     case OPERATOR of
        '+': RESULTAT := OPERAND_1  +  OPERAND_2;
        '–': RESULTAT := OPERAND_1  –  OPERAND_2;
        '*': RESULTAT := OPERAND_1  *  OPERAND_2;
        '/' : RESULTAT := OPERAND_1  /  OPERAND_2;
     end;
     writeln (RESULTAT);

        .
        .
```

„readln" und „writeln" sind Eingabe- bzw. Ausgabeanweisungen. Wie man sieht, kann der Sonst-Fall aus dem Struktogramm nicht niedergeschrieben werden, da die Case-Anweisung dafür keine Formulierungshilfe bietet. Wenn also ein falsches Zeichen für das Operationssymbol eingegeben wird, kann das Programm nicht fehlerfrei weiterarbeiten, es sei denn, die Eingabe wird vorher gesondert auf Zulässigkeit überprüft.

Es bleibt anzumerken, daß es Programmiersprachen gibt, in denen man auch den Sonst-Fall ausdrücken kann (z. B. Ada), und andere, die für die Fallunterscheidung gar kein Sprachelement anbieten. In den letzteren muß der Programmierer die Fallunterscheidung durch geschachtelte Verzweigungen wie in Abbildung 4.5 realisieren.

7.2.2.4 While-Schleife

Die Schleife mit Vorabprüfung der Schleifenbedingung (prechecked loop) hat ein unmittelbares Äquivalent in Pascal. Es lautet:

```
while Bedingung do <S>
```

bzw., wenn der Strukturblock <S> eine Sequenz darstellt:

```
while Bedingung do begin
        .
        .
     <S>
        .
        .

end
```

Der Programmausschnitt aus Abbildung 4.8 wird dann beispielsweise wie folgt formuliert:

```
SUMME := 0;
readln (BETRAG);
while BETRAG > 0 do begin
   SUMME := SUMME + BETRAG;
   readln (BETRAG)
end
```

7.2.2.5 Until-Schleife

Pascal ist eine der wenigen Sprachen, die auch für die Schleife mit Überprüfung der Austrittsbedingung am *Ende* des Schleifenrumpfs (postchecked loop) ein Sprachelement anbieten. Dazu dient die Repeat-Anweisung:

```
repeat
   .
   .
   <S>
   .
   .
until Bedingung
```

Wenn der Strukturblock $<S>$ kein Elementarblock ist, braucht man bei diesem Steuerkonstrukt dennoch keine Begin-end-Klammerung vorzunehmen. Hier liegt eine gewisse Inkonsistenz der Pascal-Sprache vor.

7.2.2.6 Zählschleife

Die Zählschleife ist ein Steuerkonstrukt, das von jeder höheren Programmiersprache unterstützt wird. In Pascal verwendet man die For-Anweisung. Diese gestattet allerdings nicht beliebige Schrittweiten einer numerischen Laufvariablen, sondern nur Schrittweiten von $+1$ und -1. Eine erhebliche Behinderung tritt dadurch nicht ein, da ohnehin in den allermeisten Fällen Laufvariable im Abstand $+1$, manchmal im Abstand -1, verändert werden.

Die For-Anweisung für eine Schrittweite von $+1$ lautet, wenn der Index eine ganzzahlige Variable ist:

```
for Index := Anfangswert to Endwert do <S>
```

Die rückwärts laufende Zählschleife wird demgegenüber als

```
for Index := Anfangswert downto Endwert do <S>
```

formuliert. Falls $<S>$ eine Sequenz ist, muß wieder die Verbund-Anweisung herangezogen werden. In dem folgenden Beispiel werden die 100 Komponenten eines Arrays X ausgegeben und addiert:

```
SUMME := 0;
for I := 1 to 100 do begin
    writeln (X[I]);
    SUMME := SUMME + X[I]
end
```

7.2.2.7 Cycle-Schleife mit Unterbrechung

Für Schleifen, bei denen die Schleifenbedingung im Innern des Schleifenrumpfs angesiedelt ist, bieten Pascal und die meisten anderen Sprachen keine unmittelbaren Ausdrucksmittel. Der Programmierer ist gezwungen, sich mit Ersatzkonstruktionen zu behelfen[9]. Die einzige Programmiersprache, die vom Standard-Sprachumfang her eine Cycle-Schleife unterstützt, ist Ada. Ersatzweise sollen deshalb die Ada-Sprachelemente für das Konstrukt aus Abbildung 4.14 angegeben werden. Diese sind weitgehend selbsterläuternd[10]:

```
loop
    .
    .
    <S_1>
    .
    .
exit when Bedingung
    .
    .
    <S_2>
    .
    .
end loop;
```

Das Beispiel aus Abbildung 4.15 könnte in Ada folgendermaßen ausgedrückt werden.

```
SUMME := 0;
loop
    read (BETRAG);
    exit when BETRAG = 0;
    SUMME := SUMME + BETRAG;
end loop;
write (SUMME);
```

7.2.3 Ein-/Ausgabebefehle

Die mit der Ein-/Ausgabe und der Speicherung von Daten zusammenhängenden Fragen werden in den einzelnen Programmiersprachen sehr unterschiedlich behan-

---

9 Vgl. dazu Kurbel [Programmierstil], S. 222 f.
10 „loop" ist die Anweisung, mit der in Ada alle Schleifen formuliert werden.

162

delt. Manche Sprachen bieten einen umfassenden Komfort für den Datentransfer; dies gilt insbesondere für Sprachen, die im kommerziellen Bereich verbreitet sind (Cobol, Pl/1), da hier häufig große Datenmengen verarbeitet werden müssen. Bei anderen Sprachen ist die Unterstützung eher bescheiden; zu dieser Gruppe gehören beispielsweise Fortran, Pascal und Modula-2.

Den Ein-/Ausgabebefehlen liegt jeweils ein ganz bestimmtes Modell der Eingabe- bzw. Ausgabevorgänge zugrunde. Deshalb unterscheiden sich die Programmiersprachen bezüglich der Ein-/Ausgabebefehle zum Teil erheblich. Die folgende Beschreibung ist unmittelbar nur für Pascal gültig. Pascal sieht im Standard-Sprachumfang nur *sequentielle* Dateien vor. Wir beschreiben im folgenden einen Ausschnitt der Ein-/Ausgabe in Pascal.

Die Ein-/Ausgabeanweisungen sind in Pascal nicht Befehle i. e. S. (wie etwa die Zuweisung), sondern Unterprogrammaufrufe. Pascal stellt vordefinierte Prozeduren und Funktionen zur Verfügung, welche der Programmierer zur Abwicklung der Ein-/Ausgabevorgänge benutzen kann. Die Operanden – Variable, Konstante etc. – sind also eigentlich aktuelle Parameter[11] für diese Unterprogramme. Dies ist der Grund, weshalb sie in Klammern geschrieben werden. Der Einfachheit halber werden wir jedoch auch weiterhin von Ein-/ Ausgabebefehlen sprechen, soweit nicht eine genauere Begriffsbildung erforderlich ist.

Die *Eingabe* von einem Standardeingabegerät — dies ist in der Regel die Tastatur des Bildschirmgeräts — geht in der Weise vor sich, daß mit dem Befehl

$$\text{readln } (v_1, v_2, \ldots, v_n)$$

Daten eingelesen und den Variablen $v_1, v_2, \ldots, v_n$, die von einem Standarddatentyp sind, zugewiesen werden. „readln" steht für „read line", d. h., es wird eine Zeile mit Daten gelesen.

Die *Ausgabe* auf den Bildschirm erfolgt analog mit dem Befehl

$$\text{writeln } (op_1, op_2, \ldots, op_m)$$

Die Operanden $op_1, op_2, \ldots, op_m$ sind in der Regel Variable oder Konstante, können aber auch Ausdrücke darstellen (jeweils von einem Standarddatentyp).

„writeln" steht für „write line" und bedeutet, daß eine Zeile Text auf den Bildschirm geschrieben wird; d. h., nach dem Schreiben wird auf den Beginn der nächsten Zeile positioniert. Die Ausführung einer nachfolgenden Ausgabeanweisung bewirkt also, daß in eine neue Zeile geschrieben wird. Für den Fall, daß dies nicht erwünscht ist, kann die Anweisung

$$\text{write } (op_1, op_2, \ldots, op_m)$$

benutzt werden; hier entfällt der anschließende Vorschub in eine neue Zeile.

Auf der Eingabeseite ist der Verzicht auf einen Zeilenvorschub weniger interessant, aber ebenfalls möglich. Dazu steht die analoge Anweisung

$$\text{read } (v_1, v_2, \ldots, v_n)$$

zur Verfügung.

---

11 Vgl. Abschnitt 4.2.2.1.

Bei der *Ein-/Ausgabe von* bzw. *in Dateien*, die auf einem externen Datenträger (z. B. Diskette, Magnetplatte) untergebracht sind, ist zu unterscheiden, ob die Dateien eine interne Struktur aufweisen, die eine Datenübertragung wie beim Einlesen von der Tastatur bzw. der Ausgabe auf den Bildschirm erlaubt oder nicht. Bei den Standardmedien Bildschirm und Tastatur werden alle Ein-/Ausgabedaten nämlich einfach als ein Strom von einzelnen Zeichen, ähnlich einem laufenden Text, betrachtet. Dateien, die ebenfalls nach diesem Prinzip gelesen bzw. beschrieben werden, heißen deshalb *Textdateien*.

In der betrieblichen Datenverarbeitung spielen andererseits Dateien, deren Komponenten Record-Strukturen sind, eine wichtige Rolle. Diese werden nicht als Zeichenstrom behandelt; d. h., eine Datei wird intern nicht als Folge von einzelnen Zeichen, sondern als Folge von Records (Datensätzen) betrachtet. Dateien, deren Komponenten vom Typ Record, aber auch von einem beliebigen anderen Datentyp sein können, werden *allgemeine Dateien* genannt.

Soll die *Eingabe aus einer Datei* vorgenommen werden, so sind gegenüber den obigen Befehlen zwei Modifikationen erforderlich: Erstens muß die Eingabe vorbereitet werden, indem die Datei sozusagen auf den Anfang positioniert wird; dazu dient der Befehl „reset". Zweitens muß in dem Eingabebefehl „readln" bzw. „read" der Name der Datei aufgeführt werden, aus der gelesen werden soll:

> reset *(Dateiname)*

> read *(Dateiname, v_1, v_2, ..., v_n)*

> readln *(Dateiname, v_1, v_2, ..., v_n)*

Analog wird die *Ausgabe in eine Datei* mit der Anweisung

> rewrite *(Dateiname)*

vorbereitet und mit

> write *(Dateiname, op_1, op_2, ..., op_m)*

> writeln *(Dateiname, op_1, op_2, ..., op_m)*

durchgeführt. Die Anweisungen „readln" und „writeln" sind dabei nur für Textdateien zulässig.

Das Ende der Eingabedatei kann schließlich mit der Funktion

> eof *(Dateiname)*

überprüft werden. Diese hat den Wert true, wenn das Dateiende erreicht ist, und sonst den Wert false[12].

Im Unterschied zu anderen Programmiersprachen wird das Dateiende bei Pascal-Dateien jedoch bereits „vorausschauend" erkannt; d. h., wenn das letzte gültige Datenelement gelesen wird, stellt das Pascal-System gleichzeitig fest, daß keine weiteren Elemente mehr folgen. Es bedarf also nicht eines weiteren (vergeblichen) Leseversuchs wie in anderen Programmiersprachen, um das Dateiende zu erkennen. Diese Tatsache hat grundlegende Konsequenzen für die Konstruktion der Leseschleifen, worauf bereits in Abschnitt 2.2.2 hingewiesen wurde. Im Grenzfall – bei einer leeren Da-

---

12 „true" und „false" ist die Pascal-Schreibweise für die Wahrheitswerte wahr und falsch.

tei – ist bereits *vor* Ausführung der ersten Read-Anweisung bekannt, daß das Dateiende vorliegt, da auch die Reset-Anweisung eine entsprechende vorausschauende Überprüfung durchführt.

7.2.4 Schrittweise Verfeinerung

Die Top-down-Entwicklung von Algorithmen durch schrittweise Verfeinerung wurde in Abschnitt 3.2.2 erläutert. Das schrittweise Verfeinern eines Grobalgorithmus in immer detailliertere Teilalgorithmen ist ein wichtiges Prinzip zur Reduktion der Problemkomplexität und damit zur Vereinfachung der Problemlösung.

Schrittweise Verfeinerung erleichtert einerseits die *Entwicklung* eines Programms. Sie trägt andererseits auch wesentlich zur Verständlichkeit und Lesbarkeit eines *fertigen* Programms bei, wenn die Verfeinerungsstufen, d. h. die entsprechenden Grob- und Feinalgorithmen, im Programmtext klar erkennbar sind. Eine gute Programmiersprache muß deshalb auch Sprachelemente für die schrittweise Verfeinerung anbieten.

Bei der Algorithmenentwicklung hatten wir die Verfeinerung bereits durch Aufrufe von Teilalgorithmen realisiert, die ausgelagert sind und mit dem Befehlsverb „ausführen" angesprochen werden. Das Äquivalent in einer Programmiersprache sind *Prozeduren*, die mit einem Prozeduraufruf zur Ausführung gebracht werden.

Die Prozeduren einer Programmiersprache, meist als *Unterprogramme* bezeichnet, sind allerdings in der Regel wesentlich mächtigere Konstrukte, als für die schrittweise Verfeinerung erforderlich wäre; sie bieten meist einen Leistungsumfang, der erst im Rahmen der Modularisierung eines großen Programmsystems voll zum Tragen kommt. Einfachere Verfeinerungskonstrukte stellt jedoch nur eine der bekannten prozeduralen Sprachen, nämlich Cobol, zur Verfügung. In den anderen Sprachen muß man die normalen Unterprogramme zur Verfeinerung heranziehen.

Prozeduren in Pascal sind ähnlich wie Hauptprogramme (vgl. Abbildung 7.2) aufgebaut. Sie bestehen wie diese grundsätzlich aus

- Prozedurkopf
- Vereinbarungsteil
- Anweisungsteil.

Abbildung 7.5 zeigt die Grundstruktur. Verwendet man Prozeduren nicht als Hilfsmittel zur Modularisierung großer Programmsysteme, sondern zur schrittweisen Verfeinerung eines einzelnen Programms, so kann man auf einen eigenen Vereinbarungsteil verzichten. Wir werden wie bisher Prozeduren weiter so handhaben. Insbesondere bedeutet dies, daß die im Hauptprogramm vereinbarten Variablen- und Typnamen auch in den verfeinernden Prozeduren benutzt werden.

Funktionsunterprogramme stehen in Pascal ebenfalls als Hilfsmittel zur schrittweisen Verfeinerung und zur Modularisierung zur Verfügung. Darauf wird hier nicht näher eingegangen, ebenso wenig auf die Möglichkeit der Parametrisierung von Prozeduren und

Funktionen[13]. Die Beschreibung aller Konzepte würde den Rahmen dieser Kurzdarstellung sprengen. Der Leser wird hierzu auf die zitierte Pascal-Literatur verwiesen.

Prozedurkopf	procedure ...
Vereinbarungsteil	

Anweisungsteil	begin
	.
	.
	.
	end;

Abb. 7.5: Struktur einer Pascal-Prozedur

Nach Maßgabe dieser Beschränkungen kann die Vereinbarung einer Pascal-Prozedur wie folgt skizziert werden:

procedure *Prozedurname;*

begin

.

.

.

end;

Auch hier erkennt man, daß der algorithmische Teil letztlich eine Sequenz darstellt, die mit der Verbundanweisung realisiert wird.

Prozedur-Vereinbarungen stehen im *Vereinbarungsteil* des Hauptprogramms. Setzt sich die schrittweise Verfeinerung über mehrere Stufen fort, so werden die weiteren Prozeduren innerhalb derjenigen Prozeduren vereinbart, die sie verfeinern. Abbildung 7.6 zeigt das Prinzip am Fall einer zweistufigen Verfeinerung. Da die Prozedurvereinbarungen jeweils in den Vereinbarungsteilen und diese zum Programmanfang hin stehen, hat die Schachtelung für den Leser eines Programms den unangenehmen Seiteneffekt, daß die Verfeinerungen im Programmtext *vor* dem Grobalgorithmus stehen, d. h., daß man ein großes Programm also gewissermaßen von hinten nach vorn durchblättern muß.
Der Aufruf der Prozeduren erfolgt in Pascal und ähnlichen Sprachen (z. B. Ada, Modula-2) einfach durch Nennung des Prozedurnamens. In anderen Sprachen (z. B. Fortran, Pl/1) wird ein besonderer Befehl, der meist „call" heißt, verwendet.

Ein Beispiel für die Verwendung von Prozeduren zur schrittweisen Verfeinerung enthält Abschnitt 7.2.6.

13 Vgl. Abschnitt 4.2.2.1.

166

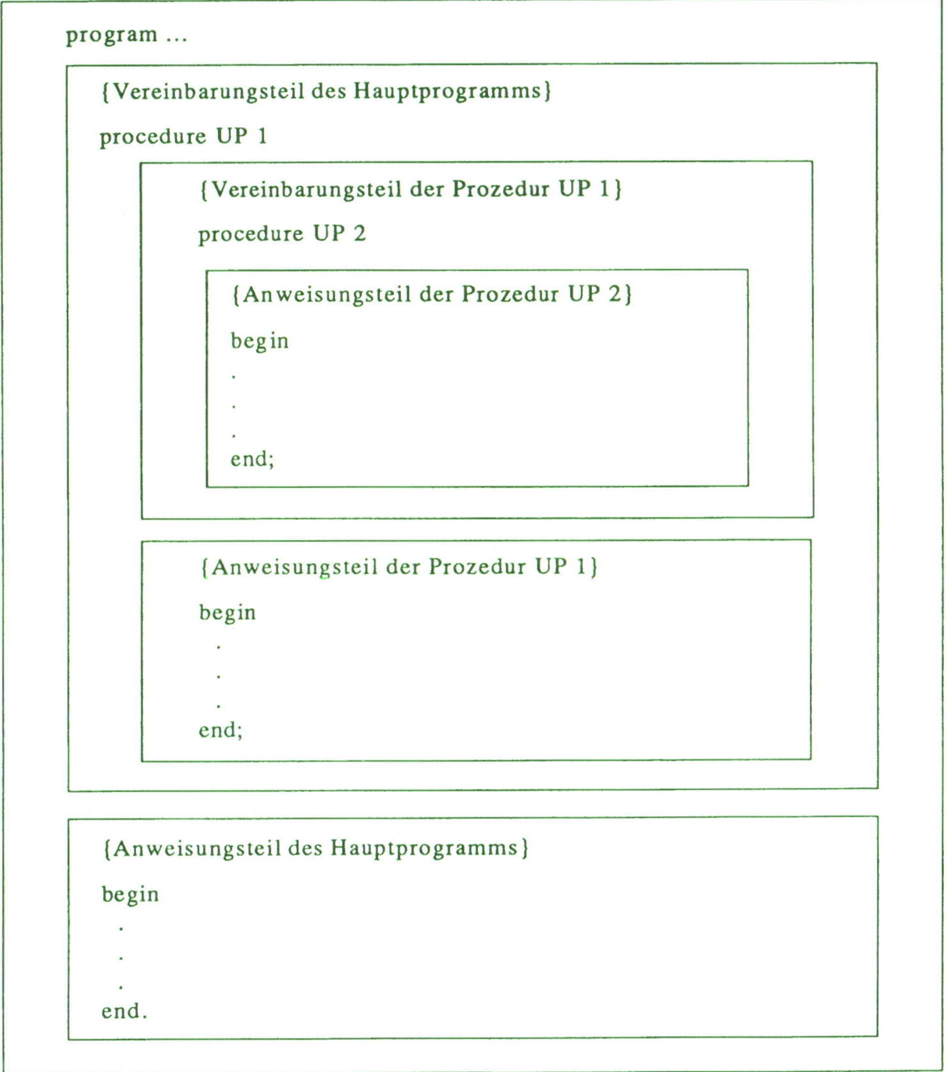

Abb. 7.6: Schachtelungstruktur bei mehrstufiger Verfeinerung durch Prozeduren

7.2.5 Selbstdokumentation

Bereits in Abschnitt 3.1.3 war darauf hingewiesen worden, daß Programme selbstdokumentierend sein sollten. Das bedeutet, daß es dem Leser möglich sein sollte, den Aufbau und den Lösungsweg eines Programms bereits anhand des Programmtexts zu verstehen. Der Programmierer kann durch eine sinnentsprechende Namensgebung, übersichtliches Programm-Layout und verbale Kommentierungen die Lesbarkeit stark beeinflussen.

Andererseits muß ihm die Programmiersprache aber auch entsprechende Möglichkeiten einräumen. Insbesondere ist zu fordern:

- *keine Längenbeschränkung* bei der Namenswahl; dies ist z. B. in Fortran nicht gewährleistet.

- *Trennung von Namensteilen* durch Bindestriche o. ä. sollte erlaubt sein; dies ist nur teilweise der Fall. Pascal im Standard-Sprachumfang verbietet Trennstriche, die meisten Compiler akzeptieren sie allerdings.

- *explizite Variablenvereinbarung* sollte wie in Pascal obligatorisch sein; in Fortran und Basic brauchen Variable jedoch nicht vereinbart zu werden, was die Verständlichkeit eines Programms stark beeinträchtigen kann.

- *Konstante* sollten mit Namen versehen und vereinbart werden können; auch dies trägt zur Verständlichkeit und Änderbarkeit eines Programms bei. Pascal sieht im Vereinbarungsteil die Möglichkeit vor, auch Namen für Konstante zu definieren. Die entsprechenden Vereinbarungen werden mit dem Schlüsselwort „const" eingeleitet. So wäre z. B. die Vereinbarung

```
const MWST = 0.14;
      MAX  = 1000;
```

möglich. An allen Stellen im Programm, an denen sonst die Zahl 0.14 (für den Mehrwertsteuersatz) oder 1000 (für ein Maximum) vorkommt, könnte man nun durch die Namen MWST bzw. MAX auch zum Ausdruck bringen, was mit den Zahlen gemeint ist!

- *Kommentierung* ist eines der mächtigsten Hilfsmittel, um die Verständlichkeit eines Programms zu verbessern. Kommentare sind Erläuterungen, die in den Programmtext eingestreut werden, z. B., um Vereinbarungen oder komplizierte Algorithmen zu erklären. Voraussetzung ist, daß die Programmiersprache Hilfsmittel zur Verfügung stellt. In Pascal können Kommentare an beliebigen Stellen in das Programm aufgenommen werden. Dazu braucht nur ein Text in geschweifte Klammern eingeschlossen zu werden:

```
{…}
```

Der Text darf durchaus auch über mehrere Zeilen gehen. Zu starke oder ungeschickte Kommentierung kann allerdings den Sinn eines Programms eher verschleiern als erhellen[14]. Beispiele zur Kommentierung findet man im nächsten Abschnitt.

7.2.6 Beispielprogramme

Nachdem bislang einzelne Elemente der Programmiersprache Pascal erläutert wurden, soll nun zum besseren Verständnis die Überführung von Algorithmen und Datenvereinbarungen in vollständige Pascal-Programme demonstriert werden. Dazu werden zwei Algorithmen herangezogen, die in Kapitel 5 behandelt wurden. Die Umsetzung in Pascal-Schreibweise soll möglichst unmittelbar erfolgen; Variablen- und Prozedurnamen werden beibehalten.

Das erste Beispiel ist das Sortieren eines Arrays durch fortgesetzte Minimumbestimmung. Der Algorithmus aus Abschnitt 5.2.2 muß noch dahingehend erweitert werden, daß die Elemente des Arrays zunächst eingelesen werden. Wir wählen einen Array der

14 Die Rolle von Kommentaren und Hinweise zu ihrer Verwendung werden bei Kurbel [Programmierstil], S. 228 ff., diskutiert.

```
dcl  I,  K,  N          numerisch ganzzahlig
     X  (1 : 100)        numerisch reell
     HILF                numerisch reell
```

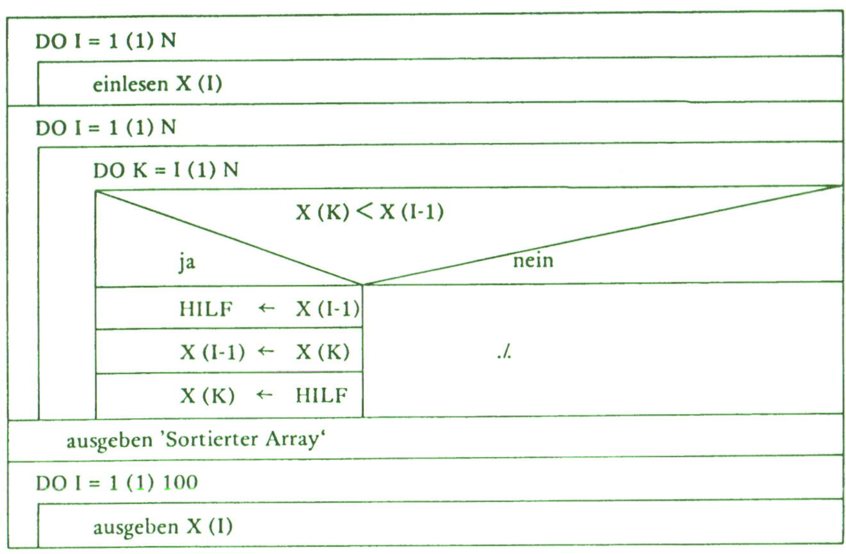

Abb. 7.7: Sortieren eines Arrays

Größe 100; d. h., N sei 100. Außerdem soll der sortierte Array anschließend ausgegeben werden. Abbildung 7.7 zeigt zunächst das erweiterte Struktogramm. Das entsprechende Pascal-Programm lautet wie folgt:

```pascal
program SORTIEREN (input, output);

        {Sortieren eines Arrays durch fortgesetzte Minimumbestimmung; der
         Array wird vorher eingelesen und anschließend ausgegeben}

const N – 100;
var   I,  K  : integer;
      X      : array [1 .. 100] of real;
      HILF : real;
begin
  for  I := 1 to N do                        {Einlesen der Arrayelemente}
        readln (X [I]);

  for  I := 1 to N do
        for  K := I to N do
              if  X [K] < X [I-1] then begin           {Vertauschen}
                  HILF   := X [I-1];
                  X [I-1] := X [K];
                  X [K]  := HILF
              end;
  writeln ('Sortierter Array')                        {Ausgeben des}
  for I := 1 to N do                                   {sortierten Arrays}
      writeln (S [I]
end.
```

Im zweiten Beispiel soll vor allem die Umsetzung der schrittweisen Verfeinerung mit Hilfe von Prozeduren demonstriert werden. Dazu verwenden wir das Beispiel des mehrstufigen Gruppenwechsels aus Abschnitt 5.4.2; aufgrund von Verkaufsvorgängen, die nach dem zweistufigen Ordnungsbegriff VERTRETER_NR und KUNDEN_ NR sortiert sind, soll eine Verkaufsabrechnung nach dem Schema der Abbildung 5.22 erstellt werden. Das unten stehende Pascal-Programm lehnt sich unmittelbar an die Struktogramme in Abbildung 5.23 an.

Da das Programm direkt den Ablauf und die Verfeinerungsstufen in den Struktogrammen nachvollzieht, braucht es nicht im einzelnen erklärt zu werden. Als Lesehilfe sollte beachtet werden, daß der *Grobalgorithmus* aufgrund der Pascal-Syntax *am Ende* des Programmtexts und die Prozeduren davor stehen müssen.

Einige Aspekte der Programmiersprache Pascal seien anhand des Programms erläutert:

— Ein Pascal-Programm wird mit der Programm-Anweisung eingeleitet. Diese enthält den Programmnamen (VERKAUFSABRECHNUNG) und die Namen der im Programm behandelten Dateien[15].

— Unter dem Namen ALFA wurde ein alphanumerischer Typ der Länge 20 Zeichen vereinbart.

— Qualifizierung: Die Komponenten eines Records (z. B. VERKAUFSVORGANG. UMSATZ) werden grundsätzlich mit dem Namen des Records (VERKAUFSVORGANG) *und* dem Komponentennamen (UMSATZ), verbunden mit einem Punkt, angesprochen.

— Die zahlreichen Ausgabebefehle ohne Angabe einer Variablenliste (nur „writeln;") dienen dazu, Zeilen „ohne Daten" zu schreiben; d.h., es werden Leerzeilen im Druckbild bzw. auf dem Bildschirm erzeugt.

— Die mit Doppelpunkten abgetrennten Zahlenangaben in den Ausgabelisten dienen zur optischen Aufbereitung der Ausgabedaten. Beispielsweise drückt „GESAMTSUMME:28:2" aus, daß der Wert der Variablen GESAMTSUMME auf insgesamt 28 Stellen mit 2 Nachkommastellen geschrieben werden soll. Wenn, wie in unserem Beispiel, der Wert nur 7 Schreibstellen einnimmt (2945.00), bedeutet dies, daß 21 Leerstellen ausgegeben werden; d.h., die Zahl wird effektiv um 21 Stellen eingerückt.

— Zwei Befehle in dem Programm sind spezifisch für den verwendeten Pascal-Compiler[16] und entsprechen nicht dem genormten Sprachumfang. Es sind dies die Befehle „assign" (in der Prozedur EROEFFNUNG_GESAMT) und „close" (in der Prozedur ABSCHLUSS_GESAMT). Sie gehören eigentlich nicht in ein Pascal-Programm, mußten aber wegen des Compilers angegeben werden.

Die von dem Programm VERKAUFSABRECHNUNG für eine Eingabedatei mit 3 Vertretern und 12 Kunden erzeugte Ausgabeliste ist in Abbildung 7.8 wiedergegeben.

---

15 „output" steht für das Standard-Ausgabemedium (i. d. R. der Bildschirm).
16 Benutzt wurde die auf Mikrocomputern weit verbreitete Version Turbo-Pascal.

```pascal
program VERKAUFSABRECHNUNG (output, VERKAUFSDATEI);

    (Verkaufsabrechnung mit zweistufigem Gruppenwechsel; die Eingabe-
     daten (VERKAUFSVORGANG) in der Eingabedatei (VERKAUFSDATEI) sind
     sortiert nach VERTRETER_NR (übergeordneter Ordnungsbegriff) und
     KUNDEN_NR (untergeordneter Ordnungsbegriff)


type ALFA = string [20];

     VERKAUFSDATEN = record
                         VERTRETER_NR : integer;
                         KUNDEN_NR    : integer;
                         UMSATZ       : real;
                         WEITERE_DATEN: ALFA
                     end;

var  K_SUMME, V_SUMME,
     GESAMTSUMME        : real;
     K_MERK, V_MERK     : integer;
     ENDE_FLAG          : boolean;

     VERKAUFSVORGANG : VERKAUFSDATEN;
     VERKAUFSDATEI   : file of VERKAUFSDATEN;



( ********* Prozeduren zur schrittweisen Verfeinerung ********* )


procedure EROEFFNUNG_GESAMT;
   begin
      writeln ('VERKAUFSABRECHNUNG');
      writeln ('------------------');
      GESAMTSUMME := 0;
      assign (VERKAUFSDATEI, 'B:TEST.DAT');
      reset  (VERKAUFSDATEI);

      if eof (VERKAUFSDATEI)
         then ENDE_FLAG := true
         else begin
                 ENDE_FLAG := false;
                 read (VERKAUFSDATEI, VERKAUFSVORGANG)
              end
   end;


procedure EROEFFNUNG_VERTRETER;
   begin
      writeln; writeln;
      writeln ('  UMSÄTZE FÜR VERTRETERNUMMER ',
               VERKAUFSVORGANG.VERTRETER_NR);
      writeln ('  ------------------------------');
      writeln;
      V_MERK  := VERKAUFSVORGANG.VERTRETER_NR;
      V_SUMME := 0
   end;
```

```pascal
procedure EROEFFNUNG_KUNDE;
   begin
      writeln ('          KUNDENNUMMER ', VERKAUFSVORGANG.KUNDEN_NR);
      K_MERK  := VERKAUFSVORGANG.KUNDEN_NR;
      K_SUMME := 0
   end;


procedure VERARBEITUNG;
   begin
      writeln (VERKAUFSVORGANG.UMSATZ:17:2);
      K_SUMME := K_SUMME + VERKAUFSVORGANG.UMSATZ;
      if eof (VERKAUFSDATEI)
         then ENDE_FLAG := true
         else begin
                 ENDE_FLAG := false;
                 read (VERKAUFSDATEI, VERKAUFSVORGANG)
              end
   end;


procedure ABSCHLUSS_KUNDE;
   begin
      writeln ('        KUNDENSUMME: ', K_SUMME:10:2);
      writeln; writeln;
      V_SUMME := V_SUMME + K_SUMME
   end;


procedure ABSCHLUSS_VERTRETER;
   begin
      writeln (' VERTRETERSUMME: ', V_SUMME:16:2);
      writeln; writeln;
      GESAMTSUMME := GESAMTSUMME + V_SUMME
   end;


procedure ABSCHLUSS_GESAMT;
   begin
      writeln ('GESAMTSUMME: ', GESAMTSUMME:28:2);
      close (VERKAUFSDATEI)
   end;


begin  ( ***************** Grobalgorithmus ***************** )

   EROEFFNUNG_GESAMT;
   while not ENDE_FLAG do begin
      EROEFFNUNG_VERTRETER;
      while (VERKAUFSVORGANG.VERTRETER_NR = V_MERK)
            and not ENDE_FLAG do begin
         EROEFFNUNG_KUNDE;
         while (VERKAUFSVORGANG.KUNDEN_NR = K_MERK)
               and (VERKAUFSVORGANG.VERTRETER_NR = V_MERK)
               and not ENDE_FLAG    do VERARBEITUNG;
         ABSCHLUSS_KUNDE
      end;
      ABSCHLUSS_VERTRETER
   end;
   ABSCHLUSS_GESAMT

end.
```

```
VERKAUFSABRECHNUNG
-----------------

    UMSÄTZE FÜR VERTRETERNUMMER 2222
    -------------------------------

        KUNDENNUMMER 100
            170.00
            210.00
             75.00
        KUNDENSUMME:      455.00


        KUNDENNUMMER 130
            150.00
            170.00
            430.00
        KUNDENSUMME:      750.00


    VERTRETERSUMME:             1205.00



    UMSÄTZE FÜR VERTRETERNUMMER 3333
    -------------------------------

        KUNDENNUMMER 130
            170.00
            221.00
        KUNDENSUMME:      391.00


        KUNDENNUMMER 140
            300.00
        KUNDENSUMME:      300.00


    VERTRETERSUMME:              691.00



    UMSÄTZE FÜR VERTRETERNUMMER 4444
    -------------------------------

        KUNDENNUMMER 125
            220.00
            760.00
             69.00
        KUNDENSUMME:     1049.00


    VERTRETERSUMME:             1049.00


GESAMTSUMME:                        2945.00
```

Abb. 7.8: Ausgabe des Pascal-Programms VERKAUFSABRECHNUNG

7.3 Bekannte Programmiersprachen

Einige bekannte prozedurale Programmiersprachen sollen zum Abschluß kurz charakterisiert werden. Für ausführlichere Besprechungen wird der Leser auf die einschlägige Literatur verwiesen[17].

Die derzeit am weitesten verbreiteten Sprachen sind, in der Reihenfolge der Entstehung, Fortran, Cobol, Basic, Pl/1, Pascal und C. Die Sprachen sind bereits relativ alt und erfüllen die Anforderungen, die man heute an eine „gute" Programmiersprache stellt, nur unzureichend. Dies liegt vor allem daran, daß das entsprechende Problembewußtsein sich erst später einstellte, als die Sprachen entstanden sind. So ist denn zu beobachten, daß die Sprachen im Lauf der Zeit „nachgebessert" wurden, teils von den Übersetzerherstellern, teils auch in internationalen Normen.

7.3.1 Fortran

Die Sprache Fortran entstand in der zweiten Hälfte der 50er Jahre, in einer Zeit also, als man durchweg noch in maschinenorientierten Sprachen programmierte. Sie wurde unter Federführung von John W. Backus von Mitarbeitern der Fa. IBM entwickelt. Das Hauptanliegen war, die umständliche und fehleranfällige Programmierung in Assembler zu vereinfachen.

Da Computer damals vor allem zur Unterstützung mathematischer Berechnungen herangezogen wurden, sind die Sprachelemente von Fortran stark an der Formelschreibweise der Mathematik orientiert. Dies kommt auch im Namen zum Ausdruck: *Fortran* ist eine Abkürzung von „*For*mula *trans*lating system". Die Ausrichtung der Sprache blieb im Zeitverlauf unverändert. Fortran ist den Bereichen, in denen Berechnungen im Vordergrund stehen — im naturwissenschaftlichen, technischen, mathematischen Bereich — immer noch die am weitesten verbreitete Programmiersprache.

Die Sprache Fortran wurde lange Zeit in einer Version betrieben, die *Fortran IV* genannt und 1966 international genormt wurde. Einige neuere Entwicklungen, z. B. aus der Strukturierten Programmierung, wurden in einer überarbeiteten Version 1977 in die Norm aufgenommen. Der heute immer noch verbreitete Sprachstandard wird als *Fortran77* bezeichnet, die Vorgängerversion im Gegensatz dazu auch als *Fortran66*. Ein neuer Standard wurde für 1988 erwartet, konnte aber bislang nicht verabschiedet werden.

Betrachtet man Fortran nach Kriterien, die eine „gute" Programmiersprache ausmachen, so muß die Sprache als unzureichend eingestuft werden. Wichtige Anforderungen sind nicht erfüllt. Die Möglichkeiten der Datenvereinbarung sind sehr beschränkt; so steht z. B. die Datenstruktur Record gar nicht zur Verfügung. Die schrittweise Verfeinerung kann nur mit Mühe im Programmtext ausgedrückt werden. Ablaufsteuerung im Sinne der Strukturierten Programmierung ist nur zum Teil möglich. Mit dem erwarteten neuen Fortran-Standard *(Fortran8x)* wird die Sprache aber gegenüber den

---

17 Eine vergleichende Besprechung der wichtigsten Programmiersprachen findet man bei Kurbel [Programmierstil]; vgl. auch Hahn [Höhere Programmiersprachen], Schneider [Problemorientierte Programmiersprachen], Horowitz [Programming Languages].

Vorgängerversionen radikale Änderungen und Erweiterungen um moderne Konzepte und Strukturen erfahren, die zu einer deutlichen Verbesserung führen dürften.

So soll etwa ein Modulkonzept für Daten und Prozeduren realisiert werden, das die schrittweise Verfeinerung erleichtert. Verbesserte Steuerkonstrukte erhöhen die Lesbarkeit der Fortran-Programme. Für die im wissenschaftlichen Bereich wichtige Matrizenrechnung sind Spracherweiterungen vorgesehen. Datentypen, Operationen und rekursive Prozeduren können vom Benutzer definiert werden. Auch Record-Vereinbarungen sollen möglich sein. Viele früher geltenden Restriktionen werden aufgehoben oder verändert. Zum Beispiel dürfen Variablennamen bis zu 32 Zeichen lang sein, während in Fortran66 und Fortran77 nur 6 Zeichen erlaubt sind und schon von daher die Selbstdokumentation der Programme stark beeinträchtigt ist.

7.3.2 Cobol

Cobol wurde um 1960 mit dem expliziten Ziel entwickelt, den Computereinsatz im kommerziellen und administrativen Bereich zu unterstützen. Dies kommt auch im Namen zum Ausdruck: *Cobol* steht for „*Common business oriented language*". Die Initiative ging von privaten und öffentlichen Computeranwendern aus und wurde vom amerikanischen Verteidigungsministerium gefördert. Cobol wurde seitdem mehrfach überarbeitet und genormt. Der heute in der Praxis verbreitete Sprachstandard stammt aus dem Jahre 1974; eine neue internationale Norm wurde 1986 verabschiedet.

Cobol besitzt im betrieblichen Bereich und in der öffentlichen Verwaltung sehr starke Verbreitung; auf Großrechnern ist Cobol weltweit die mit Abstand am häufigsten eingesetzte Programmiersprache.

Anders als Fortran, das eine sehr kompakte Notation aufweist, zeichnet sich Cobol durch ausgeprägte Verbalisierungsmöglichkeiten aus. Dadurch können Programme gut lesbar gestaltet werden. Die Selbstdokumentation von Cobol-Programmen ist im allgemeinen sehr hoch. Die Programmtexte sind der (englischen) Umgangssprache relativ weit angenähert. Die schrittweise Verfeinerung kann besser als in den meisten anderen Sprachen realisiert werden. Die Steuerkonstrukte der Strukturierten Programmierung lassen sich weitgehend formulieren, wenn auch die Cobol-Notation etwas ungewöhnlich ist. Das gleiche gilt für Datentypen und Datenstrukturen; auch hier weicht Cobol von anderen Sprachen ab. Aufgrund der unsystematischen Sprachstruktur und zahlreicher syntaktischer Anomalien wird Cobol in der Informatik sehr reserviert betrachtet.

Die wesentlichen Vorteile der Sprache liegen in der hervorragenden Unterstützung der Datenspeicherung und der Ein-/Ausgabe. Cobol bietet hier von allen Programmiersprachen, evtl. mit Ausnahme von Pl/1, die besten Ausdrucksmittel. Darin dürfte auch der Grund für die weite Verbreitung im betrieblichen Bereich zu sehen sein. Für die Massendatenverarbeitung, wie sie dort vorherrscht, sind komfortable Ein-/Ausgabemöglichkeiten und eine leistungsfähige Datenorganisation unabdingbare Voraussetzungen.

7.3.3 Basic

Die Programmiersprache Basic wurde 1963/64 am Dartmouth College in den USA für
die Ausbildung von Programmieranfängern entwickelt. Darauf deutet auch der Name
hin: *Basic* steht für „*B*eginners' *a*ll-purpose *s*ymbolic *i*nstruction *c*ode". Basic war zunächst ausdrücklich als einfache Sprache konzipiert worden. Die erste Version stellte
ganze 14 Anweisungen zur Verfügung.

Im Lauf der Zeit setzte jedoch ein enormer Wildwuchs ein. Da die Sprache auch auf
kleinsten Tisch- und selbst Taschencomputern verwendet werden kann, entwickelten
zahllose Gerätehersteller ihre eigenen Basic-Versionen. Diese wurden außerdem immer
weiter aufgepäppelt, so daß diverse Basic-Dialekte immer umfangreicher wurden.
Die Folgen sind einerseits, daß es *die* Sprache Basic eigentlich nicht gibt; statt dessen
existiert eine Vielzahl unterschiedlicher Basic's. Andererseits sind die Sprachumfänge
zum Teil so weit aufgebläht, daß das ursprüngliche Ziel — Einfachheit der Sprache —
nicht mehr erreicht wird. Internationale Standards für Basic existieren zwar, werden
von den Anwendern und Herstellern aber kaum wahrgenommen.

Basic erfreut sich vor allem auf Mikrorechnern – auf professionellen Personal Com-
putern wie auf Heim- und Hobbycomputern – größter Beliebtheit, wenngleich auch
Anwendungen auf mittleren und großen Rechnern in Basic realisiert wurden. Im Mikrorechnerbereich ist Basic die verbreiteste Programmiersprache.

Betrachtet man Basic unter den Gesichtspunkten, die diesem Buch zugrundegelegt
wurden, so behindert die Sprache jeden Ansatz zu einem vernünftigen Programmierstil ganz erheblich. Dies gilt für die Sprachelemente zur Ablaufsteuerung, zur schrittweisen Verfeinerung, zur Datenvereinbarung wie auch zur Erhöhung der Selbstdokumentation gleichermaßen. Die Lesbarkeit von Basic-Programmen ist im allgemeinen
katastrophal. Trotz zahlreicher Verbesserungen, die im Lauf der Zeit in verschiedenen
Basic-Dialekten realisiert wurden, steht die Sprache von der Grundstruktur her einer
systematischen Programmentwicklung diametral entgegen. Softwaretechnisch gesehen
ist Basic mit Abstand die schlechteste Programmiersprache.

7.3.4 Pl/1

Zu Beginn der 60er Jahre bestand eine strikte Trennung zwischen kommerziell-ad-
ministrativen und naturwissenschaftlich-technischen Computeranwendungen. Für
die ersteren wurde vor allem Cobol, für die letzteren Fortran eingesetzt. Mit der Entwicklung von Pl/1 wurde dagegen der Anspruch verfolgt, *eine* universelle Programmiersprache für alle Anwendungen zu schaffen.

Die Entwicklung von Pl/1 wurde weitgehend von der Firma IBM getragen. 1966 stand
der erste Übersetzer für Pl/1 auf IBM-Maschinen zur Verfügung. *Pl/1* gilt gemeinhin
als Abkürzung für „*P*rogramming *l*anguage one".

Andere Hersteller schlossen sich später den Pl/1-Aktivitäten an und entwickelten
Übersetzer für ihre eigenen Maschinen. Der Sprache wurde aufgrund des breiten
Einsatzspektrums zunächst eine weite Verbreitung prognostiziert. Diese setzte je-

doch, vor allem außerhalb der IBM-Welt, nur zögernd ein. So blieb Pl/1 doch weitgehend eine IBM-Sprache. Immerhin nimmt Pl/1 im betrieblichen Bereich, wo IBM-Computer dominieren, mit einigem Abstand nach Cobol den zweiten Platz ein.

Pl/1 bietet eine enorme Fülle von Sprachelementen für jeden Zweck. Sowohl die schrittweise Verfeinerung als auch die Ablaufsteuerung werden recht gut unterstützt. Das Spektrum an Datentypen und Datenstrukturen ist sehr breit. Die Ausdrucksmöglichkeiten der Sprache gestatten es dem Programmierer, die Selbstdokumentation von Pl/1-Programmen optimal zu fördern. Andererseits bringt der riesige Sprachumfang aber auch Nachteile und Gefahren mit sich, z. B. bezüglich der Erlernbarkeit und Beherrschbarkeit. Bei Pl/1 ist es unabdingbar, daß der Programmierer die mächtigen Sprachelemente in einer sehr *disziplinierten* Weise benutzt.

7.3.5 Pascal

Die Programmiersprache Pascal, die wir in Kapitel 7.2 bereits verwendet haben, wurde von Niklaus Wirth um 1970 an der Eidgenössischen Technischen Hochschule Zürich entwickelt. Sie ist nach dem französischen Mathematiker Blaise Pascal (1623–1662) benannt. Die Sprache wurde national und international genormt; dennoch existieren unterschiedliche Dialekte, wie auch an dem Beispielprogramm in Abschnitt 7.2.6 zu sehen war.

Die Entwicklung von Pascal hatte weitreichende Auswirkungen auch auf andere Programmiersprachen. In Pascal wurden zum ersten Mal grundlegende Konzepte verwirklicht, auf denen neuere Programmiersprachen (z. B. Ada, Modula-2) aufbauen. Besonders hervorzuheben ist das ausgeprägte Konzept der *Datentypen* in Pascal, das sowohl einfache (skalare) Typen als auch strukturierte Typen (Datenstrukturen) einschließt. Die Steuerkonstrukte der Strukturierten Programmierung sind in Pascal fast unmittelbar verfügbar. Die Verständlichkeit der Programme kann, wie Abschnitt 7.2.6 zeigte, recht gut gewährleistet werden.

Dennoch ist auch Pascal nicht frei von Nachteilen. Schrittweise Verfeinerung läßt sich zwar mit Hilfe von Prozeduren realisieren. Der Zwang, Prozeduren *vor* ihrer Benutzung zu notieren, kann aber die Lesbarkeit eines Programms behindern; dies ist insbesondere bei mehreren Verfeinerungsstufen der Fall. Aufgrund der sich ergebenden Schachtelungsstruktur müssen derartige Programme quasi von hinten nach vorn durchblättert werden.

Gravierender sind zwei andere Mängel. Während einzelne Programme mit Hilfe der Pascal-Sprachelemente sehr gut formuliert werden können, wird die Entwicklung *großer Programmsysteme* praktisch nicht unterstützt. Zum andern sind die Hilfsmittel für die Dateibearbeitung und die Ein-/Ausgabe nicht sehr komfortabel (im Standard-Sprachumfang geradezu unzureichend). Darin dürfte der Hauptgrund liegen, weshalb Pascal in der betrieblichen Datenverarbeitung nicht allzuweit verbreitet ist. Im Mikrorechnerbereich und in der Ausbildung wird Pascal dagegen bevorzugt eingesetzt und hat teilweise Basic bereits zurückgedrängt.

7.3.6 C

C wurde Anfang der 70er Jahre von dem Amerikaner Dennis Ritchie an den Bell Laboratories in New Jersey (USA) entwickelt. Viele wichtige Ideen stammen von der älteren Programmiersprache *BCPL,* aus der heraus, über die Sprache *B* von Ken Thompson, *C* entstand. Ziel war es, eine möglichst einfache und effiziente Programmiersprache zu schaffen. Das Ergebnis war eine relativ maschinennahe Sprache, die die Effizienz von Assemblersprachen und wichtige Konzepte höherer Programmiersprachen wie Algol und Pascal in sich vereint.

Der Sprachumfang von C ist eher klein. So gibt es keine Operationen, die direkt zusammengesetzte Objekte wie Arrays, Records oder Zeichenketten als Ganzes verarbeiten. Desweiteren besitzt C keine Anweisungen für die Ein-/Ausgabe oder eingebaute Zugriffstechniken für Dateien. All diese Operationen werden durch explizit aufzurufende Funktionen realisiert, die in umfangreichen Programmbibliotheken zur Verfügung stehen. Auffallend sind die im Sprachumfang enthaltenen Operationen für die Bitmanipulation, wie sie von maschinenorientierten Sprachen her bekannt sind.

Obwohl C ursprünglich für die Systemprogrammierung verwendet wurde – das Betriebssystem *Unix* ist zum Großteil in C implementiert –, stellt C eine allgemeine höhere Programmiersprache dar. Die Gründe für die stark wachsende Verbreitung auch außerhalb des universitären Bereichs liegen einerseits in der Effizienz, vor allem aber in der Portabilität der C-Programme[18]. Übersetzer für C sind auf fast allen modernen Rechnern und Betriebsystemen verfügbar.

Vor dem Erscheinen eines ANSI-Standards für C im Jahre 1988 wurde bereits das Buch von Kerninghan und Ritchie[19] als Quasi-Standard betrachtet. Deshalb gibt es im Vergleich zu anderen Programmiersprachen kaum C-Dialekte, soweit nur der engere Sprachkern betrachtet wird.

Die in C verwendeten Kontrollstrukturen sind einfach. Sie reichen aber aus, um wohlstrukturierte Programme zu erstellen. Die in diesem Buch behandelten Steuerkonstrukte der strukturierten Programmierung können ohne Schwierigkeiten umgesetzt werden. Darüber hinaus erlaubt C die getrennte Übersetzung von Programmteilen, so daß auch die modulare Entwicklung größerer Programmsysteme unterstützt wird.

Anders als andere höhere Programmiersprachen legt C dem Programmierer nur wenige Restriktionen auf. Zum Beispiel existiert kein strenges Typenkonzept wie in Pascal. Gerade die Flexibilität der Sprache und die Freiheitsgrade des Anwenders erfordern einen professionellen, disziplinierten Programmierer. Anderenfalls besteht die Gefahr, daß Programme schnell unleserlich und in hohem Maße unverständlich werden. Undisziplinierte Anwender werden leicht verführt, sich zu „künstlerischen" und trickreichen Individualprogrammierern zu entwickeln.

---

18 Wegen der hohen Portabilität wurde sogar vorgeschlagen, C als universelle Zwischensprache (Uncol = Universal computer oriented language) für die Übersetzung von einer Sprache in eine beliebige andere zu verwenden; vgl. Bothe/Horn [Programmiersprachen].
19 Vgl. Kernighan/Ritchie [C].

178

7.3.7 Weitere Programmiersprachen

Neben den oben diskutierten prozeduralen Programmiersprachen sind vor allem Ada, Algol und Modula-2 bekannt.

Ada ist eine relativ junge Sprache, die mit enormem Aufwand auf Initiative und unter Federführung des amerikanischen Verteidigungsministeriums entwickelt wurde. Ada-Übersetzer sind seit 1983 verfügbar. Die Sprache wurde von Anfang an genormt. Bei der Entwicklung spielten Grundsätze des Software Engineering eine herausragende Rolle. Deshalb kommt Ada den Anforderungen, denen eine gute Programmiersprache genügen sollte, sehr nahe. Ada baut auf Konzepten von Pascal auf, die weitergeführt und stark ausgebaut wurden (z. B. das Konzept der Datentypen)[18]. Der Einsatzbereich deckt nicht nur die traditionelle Datenverarbeitung ab, sondern vor allem technische Anwendungen, etwa in der Prozeßsteuerung und im militärischen Bereich.

Die Verbreitung von *Algol* ist in den letzten Jahren zurückgegangen. Algol wurde wie Fortran vor allem im mathematischen Bereich verwendet. Die Bedeutung der Sprache, deren Wurzeln auf das Ende der 50er Jahre zurückgehen, liegt eher darin, daß erstmals grundlegende Sprachkonzepte verwirklicht wurden, die später andere Programmiersprachen, z. B. Pascal, mitbeeinflußten.

Modula-2 ist eine Folgeentwicklung, die sich an Pascal anschließt. Urheber ist ebenfalls N. Wirth (ETH Zürich). In Modula-2 wurden einige Mängel und Unstimmigkeiten von Pascal beseitigt. So ist etwa ein Modulkonzept verwirklicht, das die Entwicklung großer Programmsysteme unterstützt. Die Vernachlässigung der Ein-/Ausgabe und der Datenorganisation blieb allerdings wie in Pascal bestehen.

Neben den prozeduralen Programmiersprachen werden neuerdings zunehmend auch Sprachen eingesetzt, die auf völlig anderen Prinzipien basieren (z. B. deklarative Sprachen) und in denen nicht Algorithmen im konventionellen Sinn formuliert werden. Eine wichtige Rolle spielen die Sprachen *Lisp* und *Prolog*. Diese kommen im Bereich der *Künstlichen Intelligenz*, vor allem bei der Entwicklung sogenannter Expertensysteme, zum Einsatz.

---

20 Die wichtigsten Sprachkonzepte von Ada werden bei Kurbel [Ada], S. 58 ff., beschrieben.

Anhang:
Antworthinweise zu ausgewählten
Aufgaben und Fragen

Kapitel 1: Algorithmen, Daten und Programme

Aufgabe (3)

Die Problemstellung muß genauer als in der angegebenen Form spezifiziert werden:

— Welche Kfz-Halter fallen in den Zuständigkeitsbereich?

— Sollen alle Verwarnungsgelder oder nur solche ab einer bestimmten Höhe angemahnt werden?

— Welchen Zeitraum soll das Verfahren umfassen?

— Welche Überschreitung der Zahlfrist wird toleriert?

— Was geschieht, wenn nach einer Mahnung nicht bezahlt wird?

— Wie soll die Mahnung aussehen?

Sind alle Fragen dieser Art geklärt, muß ein Algorithmus entwickelt werden, der alle möglichen Fälle umfaßt und alle Details abdeckt.

Voraussetzung ist ferner, daß der benötigte Dateninput vorliegt:

Informationen über die ausgestellten Verwarnungen (Ausstellungszeitpunkt, Betrag, Kfz-Kennzeichen), Zahlungseingänge, bereits erfolgte Mahnungen und vor allem eine Datei der Kfz-Halter, aufgrund derer die Zuordnung von Kfz-Haltern und -Kennzeichen vorgenommen werden kann.

Aufgabe (6)

```
dcl   ARTIKEL   alphanumerisch
      ENDE      logisch
      GEWICHT   numerisch reell
      STUECK    numerisch ganzzahlig
```

Aufgabe (7)

```
dcl   1  ARTIKELDATEN

         2  BEZEICHNUNG              alphanumerisch
         2  LIEFERANT
            3  NAME                  alphanumerisch
```

3 ADRESSE	
4 ORT	alphanumerisch
4 STRASSE	alphanumerisch
2 PREIS	numerisch reell
2 KOSTEN	
3 LAGERKOSTEN	numerisch reell
3 BESTELLKOSTEN	numerisch reell

Kapitel 2: Hilfsmittel der Algorithmenentwicklung

Aufgabe (1)

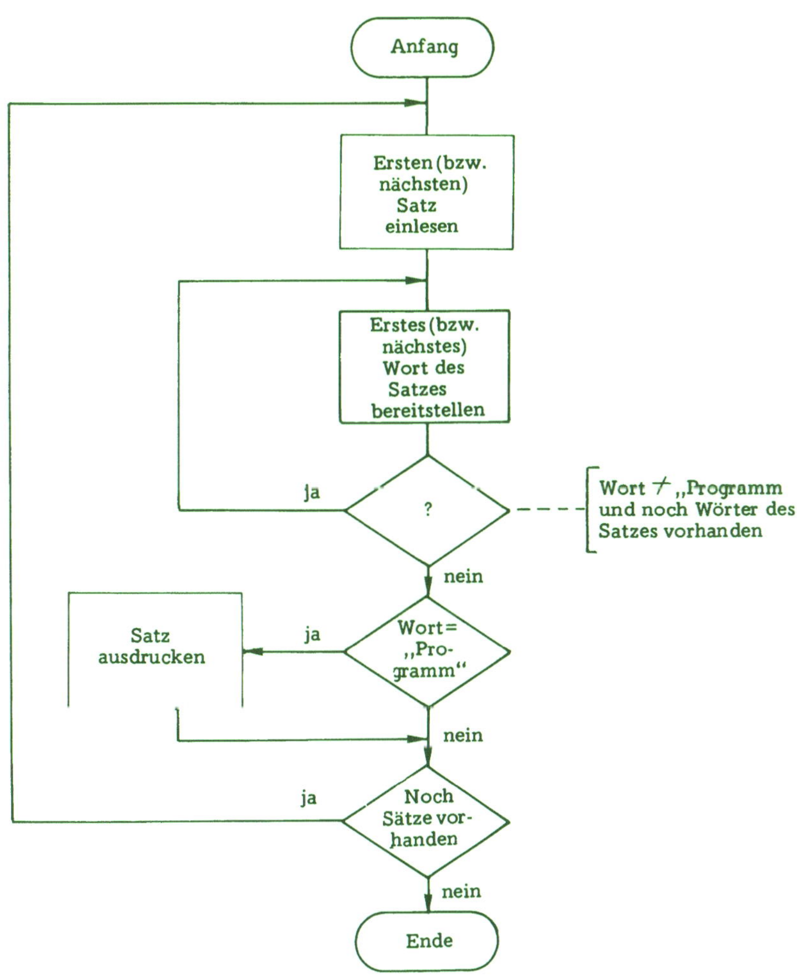

Aufgabe (3)

dcl   N, J, FAK   numerisch ganzzahlig

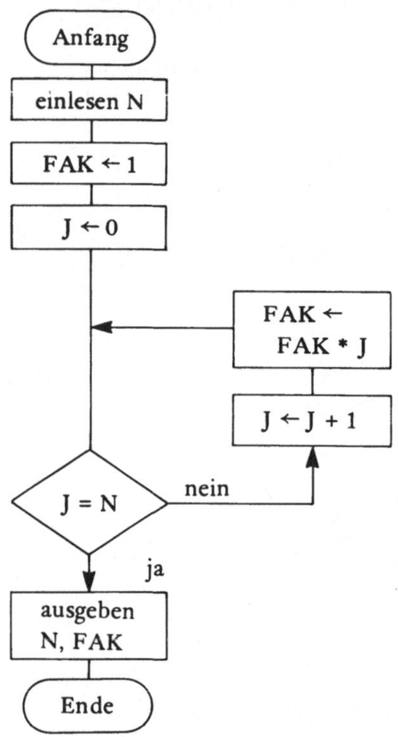

Aufgabe (4)

	Entscheidungsregel					
	(1)	(2)	(3)	(4)	(5)	(6)
U < V	j	j	j	n	n	n
U < W	j	j	n	j	n	n
V < W	j	n	n	j	j	n
Ausgeben U, V, W	x	–	–	–	–	–
Ausgeben U, W, V	–	x	–	–	–	–
Ausgeben W, U, V	–	–	x	–	–	–
Ausgeben V, U, W	–	–	–	x	–	–
Ausgeben V, W, U	–	–	–	–	x	–
Ausgeben W, V, U	–	–	–	–	–	x

Aufgabe (5)

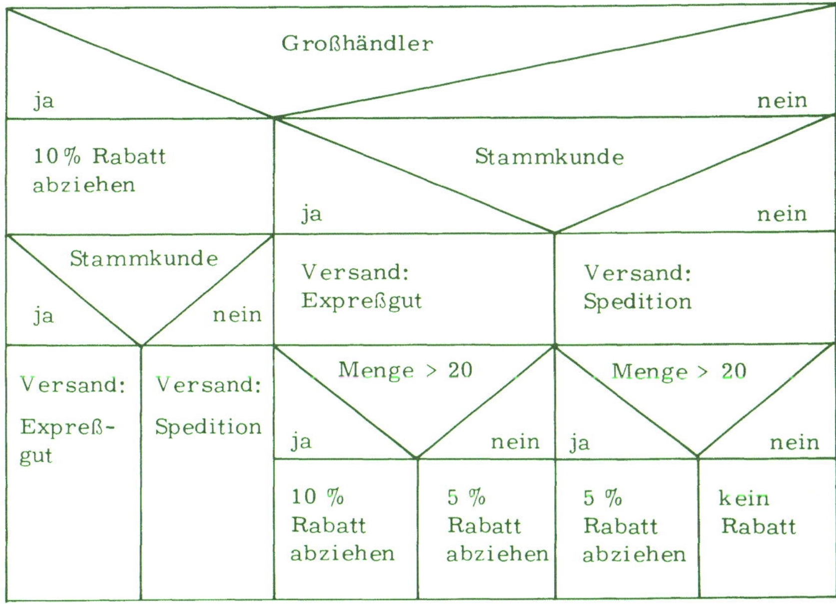

Aufgabe (6)

```
dcl   1  VERKAUF

         2  KUNDE           alphanumerisch
         2  ARTIKEL         alphanumerisch
         2  MENGE           numerisch reell
         2  PREIS           numerisch reell

      RB                    numerisch reell
```

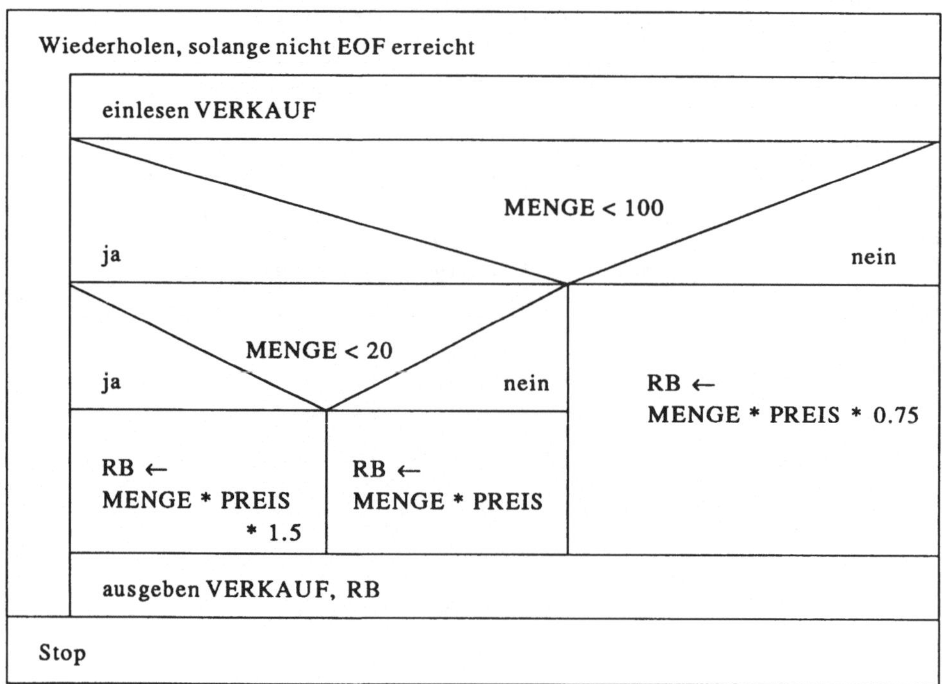

Kapitel 3: Entwurf und Gestaltung von Programmen

Aufgabe (3)

a) Schritte, die weiter zu verfeinern sind, werden durch den Befehl

„Ausführen Unterprogramm"

angesprochen. „Unterprogramm" steht hier für den Namen des Algorithmus, der zur Lösung des Teilproblems entwickelt und ausgelagert wird.

b) Die Verfeinerung ist beendet, wenn alle in „Ausführen"-Befehlen angesprochenen Algorithmen so formuliert sind, daß sie selbst keinen „Ausführen"-Befehl mehr enthalten.

c) Ein Verfahren muß allgemein so weit verfeinert werden, daß derjenige, der es ausführen soll, jeden Schritt ohne zusätzliche Erläuterungen interpretieren und ausführen kann.

Aufgabe (5)

Wenn MENGE im KUNDENSATZ nicht gleich Null ist, so besteht eine Möglichkeit der Initialisierung darin, vor der eigentlichen Verarbeitung jeden Kundensatz einzulesen, den Wert Null in MENGE einzutragen und den Satz zurückzuschreiben. Im Struktogramm erscheint dann eine zusätzliche Komponente INITIALISIERUNG. (Andere, effizientere Wege möge sich der Leser selbst überlegen!)

MONATSABRECHNUNG

ausführen INITIALISIERUNG
ausführen GESAMTMENGEN
ausführen RECHNUNGSBETRAEGE
stop

INITIALISIERUNG

Wiederholen, solange nicht EOF erreicht
einlesen KUNDENSATZ aus KUNDENDATEI
MENGE in KUNDENSATZ ← 0
ausgeben KUNDENSATZ in KUNDENDATEI anhand von KUNDEN-NR

Aufgabe (6)

Ein strukturiertes Programm setzt sich aus Strukturblöcken zusammen, die folgende Eigenschaften haben:

— ein Eingang, ein Ausgang,

— keine Überlappung,

— Strukturblöcke sind entweder hintereinandergeschaltet, unabhängig voneinander oder einer in einem anderen vollständig enthalten.

Zur Formulierung von Strukturblöcken sind nur bestimmte Standardkonstruktionen zugelassen. Sprungbefehle sollen vermieden werden.

Kapitel 4: Programmstrukturen

Aufgabe (2)

dcl   I, N, S   numerisch ganzzahlig

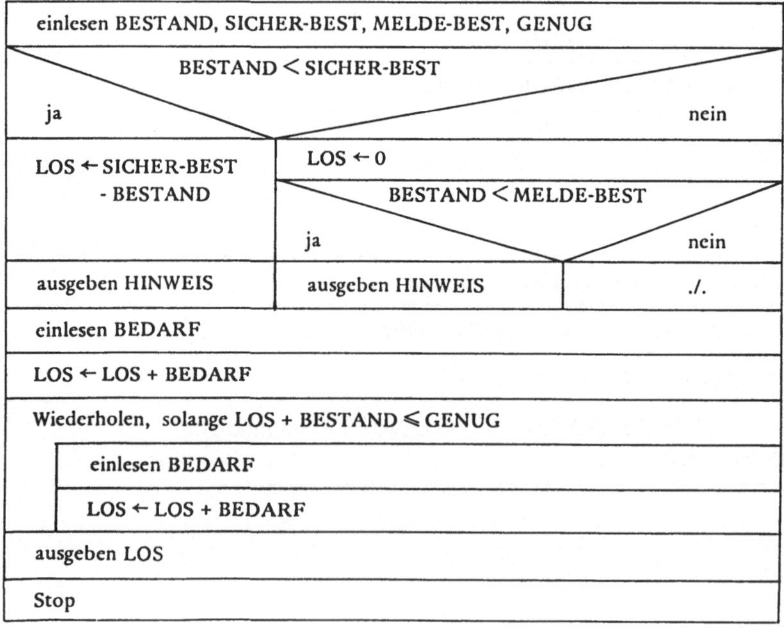

Aufgabe (3)

Erläuterung:

Da bei der Until-Schleife der Strukturblock auch dann einmal ausgeführt wird, wenn die Bedingung von vornherein nicht erfüllt ist, müssen die entsprechenden Befehle bei der While-Konstruktion als einmalig zu durchlaufende Sequenz der Schleife vorangestellt werden, um den gleichen Effekt zu erreichen.

Aufgabe (4)

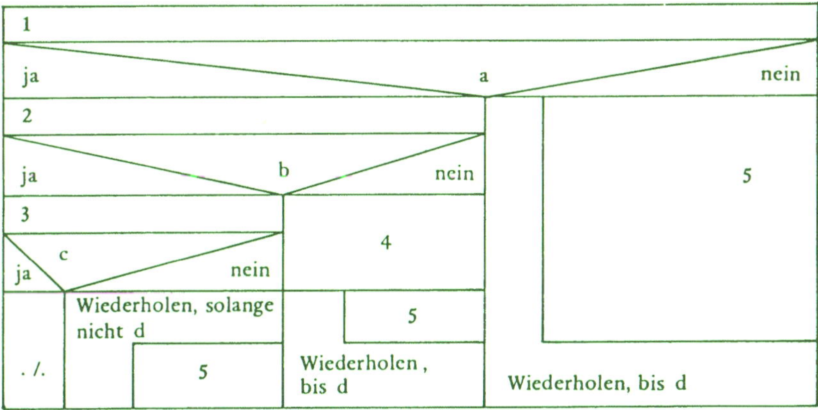

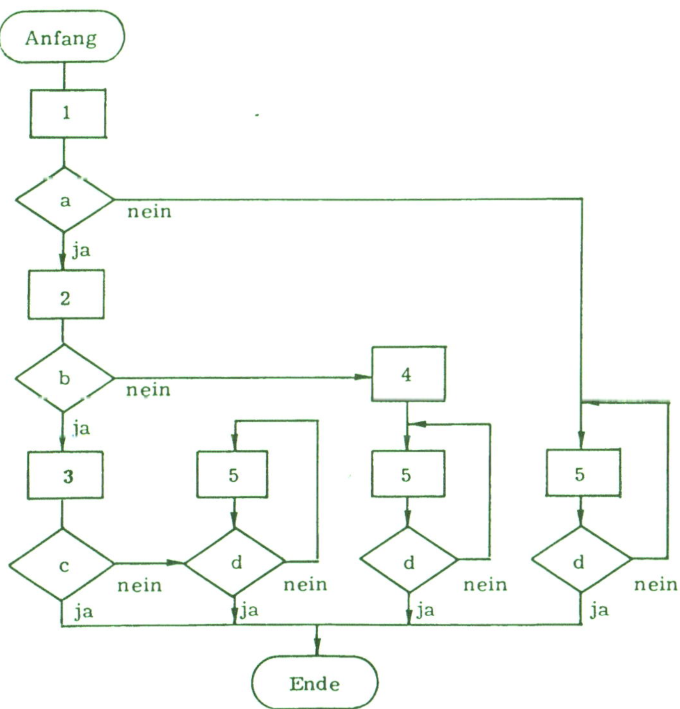

Aufgabe (5)

dcl   I, X, FAK   numerisch ganzzahlig

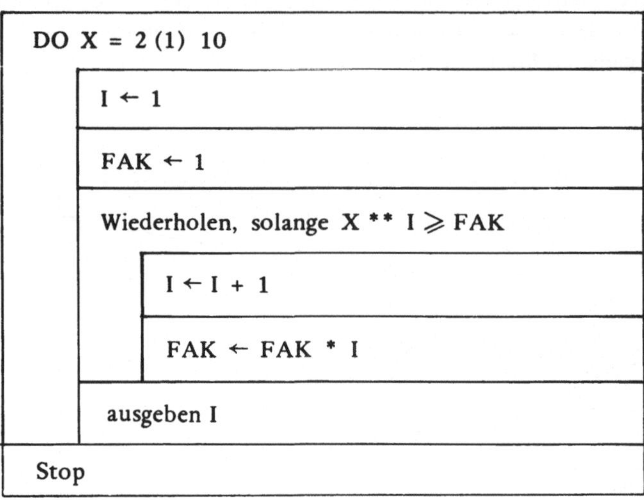

Aufgabe (8)

Im Hauptprogramm werden logisch zusammengehörende Befehlsfolgen zu Begin-Blök-
ken zusammengefaßt, die dort eingelagert sind. Ist innerhalb eines solchen Blocks eine
Teilaufgabe angesprochen, die verfeinert werden muß, so kann man die Verfeinerung
in ein Unterprogramm auslagern.

Für das ausgelagerte Unterprogramm gelten analog Überlegungen. Es kann sich u. a. aus
Begin-Blöcken zusammensetzen, evtl. erforderliche weitere Verfeinerungen werden in
Unterprogramme ausgelagert etc.

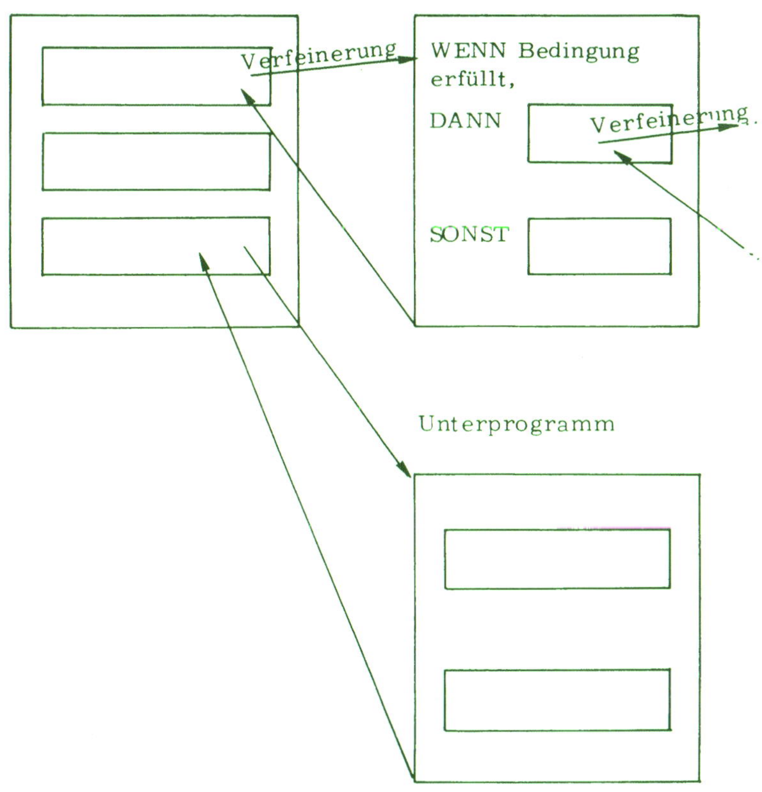

Kapitel 5: Spezielle Algorithmen

Aufgabe (1)

    dcl   FIB(1:50)   numerisch ganzzahlig
           I   numerisch ganzzahlig

FIB(1) ← 1
FIB(2) ← 1
DO I = 3 (1) 50
FIB(I) ← FIB(I−1) + FIB(I−2)
Stop

Aufgabe (2)

dcl I, J, K, L, M, N numerisch ganzzahlig
X(1:M, 1:N) numerisch reell
Y(1:N, 1:K) numerisch reell
Z(1:M, 1:K) numerisch reell

```
┌──────────────────────────────────────────────────────┐
│ DO  I = 1 (1)  M                                       │
│   ┌──────────────────────────────────────────────────┐│
│   │ DO  J = 1 (1)  K                                  ││
│   │   ┌──────────────────────────────────────────────┐│
│   │   │ Z (I, J) ← 0                                  ││
│   │   ├──────────────────────────────────────────────┤│
│   │   │ DO  L = 1 (1)  N                              ││
│   │   │   ┌──────────────────────────────────────────┐│
│   │   │   │ Z (I, J) ← Z (I, J) + X (I, L) * Y (L, J) ││
├───┴───┴───┴──────────────────────────────────────────┤│
│ Stop                                                   │
└────────────────────────────────────────────────────────┘
```

Aufgabe (3)

dcl I, K, N numerisch ganzzahlig
X(1:N) numerisch ganzzahlig
HILF numerisch ganzzahlig

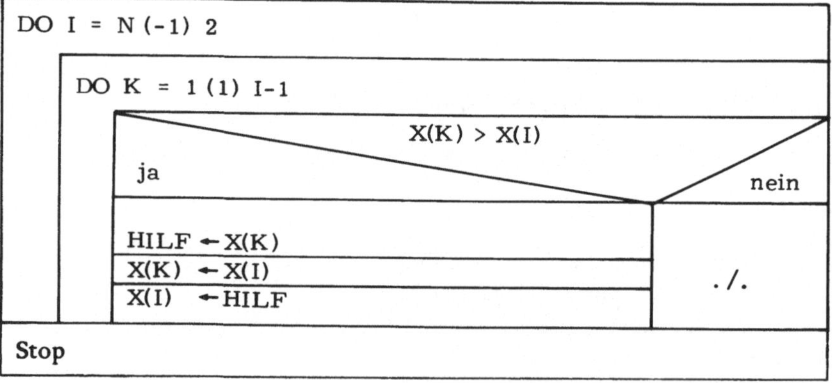

190

Aufgabe 6

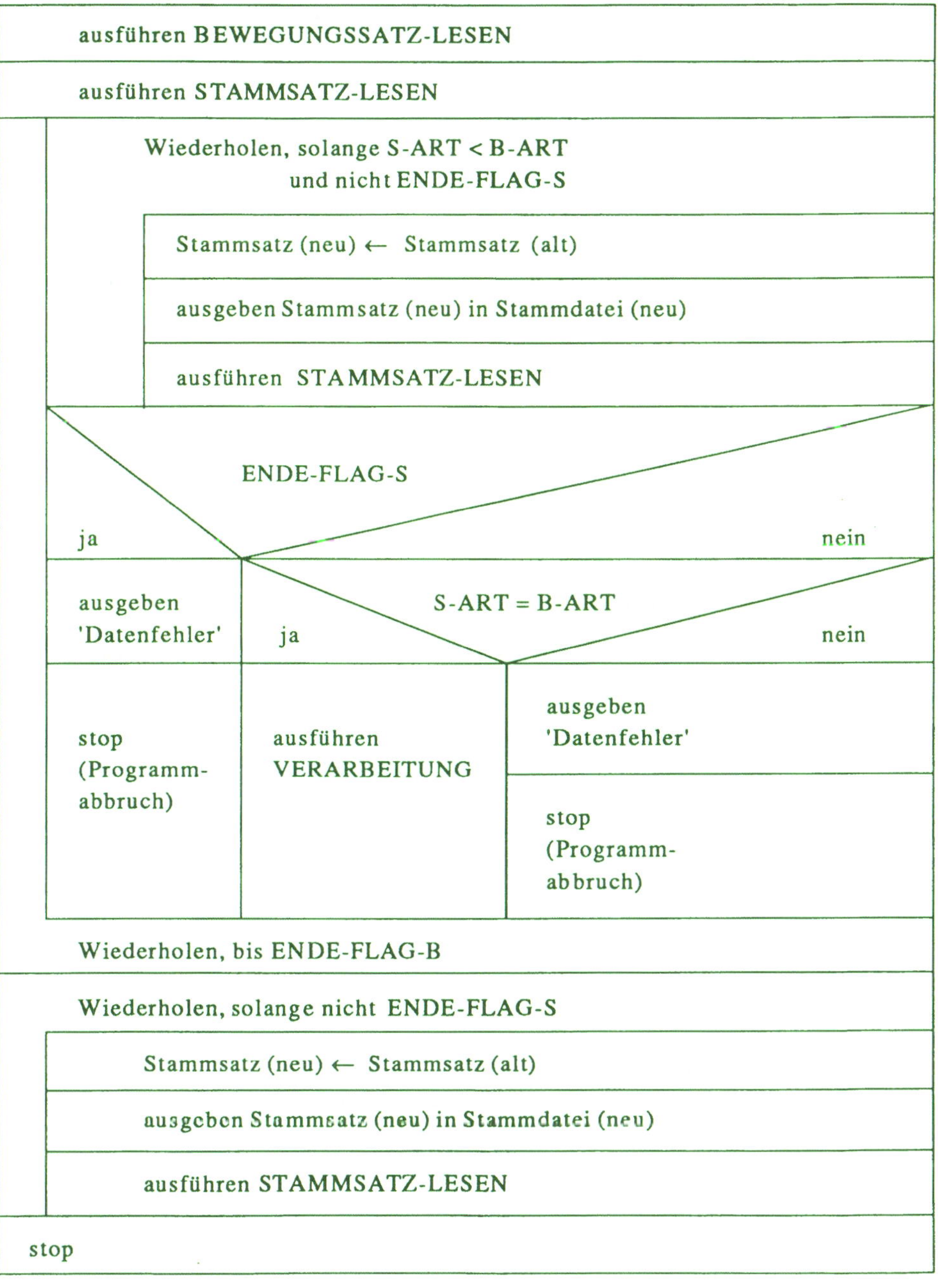

ausführen BEWEGUNGSSATZ-LESEN
ausführen STAMMSATZ-LESEN
Wiederholen, solange S-ART < B-ART und nicht ENDE-FLAG-S
Stammsatz (neu) ← Stammsatz (alt)
ausgeben Stammsatz (neu) in Stammdatei (neu)
ausführen STAMMSATZ-LESEN
ENDE-FLAG-S
ja
nein
ausgeben 'Datenfehler'
S-ART = B-ART
ja
nein
stop (Programm-abbruch)
ausführen VERARBEITUNG
ausgeben 'Datenfehler'
stop (Programm-abbruch)
Wiederholen, bis ENDE-FLAG-B
Wiederholen, solange nicht ENDE-FLAG-S
Stammsatz (neu) ← Stammsatz (alt)
ausgeben Stammsatz (neu) in Stammdatei (neu)
ausführen STAMMSATZ-LESEN
stop

VERARBEITUNG

<table>
<tr><td rowspan="1"></td><td>BESTAND in STAMMSATZ-ALT ← BESTAND in STAMMSATZ-ALT + MENGE in BEWEGUNGSSATZ</td></tr>
<tr><td></td><td>ausführen BEWEGUNGSSATZ-LESEN</td></tr>
<tr><td colspan="2">Wiederholen, bis S-ART ≠ B-ART
oder ENDE-FLAG-B</td></tr>
<tr><td colspan="2">Stammsatz (neu) ← Stammsatz (alt)</td></tr>
<tr><td colspan="2">ausgeben Stammsatz (neu) in Stammdatei (neu)</td></tr>
<tr><td colspan="2">ausführen STAMMSATZ-LESEN</td></tr>
</table>

BEWEGUNGSSATZ-LESEN

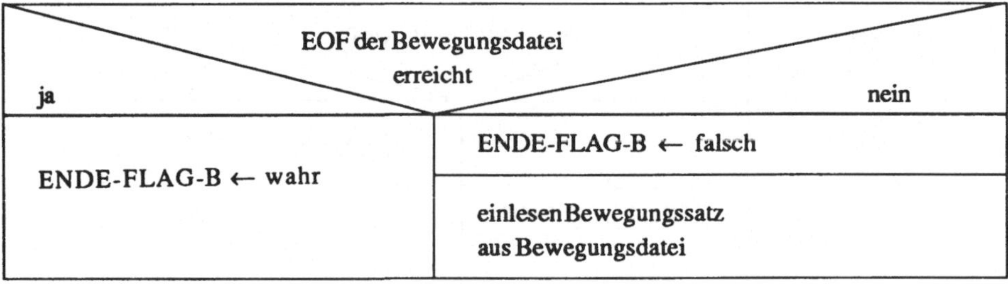

STAMMSATZ-LESEN

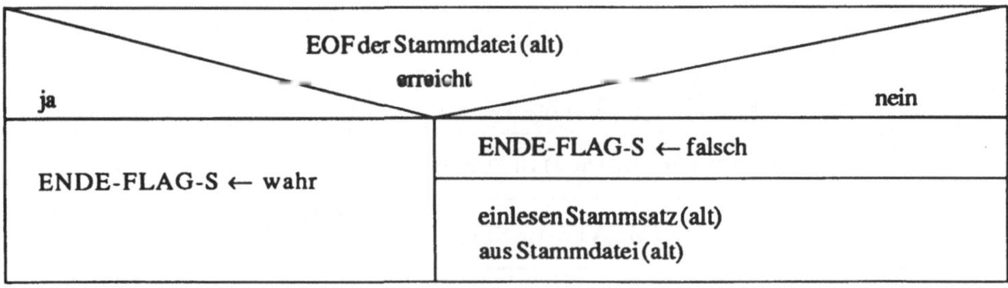

Literatur

a) Literatur zur Einführung in die EDV

Bauknecht, Kurt; Zehnder, Carl August: [Grundzüge] Grundzüge der Datenverarbeitung – Methoden und Konzepte für die Anwendung, 3., neubearbeitete und erweiterte Auflage, Stuttgart 1985.

Bode, Arndt: [Rechnerarchitekturen] Rechnerarchitekturen und Rechnerkategorien, in: Kurbel/Strunz [Wirtschaftsinformatik], S. 878–892.

Dworatschek, Sebastian: [Grundlagen] Grundlagen der Datenverarbeitung, 8. durchgesehene Auflage, Berlin – New York 1989.

Hansen, Hans Robert: [Wirtschaftsinformatik I] Wirtschaftsinformatik I – Einführung in die betriebliche Datenverarbeitung, 5., neubearbeitete und stark erweiterte Auflage, Stuttgart – New York 1986.

Stahlknecht, Peter: [Wirtschaftsinformatik] Einführung in die Wirtschaftsinformatik, 4. Auflage, Berlin – Heidelberg – New York – Tokyo 1989.

Zimmermann, Walter L.: [Datenverarbeitung I, II] Datenverarbeitung. Band 1: Überblick – Grundlagen – Eingabe/Ausgabe, 2., vollständig überarbeitete Auflage, Wiesbaden 1984. – Zweiter Band: Speicherung – Verarbeitung – Programmierung, 2., durchgesehene Auflage, Wiesbaden 1980.

b) Literatur zur Programmentwicklung

Däßler, Klaus; Sommer, Manfred: [Pascal] Pascal – Einführung in die Sprache, Normentwurf DIN 66256, Erläuterungen, Berlin-Heidelberg 1983.

Erbesdobler, R.; Heinemann, J.; Mey, P.: [Entscheidungstabellentechnik] Entscheidungstabellentechnik, Berlin – Heidelberg – New York 1976.

Fischbach, Franz; Groß, Jürgen: [Programmierlogik] Programmierlogik, Köln-Braunsfeld 1976.

Fischbach, Franz; Wolf, Eberhard: [Programmierung] Normierte und Strukturierte Programmierung, Köln-Braunsfeld 1976.

Floyd, Christiane: [Strukturierte Programmierung] Strukturierte Programmierung für COBOL-Anwender, Hamburg 1974.

Herschel, Rudolf: [FORTRAN] FORTRAN – Systematische Darstellung für Anwender, 5. Auflage, München 1989.

Herschel, Rudolf: [Turbo] Turbo Pascal, 6., verbesserte Auflage, München – Wien 1988.

Herschel, Rudolf; Pieper, Friedrich: [Pascal] Pascal und Pascal-Systeme – Systematische Darstellung für den Anwender, 6., verbesserte Auflage, München – Wien 1986.

Hommel, Günter; Jähnichen, Stefan; Koster, Cornelius H. A.: [Methodisches Programmieren] Methodisches Programmieren – Entwicklung von Algorithmen durch schrittweise Verfeinerung, Berlin – New York 1983.

Jensen, Kathleen; Wirth, Niklaus: [Pascal] Pascal User Manual and Report – Revised for the ISO Pascal Standard, Third Edition, New York – Berlin 1985.

Krauß, Friedrich: [Programmiertechnik] Programmiertechnik in FORTRAN und ALGOL: Lehrbuch des Programmierens mit FORTRAN und ALGOL in vergleichender

Darstellung, mit einer Einführung in die Arbeitweise digitaler Rechenautomaten, 3., neu bearbeitete Auflage, Würzburg 1979.

Kurbel, Karl: [Programmierstil] Programmierstil in Pascal, Cobol, Fortran, Basic, Pl/1, Berlin – Heidelberg – New York – Tokyo 1985.

Kurbel, Karl: [Leseschleifen] Programmierstil und Leseschleifen bei sequentiellen Dateien, in: Online (1981), S. 363–366.

Melekian, Norayr: [Neue Methoden und Techniken] Neue Methoden und Techniken der Programmierung – Teil 7: Methodische Programmentwicklung (2), in: IBM-Nachrichten 26 (1976), S. 146–155.

Meyer, Bertrand: [Software Construction] Object-oriented Software Construction, New York 1988.

Nassi, I.; Shneiderman, B.: [Flowchart Techniques] Flowchart Techniques for Structured Programming, in: SIGPLAN Notices 8 (1973), S. 12–26.

Pecher, Josef: [Normierte Programmierung] Normierte Programmierung, in: Datascope 1 (1970), S. 17–28.

Schnupp, Peter; Floyd, Christiane: [Software] Software – Programmentwicklung und Projektorganisation, 2., durchgesehene Auflage, Berlin – New York 1979.

Shoomann, Martin L.: [Software Engineering] Software Engineering – Design, Reliability, and Management, New York – St. Louis – Hamburg 1983.

Smolek, Georg; Weissenbach, Martin: [PL/1] Grundlagen der Programmiersprache PL/1, Heidelberg 1985.

Spitta, Thorsten; Gasch, Berthold; Franck, Holger: [Einführung] Systemanalytische Einführung in die kommerzielle EDV, Berlin – New York 1979.

Strunz, Horst: [Entscheidungstabellen] Entscheidungstabellen, erscheint in: Handwörterbuch der Organisation, hrsg. von Frese, E., Stuttgart 1990.

Thurner, Reinhold: [Entscheidungstabellen] Entscheidungstabellen – Aufbau, Anwendung, Programmierung, Düsseldorf 1972.

Vazsonyi, Andrew: [Computerprogramm mit PL/1] Vom Problem zum Computerprogramm mit PL/1, München – Wien 1973.

Walter, Günther: [Strukturierte Programmierung] Strukturierte Programmierung mit ALGOL 60, München – Wien 1977.

Wirth, Niklaus: [Systematisches Programmieren] Systematisches Programmieren, 5. Auflage, Stuttgart 1985.

c) Weiterführende Literatur

Balzert, Helmut: [Software-Systeme] Die Entwicklung von Software-Systemen – Prinzipien, Methoden, Sprachen, Werkzeuge, Mannheim – Wien – Zürich 1982.

Boehm, Barry W.: [Software Engineering] Software Engineering Economics, Englewood Cliffs 1981.

Bothe, Klaus; Horn, Christian: [Programmiersprachen] Übersetzung zwischen höheren Programmiersprachen: eine Lösung des UNCOL-Problems?, in: Angewandte Informatik 7 (1989), S. 283–286.

Busch, Hans-Jürgen; Engelien, Martin; Stahn, Heinz: [Algorithmisches System] Algorithmisches System Entscheidungstabellentechnik, Berlin 1981.

Computer Magazin: [Programmiersprachen] Programmiersprachen, Sonderheft, Computer Magazin, Oktober (1985).

Dahl, Ole-Johan; Dijkstra, Edsger, W.; Hoare, C. A. R.: [Structured Programming] Structured Programming, London – New York 1972.

Ferstl, Otto K.; Sinz, Elmar J.: [Software-Konzepte] Software-Konzepte der Wirtschaftsinformatik, Berlin – New York 1984.

Gewald, Klaus; Haake, Gisela; Pfadler, Werner: [Software Engineering] Software Engineering – Grundlagen und Technik rationeller Programmentwicklung, 4., verbesserte Auflage, München – Wien 1985.

Hahn, Rainer: [Höhere Programmiersprachen] Höhere Programmiersprachen im Vergleich, Wiesbaden 1981.

Hauff, Rüdiger: [HIPO-Diagramme] HIPO-Diagramme – Ein neues Hilfsmittel beim Entwurf und Dokumentieren von Computer-Programmen, in: adl-nachrichten 91 (1975), S. 44–46.

Helm, Burkhard: [Programmieren] Programmieren nach festen Normen, Döffingen 1972.

Horowitz, Ellis: [Programming Languages] Fundamentals of Programming Languages, Second Edition, Berlin – New York 1984.

Katzan Jr., Harry: [Computer Systems] Computer Systems Organization and Programming, Chicago – Stuttgart 1976.

Kernighan, Brian W.; Ritchie, Dennis M.: [C] Programmieren in C, München – Wien 1983.

Kimm, Reinhold; Koch, Wilfried; Simonsmeier, Werner; Tontsch, Friedrich: [Einführung] Einführung in Software Engineering, Berlin – New York 1979.

Komarnicki, Oswald: [Programmiermethodik] Programmiermethodik, Berlin – Heidelberg – New York 1971.

Kurbel, Karl: [Programmiersprachen] Programmiersprachen, Klassifikation und Generationen, in: Lexikon der Wirtschaftsinformatik, hrsg. von P. Mertens u. a., Berlin – Heidelberg 1987, S. 271–273.

Kurbel, Karl: [Ada] Ada in der Praxis, Computer Magazin, Heft 11 (1984), S. 58–61, und Heft 12 (1984), S. 64–65.

Kurbel, Karl; Strunz, Horst (Hrsg.): [Wirtschaftsinformatik] Handbuch Wirtschaftsinformatik, Stuttgart 1990.

Lusti, Markus: [Dateien] Dateien und Datenbanken – Eine anwendungsorientierte Einführung, Berlin u. a. 1989.

Metzger, Roland: [Datenorganisation] Datenbanksysteme und Dateisysteme als Alternative der Datenorganisation kommerzieller Anwendungen, Frankfurt 1984.

Morgenbrod, Horst; Remmele, Werner (Hrsg.): [Software-Systeme] Entwurf großer Software-Systeme, Bericht Nr. 19 des German Chapter of the ACM, Stuttgart 1986.

Normenausschuß Informationsverarbeitungssysteme (NI) im DIN Deutsches Institut für Normung e. V.: [DIN 66 241] Deutsche Norm Informationsverarbeitung, Sinnbilder für Struktogramme nach Nassi-Shneiderman, DIN 66 261, Berlin 1985.

Normenausschuß Informationsverarbeitungssysteme (NI) im DIN Deutsches Institut für Normung e. V.: [DIN 66 001] Deutsche Norm Informationsverarbeitung, Sinnbilder und ihre Anwendung, DIN 66 001, Berlin 1983.

Normenausschuß Informationsverarbeitungssysteme (NI) im DIN Deutsches Institut für Normung e. V.: [DIN 66 241] Deutsche Normen Informationsverarbeitung, Entscheidungstabelle, Beschreibungsmittel, DIN 66 241, Berlin 1979.

Österle, Hubert: [Case] Computer aided software engineering – Von Programmiersprachen zu Softwareentwicklungsumgebungen, in: Kurbel/Strunz [Wirtschaftsinformatik], S. 345–361.

Schneider, Hans Jürgen: [Problemorientierte Programmiersprachen] Problemorientierte Programmiersprachen, Stuttgart 1981.

Sneed, Harry: [Software Engineering] Software Entwicklungsmethodik, in: Online 5 (1986), S. 22–25.

Sommerville, Ian: [Software Engineering] Software Engineering, Bonn – Amsterdam – Reading 1986.

Wedekind, Hartmut: [Datenorganisation] Datenorganisation, 3. Auflage, Berlin – New York, 1975.

Welland, Ray: [Decision Tables] Decision Tables and Computer Programming, London – Philadelphia – Rheine 1981.

Wiederhold, Gio: [Dateiorganisation] Dateiorganisation in Datenbanken, Hamburg 1988.

Wirth, Niklaus: [Algorithmen und Datenstrukturen] Algorithmen und Datenstrukturen, 3., überarbeitete Auflage, Stuttgart 1983.

Zimmermann, Walter L.: [Datenverarbeitung V] Datenverarbeitung. Band 5: Mathematische und technische Grundlagen, Wiesbaden 1980.

Sachregister